2024年第1辑
（总第5辑）

行政检察工作指导
XINGZHENG JIANCHA GONGZUO ZHIDAO

最高人民检察院行政检察厅 编

中国检察出版社

图书在版编目（CIP）数据

行政检察工作指导.2024年.第1辑：总第5辑／最高人民检察院行政检察厅编.—北京：中国检察出版社，2024.4

ISBN 978-7-5102-3057-8

Ⅰ.①行… Ⅱ.①最… Ⅲ.①行政诉讼-检察-工作-研究-中国 Ⅳ.①D926.3

中国国家版本馆CIP数据核字（2024）第060805号

行政检察工作指导（2024年第1辑）
最高人民检察院行政检察厅　编

责任编辑：柴凯菲
技术编辑：王英英
封面设计：龙　惠

出版发行：	中国检察出版社
社　　址：	北京市石景山区香山南路109号（100144）
网　　址：	中国检察出版社（www.zgjccbs.com）
编辑电话：	（010）86423768
发行电话：	（010）86423726　86423727　86423728
	（010）86423730　86423732
经　　销：	新华书店
印　　刷：	北京联兴盛业印刷股份有限公司
开　　本：	710 mm×960 mm　16开
印　　张：	20.75
字　　数：	256千字
版　　次：	2024年4月第一版　2024年4月第一次印刷
书　　号：	ISBN 978-7-5102-3057-8
定　　价：	60.00元

检察版图书，版权所有，侵权必究
如遇图书印装质量问题本社负责调换

《行政检察工作指导》编委会

编委会主任： 张雪樵

顾　　　问： 姜明安　徐汉明　于　安　杨建顺　王敬波
　　　　　　　秦前红　刘　艺

主　　　编： 张相军

副　主　编： 张步洪　郑雅方

编　　　委： 罗　箭　张立新　韩成军　朱荣力　胡文正
　　　　　　　冯孝科　高　旭　孙　玲

通　讯　编委： 李显辉　尹英志　肖　蘅　郭建军　孙璐怡
　　　　　　　夏晓鹏　张东华　安亮怡　何艳敏　徐少飞
　　　　　　　林群晗　张克德　吴世东　龚永斌　宋燕敏
　　　　　　　杨金锟　孙　治　陈　忠　林祎珣　韦震玲
　　　　　　　邢　姑　石　娟　吴华斌　杨　涛　桂　蕾
　　　　　　　唐　凯　王　平　李晓静　周永平　陈宁辉
　　　　　　　徐艳玲　赵　毅

编辑部主任： 罗　欣

编务人员： 崔　晔　刘　浩　马　睿　高鹏志　聂　影
　　　　　　　苏　怡

目 录

■ 特 稿

行政复议的功能、作用与《行政复议法》的修改解读
　　………………………………………………………… 姜明安 / 3

■ 专 论

论高质效办好每一个行政检察监督案件 …………… 张相军 / 23
高质效办好行政生效裁判监督案件的山东实践 …… 王效彤 / 35
做优行政检察监督案件　以高质效履职维护公平正义
　　………………………………………………………… 汪志平 / 51

■ 行政司法前沿

行政检察护航法治化营商环境的实践路径
　　………………………… 张相军　张立新　刘　浩 / 65
第二届行政检察高质量发展论坛综述 …… 罗　欣　黄明涛 / 82
检察监督嵌入行政程序重开的可行性研究
　　——以监督"过期之诉"案件为切入点
　　………………………………… 陈冰如　杨　帆　吴　灵 / 106

1

行政检察实务

检察监督与行政执法衔接

统筹推进行刑反向衔接与行政违法行为监督研究
　　　　　　　　……………… 王海云　郭　璞　李　瑛 / 123

行刑反向衔接重点问题实证研究
　　——基于某基层检察院 161 件刑事不起诉案件样本
　　　　　　　　……………… 梁　云　张英姿　徐义刚　张立新 / 136

行刑反向衔接检察监督理论与机制研究
　　——以 S 省 C 市 J 区检察院工作情况为样本
　　　　　　　　……………… 何　娟　罗关洪　潘雅裙　巫辅相 / 150

大数据赋能行政检察

行政强制隔离戒毒检察监督制度的构建与完善
　　　　　　　　……………………………… 周合星　张珊珊 / 168

行政争议实质性化解促进诉源治理大数据作用研究
　　　　　　　　……………… 周东曙　刘群　程刚　赵建树 / 181

大数据赋能土地执法查处领域行政非诉执行监督的中山实践
　　　　　　　　……………………………… 马佳娜　冯宝华 / 195

行政法律适用

行刑反向衔接中刑事拘留期限折抵行政拘留期限
若干问题研究 ……………………………………… 杨艳珍 / 203

疑难案件剖析

某汽车驾驶员培训公司占用土地争议申请行政检察监督案评析
　　——非法占用土地与非法转让土地的行政处罚辨别
　　　　　　　　……………………………………… 孙　玲 / 213

柴某诉某区政府撤销行政批复案评析
——优化生效裁判羁束类行政案件监督方式探讨
.... 范 懿 / 221

■ 优秀案例选登

案例一：北京市检察院督促市住建委核查处理公租房违规
　　　　使用行政检察类案监督案 .... / 233

案例二：浙江省某镇人民政府、某县农业农村局不履行农村
　　　　土地承包管理法定职责行政诉讼执行检察监督案 ...... / 237

案例三：山东省某养殖场违法占地行政非诉执行检察
　　　　监督案 .... / 241

案例四：河南省某市餐饮店违反广告法行政非诉执行
　　　　监督案 .... / 244

案例五：黄某等 3 人诉四川省某市人力资源和社会保障局、
　　　　某调味品开发有限公司劳动与社会保障行政确认监督案
　　　　... / 248

■ 行政法律文书

最高人民检察院对杨某某诉湖南省某市人力资源和社会保障局、
　　第三人湖南省某公司工伤认定监督案抗诉书 .... / 255

湖南省某县人民检察院对刘某等征收社会抚养费行政非诉
　　执行类监督检察建议书 .... / 275

河北省某市人民检察院对赵某平诉某县住房和城乡建设局
　　行政协议再审检察建议书 .... / 282

法律法规

社会保险经办条例 ……………………………………………… /289
关于印发《人民检察院行政诉讼执行监督工作指引
（试行）》的通知 ……………………………………………… /300

特　稿

行政复议的功能、作用与《行政复议法》的修改解读

姜明安[*]

目　次

一、行政复议的功能与作用
　　（一）行政复议解决行政纠纷和化解行政争议的功能与作用
　　（二）行政复议为行政相对人提供法律救济的功能与作用
　　（三）行政复议监督行政机关依法行政的功能与作用
二、《行政复议法》修改的主要内容解读
　　（一）修改行政复议管辖体制，改政府部门管辖为主的分散管辖体制为政府统一管辖为主的集中管辖体制
　　（二）扩大行政复议的受案范围和行政复议作为行政诉讼前置程序的范围，保障行政复议发挥化解行政争议"主渠道"的作用

---

[*] 北京大学法学院教授，中国法学会行政法学研究会学术委员会主任。

（三）修改行政复议案件受理和处理规则，保障行政争议当事人复议申请权的有效实现和行政争议的实质性化解

（四）修改行政复议程序规则，保障行政复议切实为复议申请人提供公正有效的救济

行政复议制度是一项兼具解纷、救济和监督优势的法律制度，由于原《行政复议法》存在某些缺陷和不足，使行政复议制度的解纷、救济和监督优势在实践中未能充分和有效发挥。2023年9月，十四届全国人大常委会第五次会议审议通过了新修订的《行政复议法》（以下简称2023年《行政复议法》），自2024年1月1日起施行。笔者对行政复议的功能、作用以及这次《行政复议法》修改的主要内容作一述介。

一、行政复议的功能与作用

2023年《行政复议法》第1条明确规定了行政复议的三大功能与作用：解纷（解决行政纠纷，化解行政争议）、救济（为行政相对人提供法律救济，保护公民、法人和其他组织的合法权益）和监督（监督和保障行政机关依法行使职权）。下面对这三种功能与作用分述之。

（一）行政复议解决行政纠纷和化解行政争议的功能与作用

习近平总书记指出，"要发挥行政复议公正高效、便民为民的制度优势和化解行政争议的主渠道作用"。[①] 行政复议之所以称为化

---

① 习近平总书记2020年2月5日在中央全面依法治国委员会第三次会议上的讲话，转引自唐一军2022年10月27日向十三届全国人大常委会第三十七次会议所作的《关于〈中华人民共和国行政复议法（修订草案）〉的说明》。

解行政争议的"主渠道",也就是说,解决行政纠纷,化解行政争议,除了行政复议这个渠道以外,还有多种非"主渠道"的其他渠道,如行政诉讼、信访、仲裁、调解、和解、申诉制度等。

作为化解行政争议的行政复议制度,相对于行政诉讼制度,其优势有三:一是不收费,行政相对人获得救济的成本相对低廉;二是快捷,行政复议自复议机关受理相对人申请后60日内(简易程序30日内)作出复议决定①,而行政诉讼一审的期限为6个月,二审的期限为3个月,行政相对人走诉讼渠道所花费的时间成本要比行政复议大得多;三是专业性,行政复议机构及其工作人员因处在行政系统内部,对于复议事项具有专门知识、专门经验和专门技能,而法官的职责是审理和裁决案件,自然不具有行政机关复议人员所具有的行政专门知识、专门经验和专门技能。所以,只要行政复议机构及其工作人员能够公正办案,其裁决合理性和准确性就可能超过行政审判。当然,法院和法官的法律知识和裁判独立性优于行政复议机构及其工作人员,行政判决的合法性和公正性可能会超过行政复议决定。②

作为化解行政争议的行政复议制度,相对于信访、仲裁、调解、和解、申诉制度,其优势亦有三:一是行政复议程序有一定的准司法性,法治化程度较高,更有利于保障争议处理的公正性③;二是行政复议机构及其工作人员专业性较强,更有利于保障争议处理的准确性;三是行政复议与司法的联系较密切,相对人不服行政复议决定,一般可以再提起行政诉讼,但当事人对信访决定、仲裁决定

---

① 参见2023年《行政复议法》第62条。
② 参见姜明安:《行政法》(第5版),法律出版社2022年版,第643页。
③ 仲裁程序也具有一定的准司法性,但其处理行政纠纷、解决行政争议的范围较小,仲裁主要处理民事纠纷、解决民事争议。

等不服，一般不能再提起行政诉讼。①

调解②作为化解行政争议的制度，是争议双方在当事人之外的第三方的主持（导）下，相互摆事实、讲道理，对照有关法律、法规和政策，分清各自的是非曲直，在此基础上双方互谅互让，通过签订协议解决相互的争议。调解没有严格的法律程序，调解达不成协议或达成协议后一方或双方反悔，均可再诉诸其他途径重新解决争议。和解制度是争议双方在没有第三方主导的情况下，相互协商，互谅互让，通过签订和解协议解决相互争议的制度。和解通常是争议发生后，争议双方为及时解决争议，节约解决争议的成本，维护双方的关系而主动采取的解纷措施。有时，调解、和解也在行政复议、行政诉讼过程中进行。争议双方如在行政复议、行政诉讼过程中达成调解、和解协议，则由行政复议申请人撤回复议申请，由行政诉讼原告撤诉而终结争议。申诉制度作为解决行政争议的制度，是行政相对人通过向有关国家机关（如作出行政行为的上级机关、检察机关等）反映情况，要求解决其与相应行政主体之间的争议。申诉处理一般没有严格的法律程序要求，受理申诉的国家机关也并非完全自己解决争议，有时会将争议案件转送有关主管机关解决。受理和处理申诉的机关解决争议除了依据有关法律、法规外，有时候政策考量在调解类解决争议的程序中占有很重要的地位。很显然，化解行政争议的这些制度均不具有行政复议的正式性和规范性，不可能成为化解行政争议的主渠道。

（二）行政复议为行政相对人提供法律救济的功能与作用

行政复议除了解纷的功能和作用外，另一项重要功能和作用就

---

① 参见姜明安：《行政法》（第5版），法律出版社2022年版，第644页。
② 调解制度包括行政调解、人民调解（民间调解）和司法调解。

是为行政相对人提供法律救济。行政相对人申请行政复议，其最根本、最直接的动因是对行政主体对其作出的行政行为不服，最根本、最直接的目的是确认行政主体作出的侵犯其权益的行政行为违法和请求复议机关撤销侵权的违法行政行为，责令行政主体赔偿自己因其违法侵权行为所遭受的损失，即为自己提供法律救济。毫无疑问，行政复议首先是为向相对人提供法律救济而设计的，在这个意义上，它是一种行政法律救济制度。当然，行政复议是一种行政法律救济制度，并不意味着行政法律救济仅限于行政复议一种途径。行政复议制度只是整个行政法律救济机制中的一个环节，整个行政法律救济机制除行政复议外，还包括行政诉讼、声明异议、申诉、控告、检举、请愿等多种途径。

行政诉讼作为行政法律救济制度自不待言。声明异议是指行政相对人不服行政机关作出的行政决定或其他行政行为，认为此种决定或行为侵犯其合法权益，向该行为机关提出异议，要求其自行撤销或改变相应行政行为，停止对相对人权益的侵犯和恢复相对人已被侵犯的权益。声明异议在许多国家的行政法中，是一项法定的救济手段①，但我国法律对此没有明确统一的规定，实践中凭行政惯例实行。

申诉、控告、检举大多是通过信访途径进行。对申诉、控告、检举目前我国尚无统一的法律调整，但许多单行法律法规规定了相对人寻求这一救济的条件、程序，特别是国务院2005年制定的《信访条例》和中共中央、国务院2022年发布的《信访工作条例》对行政相对人通过信访途径进行申诉、控告、检举以及接受信访的机构依法、及时、公正处理信访中涉及的行政侵权行为和为信访人

---

① 参见［日］室井力主编：《日本现代行政法》，吴微译，中国政法大学出版社1995年版，第215—224页。

提供救济规定了具体、详细的程序规则。①

总之，行政救济途径在民主、法治国家通常都是多种多样的，行政复议、行政诉讼是其中最重要的途径。这两种途径由于分别采用准司法程序和司法程序，法律化、制度化程度高，从而在整个行政法律救济机制中具有最重要的地位。

（三）行政复议监督行政机关依法行政的功能与作用

行政复议除了解纷和救济功能与作用之外，还有一项重要功能与作用，即监督行政机关依法行政。行政复议的监督主体首先是作为行政复议机关的县级以上地方各级人民政府和享有行政复议权的上级政府部门，这些政府和政府部门通过行政复议发现作为被申请人的行政机关在行使职权过程中的违法和不当行政行为，依法予以撤销或变更，或者责令被申请人重新作出行政行为，自行予以纠正或采取补救措施，以避免或减少违法或不当行政行为给国家利益、社会公共利益以及行政相对人合法权益造成的损失。行政复议不同于行政诉讼，它对相应行政机关行政行为的监督不仅及于行为的合法性，而且及于行为的合理性和适当性。另外，由于作为行政复议机关的人民政府与作为被申请人的政府部门具有行政上的隶属关系，在它通过行政复议发现所属部门实施了违法或不当行政行为后，还可以采取各种组织上的措施（如对实施违法不当行政行为的工作人员或部门负责人予以处分或问责）及政策上的措施（如修改相关政策文件、完善相关制度等）。这些都是行政诉讼等司法监督不可比拟的。

---

① 《信访条例》于2005年1月国务院第76次常务会议通过，自2005年5月1日起施行。《信访工作条例》于2022年1月24日经中共中央政治局会议审议批准，2022年2月25日由中共中央、国务院发布，自2022年5月1日起施行。

行政复议的监督主体除了行政复议机关外，作为行政复议申请人的公民、法人和其他组织也是重要的监督主体。没有他们启动行政复议程序，行政复议的监督功能和作用就不可能实现。

行政复议和行政诉讼均是行政法制监督的重要途径，但行政法制监督并不限于这两个途径。除行政复议和行政诉讼外，权力机关监督、监察监督、行政检察监督、审计监督也是行政法制监督的重要途径。

权力机关监督的主要特征是：（1）权力机关监督主要针对行政法规、规章等行政立法行为、政策行为和其他抽象行政行为；而行政复议监督主要限于行政行为（特别是具体行政行为）。（2）权力机关监督主要采取主动形式，如审议政府工作报告，审议和批准预算、决算及国民经济和社会发展计划，执法检查，提出质询和询问，审查行政法规、规章和其他规范性文件，代表视察，组织专门问题的调查等①；而行政复议则是依行政相对人的申请而进行的，具有被动性。（3）权力机关监督的结果可以直接导致对公职人员的撤职、罢免；而行政复议只能直接对具体行政行为是否合法、适当和是否撤销、变更等作出决定。

监察监督的主要特征是：（1）监察监督主要针对公职人员的违法违纪行为进行，重点是反腐败；而行政复议监督的重点是监督行政机关依法行政。（2）监察监督主要采取主动监督方式，而行政复议监督是"不告不理"，采取的是被动方式。当然，监察监督也通过受理举报、控告、检举的方式开展。（3）监察监督的职责包括监

---

① 在权力机关的监督中，各级人大常委会的监督具有重要地位和作用。2006年8月27日十届全国人大常委会第二十三次会议通过的《各级人民代表大会常务委员会监督法》对人大常委会的监督方式和监督程序作了比较详细的规定。该法的制定和实施无疑在促进我国法律监督机制的发展和完善方面具有重要作用。

督、调查和处置，①而行政复议主要通过听取当事人的陈述、举证或者听证、书面审理和作出复议决定而对行政行为的合法性、适当性进行监督。

行政检察监督的主要特征是：（1）其监督主要限于检察机关在履行法律监督职责中发现行政机关违法行使职权或者不行使职权的行为，依照法律规定制发检察建议等督促其纠正；在履行法律监督职责中开展行政争议实质性化解工作，促进案结事了。②行政复议监督则是直接针对行政机关的行政行为和对被申请的行政行为作出复议决定。（2）检察监督可通过受理当事人申诉和其他人举报、控告、检举的方式进行，也可主动进行（广义的行政检察监督包括提起行政公益诉讼）；行政复议则只采取公民、法人或者其他组织申请，行政复议机关受理和审查的被动形式。（3）检察监督的结果主要是制发检察建议（抗诉和提起行政公益诉讼的情况较少），而行政复议的监督结果可以是直接撤销或变更违法不当的行政行为，检察机关抗诉和提起行政公益诉讼需要通过人民法院判决撤销违法的行政行为，或责令不作为的行政机关依法履行法定职责，而不能直接撤销或变更违法、不当的行政行为。

审计监督的主要特征是：（1）审计监督的对象和客体是各级政府和政府部门的财政收支行为，而行政复议监督的对象和客体是各

---

① 《监察法》第 11 条规定，监察委员会依法履行监督、调查、处置职责：（1）对公职人员开展廉政教育，对其依法履职、秉公用权、廉洁从政从业以及道德操守情况进行监督检查；（2）对涉嫌贪污贿赂、滥用职权、玩忽职守、权力寻租、利益输送、徇私舞弊以及浪费国家资财等职务违法和职务犯罪进行调查；（3）对违法的公职人员依法作出政务处分决定；对履行职责不力、失职失责的领导人员进行问责；对涉嫌职务犯罪的，将调查结果移送人民检察院依法审查、提起公诉；向监察对象所在单位提出监察建议。

② 参见中共中央 2021 年 6 月发布的《关于加强新时代检察机关法律监督工作的意见》。

级行政机关的行政行为（主要是具体行政行为）。（2）审计监督主要采取主动监督方式，而行政复议监督采取由公民、法人或者其他组织申请，行政复议机关受理和审查的被动形式。（3）审计监督的结果是提交审计建议、审计报告和审计决定，而行政复议监督结果是作出复议决定（包括制作行政复议调解书和制发行政复议意见书）。①

二、《行政复议法》修改的主要内容解读

《行政复议法》立法的主要目标是建构和完善兼具解纷、救济和监督优势的行政复议制度。原《行政复议法》之所以要进行修改，并且要进行大幅度修改，主要原因是该法实施20多年来，虽取得重大成效，但随着新时代改革和发展对行政解纷、救济、监督提出的新要求，已显现出诸多缺陷与不足，行政复议制度应有的解纷、救济和监督功能、作用因其缺陷与不足已不能充分和有效发挥。就解纷功能来说，全国各级行政复议机关共办理行政复议案件②相较于人民法院行政解纷数③和信访部门受理信访案件数④，行政复议远未成为化解行政争议的"主渠道"。尽管信访案件中大部分案件并非行政争议案件，而且信访案件逐年呈下降趋势。⑤ 就救济功能而言，国务院在 2022 年 10 月 27 日向十三届全国人大常委会

---

① 参见 2023 年《行政复议法》第 73、76 条。
② 参见唐一军 2022 年 10 月 27 日向十三届全国人大常委会第三十七次会议所作的《关于〈中华人民共和国行政复议法（修订草案）〉的说明》。
③ 参见最高人民法院编：《中国法院的行政审判》，人民法院出版社 2018 年版，第 10—11 页，以及 2018 年至 2022 年历年《最高人民法院公报》。
④ 参见国家信访局信息公开发布平台 2022 年 3 月 21 日发布的信息，载 http://app.linxiang.gov.cn/lxzfw/24733/24760/24821/26709/27088/content_1857162.html。
⑤ 参见国家信访局信息公开发布平台 2022 年 3 月 21 日发布的信息，载 http://app.linxiang.gov.cn/lxzfw/24733/24760/24821/26709/27088/content_1857162.html。

第三十七次会议提交的《中华人民共和国行政复议法修订草案》指出，现行行政复议制度存在三大问题：一是吸纳行政争议的入口偏窄，部分行政争议无法进入行政复议渠道有效解决；二是案件管辖体制过于分散，群众难以找准行政复议机关，不利于将行政争议化解在基层和萌芽状态；三是案件审理机制不够健全，审理标准不统一，影响办案质量和效率。就监督功能而言，据统计，自1999年至2021年，全国各级行政复议机关共立案并审结行政复议案件240余万件，纠正违法或不当行政行为35万件，纠错率约14%。而且这个纠错率是建立在行政复议机关受案范围受到较多限制，案件数量较为有限的基础之上的。如果作为分母的案件数加大，纠错率可能会更低。因此，行政复议的监督功能亦有进一步改进和提高的较大空间。十四届全国人大常委会第五次会议通过的2023年《行政复议法》主要从下述四个方面对原《行政复议法》进行了"大修"。

（一）修改行政复议管辖体制，改政府部门管辖为主的分散管辖体制为政府统一管辖为主的集中管辖体制

原《行政复议法》规定，对县级以上地方各级人民政府工作部门的具体行政行为不服的，由申请人选择，可以向该部门的本级人民政府申请行政复议，也可以向上一级主管部门申请行政复议。对海关、金融、国税、外汇管理等实行垂直领导的行政机关和国家安全机关的具体行政行为不服的，向上一级主管部门申请行政复议。①

多年的实践证明，行政复议由上一级主管部门管辖有诸多弊端：一是不便民。政府部门繁多、分散，申请人找行政复议机关难；加上上级政府部门所在地相较本级政府所在地远，更增加了申请人申请复议的困难。二是各政府部门复议审理标准不统一，影响对复议

---

① 参见原《行政复议法》第12条。

案件的公正审理和裁决。三是各政府部门复议案件量很不平衡，有的部门一年复议案件成百上千，有的部门一年可能只有几件或几十件复议案件，各部门的复议机构和复议人员工作忙闲不均，复议案件量过少部门的复议机构和复议人员不便于积累复议经验和提高复议质量。

针对上述弊端，2023年《行政复议法》除保留海关、金融、外汇管理等实行垂直领导的行政机关、税务和国家安全机关的行政复议由上一级政府主管部门管辖外，取消了地方人民政府所有其他工作部门对行政复议的管辖，确定由县级以上地方人民政府对行政复议统一管辖的体制，并相应调整了国务院部门的复议管辖权限。①

2023年《行政复议法》规定县级以上地方各级人民政府统一管辖下列行政复议案件：（1）对本级人民政府工作部门作出的行政行为不服的；（2）对下一级人民政府作出的行政行为不服的；（3）对本级人民政府依法设立的派出机关作出的行政行为不服的；（4）对本级人民政府或者其工作部门管理的法律、法规、规章授权的组织作出的行政行为不服的。除此以外，省、自治区、直辖市人民政府同时管辖对本机关作出的行政行为不服的行政复议案件。省、自治区人民政府工作部门依法设立的派出机关参照设区的市级人民政府的职责权限，管辖相关行政复议案件。对县级以上地方各级人民政府工作部门依法设立的派出机构依照法律、法规、规章规定，以派出机构的名义作出的行政行为不服的行政复议案件，由本级人民政府管辖；其中，对直辖市、设区的市人民政府工作部门按照行政区划设立的派出机构作出的行政行为不服的，也可以由其所在地的人

---

① 但是，为最大限度保障复议的公正性，行政复议申请人对履行行政复议机构职责的地方人民政府司法行政部门的行政行为不服的，可以向本级人民政府申请行政复议，也可以向上一级司法行政部门申请行政复议。申请人对此有选择权。参见2023年《行政复议法》第28条。

民政府管辖。①

根据2023年《行政复议法》，国务院部门只管辖下列三类行政复议案件：一是对本部门作出的行政行为不服的；二是对本部门依法设立的派出机构依照法律、行政法规、部门规章规定，以派出机构的名义作出的行政行为不服的；三是对本部门管理的法律、行政法规、部门规章授权的组织作出的行政行为不服的。而不再一般地管辖复议申请人不服地方政府工作部门行政行为的行政复议案件。②

行政复议申请人对省、自治区、直辖市人民政府就本级政府作出的行政行为和国务院部门就本部门作出的行政行为依《行政复议法》作出的复议决定不服的，既可以直接向人民法院提起行政诉讼，也可以向国务院申请裁决，国务院依法作出的裁决为最终裁决。③

（二）扩大行政复议的受案范围和行政复议作为行政诉讼前置程序的范围，保障行政复议发挥化解行政争议"主渠道"的作用

2023年《行政复议法》"大修"的主要目标之一是推进行政复议制度作为化解行政争议主渠道功能和作用的有效发挥，主要进行了下述两个方面的修改：

其一，扩大了行政复议受案范围，将原《行政复议法》未列入复议受案范围的涉及申请人对行政协议、政府信息公开、行政征收征用决定、行政赔偿决定等行政行为不服的案件增列为可申请行政

---

① 参见2023年《行政复议法》第24条。
② 参见2023年《行政复议法》第25条。
③ 参见2023年《行政复议法》第26条。

复议的范围。① 随着市场经济的深入发展和公共治理机制的深入，行政协议的各种形式（如 PPP 的各种不同形式：BOT、BTO、BOOT、BOO、PFI 等）在行政管理中，特别是在政府举办的各种重大工程建设和自来水、电、燃气、城市道路等公用事业建设中越来越被广泛地运用，从而这方面的行政争议的发生概率越来越高。同样，涉及政府信息公开的行政争议，随着《政府信息公开条例》的实施和公民权利意识的日益增强，这方面的行政争议案件也是越来越多。至于行政征收征用决定、行政赔偿决定等行政行为引发的行政争议，更是多发频发。这些争议如果不纳入行政复议途径解决，就会严重影响社会经济的发展和社会秩序的稳定。因此，2023 年《行政复议法》将这几类争议案件纳入行政复议范围具有重大的现实意义。

其二，扩大了行政复议前置范围，2023 年《行政复议法》规定行政相对人对行政机关作出的具有下列情形的行政行为不服的，应当先申请行政复议，对复议决定不服，方可再向人民法院提起行政诉讼：一是对当场作出的行政处罚决定不服的；二是对行政机关作出的侵犯其已经依法取得的自然资源的所有权或者使用权的决定不服的；三是对行政不作为（即行政机关存在新修订的《行政复议法》第 11 条规定的未履行法定职责情形）不服的；四是申请政府信息公开，行政机关不予公开的；五是法律、行政法规规定行政复议前置的其他情形。② 行政复议前置，有利于促使行政相对人对相应行政行为不服首先选择行政复议途径解决争议，从而进一步保障行政复议作为化解行政争议主渠道功能的实现。

---

① 参见 2023 年《行政复议法》第 11 条。
② 参见 2023 年《行政复议法》第 23 条。

（三）修改行政复议案件受理和处理规则，保障行政争议当事人复议申请权的有效实现和行政争议的实质性化解

2023年《行政复议法》在这方面的修改主要表现为增设和确立下述两项制度：

其一，增设行政复议的受理条件和对行政复议机关不作为的监督机制，保障行政争议当事人依法申请行政复议能顺利得到受理，防止被行政复议机关违法拒之门外。2023年《行政复议法》明确规定，行政复议机关收到行政复议申请后，应当在5日内进行审查，对符合《行政复议法》规定的复议案件，行政复议机关应当予以受理。① 对不符合规定条件的行政复议申请，行政复议机关应当在审查期限内决定不予受理并说明理由；对不符合管辖范围的复议申请，还应当在不予受理决定中告知申请人有管辖权的行政复议机关。行政复议申请的审查期限届满，行政复议机关未作出不予受理决定的，审查期限届满之日起即为受理。公民、法人或者其他组织依法提出行政复议申请，行政复议机关无正当理由不予受理、驳回申请或者受理后超过行政复议期限不作答复的，申请人有权向上级行政机关反映，上级行政机关应当责令其纠正；必要时，上级行政复议机关可以直接受理。② 这些规定无疑增加了对行政复议制度顺利运行的保障。

其二，完善行政复议的调解机制，为行政争议的实质性化解提

---

① 2023年《行政复议法》第30条规定，行政复议受理的条件是：（1）有明确的申请人和符合本法规定的被申请人；（2）申请人与被申请行政复议的行政行为有利害关系；（3）有具体的行政复议请求和理由；（4）在法定申请期限内提出；（5）属于本法规定的行政复议范围；（6）属于本机关的管辖范围；（7）行政复议机关未受理过该申请人就同一行政行为提出的行政复议申请，并且人民法院未受理过该申请人就同一行政行为提起的行政诉讼。

② 参见2023年《行政复议法》第35条。

供了重要途径。原《行政复议法》没有规定行政复议的调解机制。之后的《行政复议法实施条例》虽然规定了行政复议调解，但只限于下述两类情形：一是公民、法人或者其他组织对行政机关行使法律、法规规定的自由裁量权作出的具体行政行为不服申请行政复议的；二是当事人之间的争议属于行政赔偿或者行政补偿纠纷的。①2023年《行政复议法》废除了这种限制，规定"行政复议机关办理行政复议案件，可以进行调解。调解应当遵循合法、自愿的原则，不得损害国家利益、社会公共利益和他人合法权益，不得违反法律、法规的强制性规定"。②行政复议作为化解行政争议的主渠道，运用调解方式处理争议当事人之间的纠纷自然应是其重要途径。

（四）修改行政复议程序规则，保障行政复议切实为复议申请人提供公正有效的救济

2023年《行政复议法》在这方面的修改主要表现为增设和确立下述三项制度规则：

其一，将行政复议一般程序的办案原则由书面审查修改为通过各种方式听取当事人意见，对重大、疑难、复杂案件建立听证和行政复议委员会制度。这是一项非常重要的修改。长期以来，行政复议公信力不强，许多行政相对人对行政行为不服，不愿选择行政复议作为救济途径，而首选行政诉讼或者信访，一个重要的原因就是他们认为复议程序不能保证为他们提供公正、有效的救济。原《行政复议法》规定，行政复议原则上采取书面审查的办法。即使申请人提出要求或者行政复议机构认为必要，也只是在审理过程中向有

---

① 参见《行政复议法实施条例》第50条。
② 参见2023年《行政复议法》第5条。

关组织和人员调查情况,听取申请人、被申请人和第三人的意见。①2023年《行政复议法》对行政复议审理程序规则进行了重要修改和补充,增设专章(第四章)规定行政复议审理程序和证据规则,特别是关于一般程序的下述三项规则具有重要意义:(1)行政复议机构适用普通程序审理行政复议案件,应当当面或者通过互联网、电话等方式听取当事人的意见,并将听取的意见记录在案。②(2)审理重大、疑难、复杂的行政复议案件,行政复议机构应当组织听证。行政复议机构认为有必要听证的,或者申请人请求听证的,行政复议机构可以组织听证。③(3)县级以上各级人民政府应当建立相关政府部门、专家、学者等参与的行政复议委员会,为办理行政复议案件提供咨询意见④,并就行政复议工作中的重大事项和共性问题提出意见。很显然,这些程序规则无疑有利于提高行政复议的公正性和公信力。

其二,增设行政复议审理的简易程序,实行复议案件繁简分流原则,保障行政复议快捷、便民优势得到更好的发挥。原《行政复议法》没有规定复议审理简易程序,对简单和复杂的案件适用同样的程序审理,这显然不利于提高复议效率。为弥补这一缺陷,2023年《行政复议法》以专节(第四章第四节)增设复议审理的简易程序:行政复议机关审理下列四类行政复议案件,认为事实清楚、权利义务关系明确、争议不大的,可以适用简易程序:一是被申请行

---

① 参见原《行政复议法》第22条。
② 2023年《行政复议法》第49条。
③ 2023年《行政复议法》第50条。
④ 2023年《行政复议法》第52条规定,行政复议机构审理行政复议案件涉及下列四种情形之一的,应当提请行政复议委员会提出咨询意见:一是案情重大、疑难、复杂;二是专业性、技术性较强;三是省、自治区、直辖市人民政府审理对本机关作出的行政行为不服的行政复议案件;四是行政复议机构认为有必要听取行政复议委员会咨询意见的行政复议案件。

政复议的行政行为是当场作出的；二是被申请行政复议的行政行为是警告或者通报批评；三是案件涉及款额在3000元以下；四是政府信息公开案件。除上述行政复议案件外，当事人各方同意适用简易程序审理的行政复议案件，也可以适用简易程序。适用简易程序审理的案件，行政复议机构应当自受理行政复议申请之日起3日内，将行政复议申请书副本或者行政复议申请笔录复印件发送被申请人。被申请人应当自收到申请书副本或者申请笔录复印件之日起5日内，提出书面答复，并提交作出行政行为的证据、依据和其他有关材料。适用简易程序审理的案件，可以书面审理，应当在30日内审结。①

其三，完善行政复议附带审查规范性文件的程序和处理方式。原《行政复议法》规定了行政复议附带审查规范性文件的制度，②但对附带审查规范性文件的程序和处理方式规定得不完善，影响了行政复议的效率和质量。2023年《行政复议法》以专节（第四章第五节）对这一规定进行了完善，在原《行政复议法》第26条和第27条规定的基础上作出下述补充规定：行政复议机关依法有权处理有关规范性文件或者依据的，行政复议机构应当自行政复议中止之日起3日内，书面通知规范性文件或者依据的制定机关就相关条款的合法性提出书面答复。制定机关应当自收到书面通知之日起10日内提交书面答复及相关证据材料。行政复议机构认为必要时，可以要求规范性文件或者依据的制定机关当面说明理由。行政复议机关认为有关规范性文件或者依据的文件相关条款合法的，在行政复议决定书中一并告知；认为相关条款超越权限或者违反上位法的，决定停止该条款的执行，并责令制定机关予以纠正。行政复议机关

---

① 参见2023年《行政复议法》第53、54、62条。
② 参见原《行政复议法》第7条。

依法无权处理有关规范性文件或者依据的，应当在 7 日内转送有权处理的行政机关、国家机关依法处理。接受转送的行政机关、国家机关应当自收到转送之日起 60 日内，将处理结论回复转送的行政复议机关。①

2023 年《行政复议法》关于复议程序的上述规定，对于有效"发挥行政复议公正高效、便民为民的制度优势和化解行政争议的主渠道作用"无疑具有重要意义。

（责任编辑：罗欣）

---

① 参见 2023 年《行政复议法》第 56—60 条。

专 论

论高质效办好每一个行政检察监督案件

张相军[*]

法律监督是检察机关的立身之本，履行法律监督职责主要依靠检察办案来体现。与其他检察业务相比，行政检察起步晚、底子薄、基础弱，虽然近年有开创性发展，但仍是"四大检察"中的弱项。高质效办好每一个行政检察监督案件，是推动行政检察工作高质量发展的应有之义，是进一步推动"四大检察"全面协调充分发展的必然要求。最高检应勇检察长多次强调，要坚持以习近平法治思想为指引，践行人民至上，以人民为中心，高质效办好每一个案件，做到检察办案质量、效率、效果有机统一于公平正义，努力让人民群众在每一个司法案件中感受到公平正义。这是新时代新征程履行"四大检察"法律监督职能的基本价值追求。行政检察监督事关官民和谐、事关群众切身利益、事关法治国家、法治政府、法治社会一体建设，坚持"高质效办好每一个案件"理念对行政检察工作具有十分重要的指导意义。

---

[*] 最高人民检察院第七检察厅厅长、一级高级检察官。

一、高质效办好每一个行政检察监督案件，就要以人民为中心，强化履职，实现有力监督，让人民群众在每一个行政检察监督案件中有实实在在的获得感

党的二十大报告对发展全过程人民民主、增进人民福祉、提高人民生活品质等作出全面部署，要求采取更多惠民生、暖民心举措，着力解决好人民群众急难愁盼问题。应勇检察长强调，为人民司法，让人民满意是一切检察工作的出发点和着力点，根本是要以高质效法律监督维护司法公平正义，通过高质效办案让人民群众能感受、可感受、感受到公平正义，着力建设公正高效权威的社会主义司法制度。行政检察要进一步充实、做实，要敢于监督和善于监督。一些地方检察机关还存在不敢监督、监督不力等问题，尤其是不少省级院和市级院办理行政生效裁判监督案件质效不高，监督率偏低，甚至存在监督空白，这与人民群众日益增长的行政司法需求和行政争议、行政申诉大量存在又难以实质性解决的现状形成重大反差。为此，应勇检察长在2023年7月大检察官研讨班上指出，"行政检察重在强化履职，把行政诉讼监督作为重中之重，积极探索行政违法行为的监督，依法规范推进行政争议实质性化解，推动构建检察监督与行政执法衔接制度，实现有力监督"。这指明了新时代行政检察的发展方向，对做实新征程行政检察提出了新的更高要求，也体现在高质效办好每一个行政检察监督案件中。

一方面，要始终把行政诉讼监督作为重中之重，强化对生效行政裁判以及审判和执行活动的监督，尤其是加大抗诉和再审检察建议力度，切实解决不敢监督、监督不力等问题，高质效办好每一个行政检察监督案件。修订后的检察机关案件质量主要评价指标，涉及行政检察的有4个，除行政审违检察建议和行政执行检察建议采纳率两个指标外，对行政生效裁判监督案件设置了监督率和监督改变率两个指标，充分体现了对行政诉讼监督这一法律监督基本职能的重视，也体现了"有数量的质量"和"有质量的数量"的有机统一。要准确把握评价指标背后的价值导向，科学运用案件质量主要评价指标，聚焦监督行政诉讼监督主责主业做深做实，促进监督办案更加优质高效。

另一方面，要加强新领域的探索和创新发展，不断深化和规范行政争议实质性化解工作，统筹推进行刑反向衔接和行政违法行为监督，积极推进强制隔离监督试点，发挥"一手托两家"职能优势，助力法治国家、法治政府、法治社会一体建设。特别是，最高检党组研究决定，深入推进行刑双向衔接，积极构建"检察监督与行政执法衔接"制度，明确行刑反向衔接由行政检察部门牵头负责，与行政违法行为监督工作统筹推进。这是落实党的二十大精神的重要部署，是推进新时代检察工作机制现代化的重要举措，是促进"四大检察"全面协调充分发展的重要安排，是促进行政检察高质量发展的重大机遇，行政检察要在近年取得开创性发展的基础上，适应党中央全面深化行政检察监督的新要求和人民群众对公平正义的新期盼，抓住机遇，乘势而上，在依法一体履职、综合履职、能动履职中持续做实。

党的二十大报告指出，"治国有常，利民为本"。[①] 行政检察高质效办好每一个行政检察监督案件，必须坚持以人民为中心的司法理念，始终做到与民同行。2022年2月，最高检部署开展"全面深化行政检察监督依法护航民生民利"专项活动，各级检察机关聚焦就业、教育、社保、医疗、住房、养老、社会治安等民生热点和妇女、老年人、残疾人、农民工、退役军人等重点群体，加大监督办

---

① 习近平：《高举中国特色社会主义伟大旗帜 为全面建设社会主义现代化国家而团结奋斗——在中国共产党第二十次全国代表大会上的报告》（2022年10月16日），载《人民日报》2022年10月26日，第1版。

案力度，取得良好效果，2023年最高检将专项活动再延长一年。2023年8月，最高检会同民政部、中国残联印发了5件维护残疾人合法权益行政检察典型案例，这些案例涉及住房保障、社会保障、工伤保险、个人信息保护等与残疾人群体权益保障相关的重点领域，体现了行政检察在贯彻落实残疾人保障法和《关于在检察工作中切实维护残疾人合法权益的意见》等，高质效开展残疾人司法保护工作，努力为维护残疾人合法权益提供司法保障的工作成果。最高检还会同全国妇联印发了维护妇女涉土地合法权益行政检察典型案例。行政检察要始终坚持与民同行，及时总结专项活动经验，围绕完善分配制度、实施就业优先战略、健全社会保障体系、推进健康中国建设等重大部署，持续深化护航民生民利专项活动，建立检察为民办实事长效机制，细化实化护航民生民利举措，努力让人民群众在行政检察工作中有实实在在的获得感，厚植党长期执政的政治根基。

二、高质效办好每一个行政检察监督案件，就要强化精准监督，加强精细化审查，夯实监督办案的事实基础和法律基础

高质效办理每一个行政检察监督案件，必须秉持精准监督的原则方法。精准监督，是做实行政检察的基本理念。践行精准监督理念，就是要求优先选择那些在司法理念、政策导向、法律适用方面有创新、引领、纠偏价值的典型案件开展法律监督。具体到行政检察监督而言，监督资源的有限性与行政行为的广泛性，决定了检察机关必须以精准监督为导向，围绕提升行政抗诉、再审检察建议采纳率和行政检察影响力，进一步强化精准监督。

一方面，要落实繁简分流办案机制，实现繁案精办，简案快办。这是践行精准监督理念的前提。繁简分流是体现行政诉讼监督特点，适应行政诉讼监督规律，促进司法资源优化配置，提升监督质量效率效果的有效举措。修订后的《人民检察院行政诉讼监督规则》（以下简称《规则》）第 5 条第 1 款规定："人民检察院办理行政诉讼监督案件，应当实行繁简分流，繁案精办、简案快办。"修订后的《规则》第四章"审查"中专门新增一节规定了"简易案件办理"。近年来，检察机关受理行政检察监督案件数量持续上升，特别是一些省级检察院行政检察部门受理行政生效裁判监督案件量激增。面对日益增长的案件规模，要改变不区分案件具体情况、对所有案件均衡用力的做法，对案件进行必要的评估，根据繁简程度确定审查办案思路和重点。对当事人众多、权利义务不明确、法律关系复杂的"繁案"加强精细化办理，以提升办案的政治效果、社会效果、法律效果。对原一审法院适用简易程序、案件事实清楚、权利义务明确、法律关系简单等"简案"，可以适当简化程序和法律文书，以提高办案效率，促进形成"简案有效率、繁案有质效、办案有层次、结案有保证"的良性办案监督模式，以较小的司法成本和较少的时间成本取得较好效果。需要注意的是，要做到繁案精办不减速，简案快办不减质，保障公民、组织在每一个案件里都充分感受到"有质有效"的公平正义，以便更好集中资源与精力做好繁案精办，实现办案"高"效率和"高"质量的统一。

另一方面，要加强精细化审查。这是落实精准监督的关键，也是保证办案质量的根本。只有精准认定事实、精准适用法律、精准提出监督意见，才能从根本上发挥精准监督的作用。2023 年全国检察机关行政抗诉案件人民法院改变率为 82.2%，同比增加 2.9 个百分点；再审检察建议法院采纳率 91.7%，体现了近年来加强精细化审查取得的成效。

一是加强调查核实。《规则》第四章"审查"新增一节规定"调查核实"，进一步明确检察机关进行调查核实的适用条件，丰富调查核实内容，完善对妨碍调查核实的处置措施。要认真落实修订后规则的规定，改变"坐堂办案"的传统模式，坚持"走出去"调查核实与书面审查协同推进，确保事实认定精准。如对于行政判决、裁定、调解书可能存在法律规定需要监督的情形，仅通过阅卷审查现有材料难以认定的，就要积极主动地向当事人和其他知情人了解情况，通过查询、调取、复制相关证据材料，委托鉴定、评估、审计，勘验物证、现场等，查明事实、分清是非。

二是加强公开听证。听证是检察机关为广泛听取各方意见，深化检务公开、自觉接受监督，确保案件得到依法正确处理而采取的一种办案方式。《规则》第四章"审查"中单设"听证"一节，用九个条文专门规定听证程序。近年来各级检察机关在办理行政检察监督案件过程中加强公开听证，让公平正义可感可触，尤其是公开听证在搭建行政相对人与行政机关的沟通平台，借助听证员最大限度凝聚共识，对人民法院未实质审理案件查明事实辨明是非，促进行政争议实质性化解等方面发挥了重要作用。要坚持"应听证尽听证"，对于在事实认定、法律适用、案件处理等方面存在较大争议，或者有重大社会影响，需要当面听取当事人和其他相关人员意见的，都要召开听证会，搭建对话交流和司法民主参与的平台，把办案过程"晒出来"，案件处理依据"亮出来"，以群众看得见、听得懂、能接受的方式释法说理，以公开促公正赢公信。

三是加强智慧协助。行政检察案件多数属于行政执法、行政审判环节未能有效解决的问题，不少案件专业性、技术性强，必须善于借助"外脑"提升监督能力和水平。要加强智慧借助，对于重大、疑难、复杂问题，有效运用各级专家咨询委员会和最高检搭建的民事行政专家咨询网，积极向专家咨询或组织专家论证，听取专家意见建议，充分发挥其专业优势，协助解决案件中的专业判断、法律政策适用问题，提升案件办理的专业性和精准性。要用好特邀检察官助理制度和技术性证据专门审查制度，充分发挥技术人员专业优势，协助解决案件中的专业判断等问题，提升检察监督的精准度。

四是加强案例检索。司法案例是司法经验和智慧的结晶，是行动中的法律。案例检索有利于保障法律统一正确适用，提高审查办理行政诉讼监督案件质量和效率，是提升精准监督水平的有益参考和参照。近年来，最高检加大行政检察指导性案例和典型案例的编发力度，共编发4批17件指导性案例、300余件典型案例。修订后的《规则》第51条规定，人民检察院办理行政诉讼监督案件，应当全面检索相关指导性案例、典型案例和关联案例，并在审查终结报告中作出说明。要认真落实案例强制检索制度，在办案过程中全面检索相关案例并在审查终结报告中作出说明，以此提高监督的精准性。要防止案例检索与提出审查意见"两张皮"，在提出审查意见部分要结合检索到的指导性案例、典型案例和关联案例进行充分论证。

五是加强跟踪问效。对于提出监督意见的行政检察监督案件，要采取询问、走访等方式，及时跟进了解人民法院和行政机关采纳监督意见情况；对于没有采纳监督意见明显错误的，要按照修订后的《规则》的规定跟进监督或者提请上级人民检察院监督。

三、高质效办好每一个行政检察监督案件，就要优化行政检察监督方式，促进公正司法和推进依法行政有机结合，将实质性化解行政争议贯穿办案始终，促进案结事了政和

"检察机关与行政机关虽分工不同，但都是为了维护人民根本利益，工作目标、追求效果完全一致。"① 法治政府建设是一个系统工程，不仅需要行政机关自身依法行政，全面推进严格规范公正文

---

① 应勇：《以习近平法治思想为指引加快推进检察公益诉讼立法》，载《学习时报》2023年10月20日，第1版。

明执法，也需要健全行政权力制约和监督体系，促进行政权力规范透明运行。我国行政诉讼在目的上具有主观诉讼和客观诉讼融合性的特征，既要保护公民、法人和其他组织的合法权益，又要监督行政机关依法行使职权，前者具有主观诉讼的属性，后者具有客观诉讼的属性，特别是行政行为合法性审查原则作为行政诉讼的特有原则，更加凸显了客观诉讼的特性。行政检察"一手托两家"，既监督人民法院公正司法又推进行政机关依法行政，与法治政府建设具有内在关联性，这既是职能优势，又是鲜明特征。这也决定了行政检察监督必须具有"穿透性"，通过对人民法院审判和执行活动的的监督，穿透至行政行为合法性审查，对行政机关的行政行为实施法律监督。这是实现公正司法、依法行政双重目标的需要。高质效办好每一个行政检察监督案件，就要坚持问题导向与目标导向相统一，落实"穿透式"监督，以更加积极和高效的方式与法治政府建设同频共振，找准行政检察助推法治政府建设的进路。

"高质效办好每一个案件"，还需要从深度和广度上全面深化法律监督工作。《中共中央关于加强新时代检察机关法律监督工作的意见》对检察机关开展行政争议实质性化解工作提出明确要求："全面深化行政检察监督。……在履行法律监督职责中开展行政争议实质性化解工作，促进案结事了。"实质性化解行政争议是新时代检察机关着力为人民群众提供更优质的法治产品，让人民群众切实感受到公平正义就在身边的重要举措，必须不断深化和规范。

四、高质效办好每一个行政检察监督案件，就要依法能动履职，坚持个案办理、类案监督、社会治理有机结合，以更高层次的诉源治理推动更高水平社会治理

"高质效办好每一个案件"，对于实现诉源治理效果有积极作用。行政检察在推进诉源治理、依法治理上具有独特优势。行政案件往往具有行业性的特点,不同的行政管理领域行政权的运行有其自身的规律和特点,而行政行为是否合法的争议背后又往往存在着社会治理中制度性和管理性上的问题,这些问题往往在社会治理中具有普遍性和共同性,尤其是不少案件化解难度大、社会关注度高,处理不好可能影响社会和谐稳定。行政检察通过办案发现社会治理中具有共同性、普遍性的问题,分析其偶然性因素之外的制度性、管理性根源,建议有关部门和单位完善社会治理相关制度,推动实现依法治理、系统治理,是行政检察参与社会治理的重要方式。近年来,行政检察基于既促进人民法院公正司法又推动行政机关依法行政的"一手托两家"职能优势,依法能动履职,融入国家治理,在促进社会治理体系建设中发挥了独特作用。2023年,依托行政检察能动履职,共发出社会治理类检察建议1.3万余件,采纳率100%。

《规则》对行政检察通过办案开展社会治理工作作了专门规定,最高检第七检察厅还制定下发《人民检察院行政检察类案监督工作指引(试行)》,指导开展行政检察类案监督,通过制发个案或类案检察建议、开展专项监督、建立行政诉讼监督年度报告制度,或者以专题报告、专题分析等,创新检察监督的方式方法,促进相关行业及单位改进工作、完善治理,协力破解社会治理难题。最高检还以行政检察促进社会治理为主题,制发第四十二批指导性案例。行政检察要牢固树立和践行依法能动履职、促进社会治理的工作理念,按照"个案办理—类案监督—社会治理"的路径和方式,在推动诉源治理和溯源治理方面发挥更大作用。

一要加强大数据赋能。传统行政检察监督存在被动性、碎片化、浅层次等问题。数字检察是法律监督手段的革命。行政检察要适应数字中国建设新要求,强化大数据赋能理念引领,以数字检察为牵引,以类案监督为核心,以促进社会治理为目标,因地制宜,科学构建行政检察大数据监督模型，推动行政检察办案模式从"个案为主、数量驱动"向"类案为主、数据赋能"转变。要坚持"业务主导、数据整合、技术支撑、重在应用"的数字检察工作模式，根据数字化办案特点和实际需求，通过智能排查、案件审查、深入调查、移送侦查"四查"有机融合，实现人与技术的良性互动、检察机关内部资源有效整合、个案公平与普遍正义的统筹兼顾。

二要加强类案监督。类案监督可以打破就案办案的传统思维，通过以小见大，充分认识"一案"与"一片"的辩证关系，在办案过程中实现"办理一件影响一片"的效果。高质效办好每一个行政检察监督案件，就要将个案监督和类案监督有机结合，从解决具体问题向完善制度、推进治理延伸，促进解决一个行业或者一个领域的突出问题。要结合"全面深化行政检察监督依法护航民生民利"专项活动和行政检察护航法治化营商环境"小专项"，在专项活动中分析司法执法活动和社会治理中存在的普遍性问题，灵活运用检察建议、专题报告、白皮书等方式向有关部门和单位提出改进工作、堵塞漏洞、建章立制的建议，积极推动源头治理。

三要主动融入社会矛盾纠纷多元预防调处化解综合机制。坚持创新和发展新时代"枫桥经验""浦江经验"，依托"矛调中心"，积极参与区域社会治理。社会矛盾调解中心是由党委政府统一领导、有关职能部门参加的合力解决重大、疑难矛盾纠纷的调解工作机制。检察机关要借助"矛调中心"多部门联动、多元化调解的优势，加强检调对接，在党委统一领导下提供司法服务，增强矛盾纠纷化解合力，积极参与社会治理。要加强与人民法院、行政机关的协作配合，明确各自职能定位，做到优势互补，聚力解纷，引导当事人优先选择调解，通过非诉讼方式解决纷争，让"矛调中心"成为矛盾纠纷的"终点站"，一站式接收、一揽子调处、全链条解决当事人合理诉求，将社会矛盾解决在萌芽、化解在基层。

四要推动诉源治理。加强司法办案风险评估、矛盾化解、释法说理、心理疏导等息诉服判工作，将行政争议解决在前端、化解在基层。结合办案深入查找行政争议背后的深层次原因，针对一个行业或者一个领域存在的倾向性、普遍性问题，综合运用类案监督检察建议、部署开展专项监督、编发指导性案例和典型案例等形式，促进一类问题的解决，推动完善制度机制，促进从制度上和源头上解决发生问题的原因，促进提升治理效能，推动构建共建共治共享社会治理新格局。

五、高质效办好每一个行政检察监督案件，就要坚持不懈抓基层打基础强素能，打造新时代高素质行政检察队伍

"高质效办好每一个案件"，必须解决行政检察队伍素质能力总体还跟不上、不适应问题。新征程上，必须下更大气力、花更大工夫，一体推动政治建设、业务建设、职业道德建设，加强实践锻炼、专业训练，增强行政检察人员推动高质量发展本领、服务群众本领，锻造堪当时代重任的高素质行政检察队伍。

行政检察工作政治性、法律性、政策性都很强，这对行政检察人员政治业务素质和能力都提出了很高的要求。尽管各地在机构改革中采取外部引进、内部调整等方式，想方设法为行政检察部门配齐配强人员力量，但从全国范围看，距离最高检"能设专门业务部的要设专门业务部，不能设专门业务部的要设立专门办案组，至少配备一名检察官办理相关案件"的要求还存在差距。各地要强化行政检察力量配备，落实专岗专责，确保基层行政检察"有人管""有活干""有业绩"，促进"四大检察"全面协调充分发展。

要高度重视推进人才队伍专业化建设。业务能力更强、综合素质更高，才能有力、有效履行好法律监督职责，高质效办好每一个行政检察监督案件。要加强行政法学专业人员配备，充分应用跟班

参训、挂职交流、检法同堂培训、检察与行政机关联合培训等方式开展教育培训，促进提升队伍素质能力。逐级、分类建立行政检察人才库，持续推进行政检察业务专家队伍建设，为业务骨干提供成长平台。充分发挥全国行政检察专业委员会的作用，注重发挥各地行政检察理论研究基地优势，强化理论研究。突出专业化团队建设，推动类案专业化办理，为高质效办好每一个行政检察监督案件提供有力的人才支撑。

（责任编辑：高旭）

高质效办好行政生效裁判监督案件的山东实践

王效彤[*]

近年来,山东省检察机关认真贯彻落实习近平法治思想,把"高质效办好每一个案件"作为履行行政检察职能的基本价值追求,把行政生效裁判监督作为做实行政检察工作的基石,常抓不懈,守正创新,取得新的成效。2021年至2023年,山东省检察机关受理行政生效裁判监督案件4753件,案件类型主要集中在征收拆迁、土地资源、公安管理、劳动和社会保障等领域。共提出抗诉30件,提出再审检察建议183件;法院已审结124件,改判(含调解和解)109件。先后有12件生效裁判监督案件入选最高检典型案例,18件生效裁判监督案件入选最高检优秀案件、优秀法律文书,以扎实履职成果践行了最高检关于行政检察"要充实、做实""实现有力监督"的要求。

一、行政生效裁判监督案件的特点

行政生效裁判监督是行政检察监督的基础,包括对法院生效行政判决、裁定和调解书的监督。主要有以下特点:

---

[*] 山东省人民检察院副检察长、二级高级检察官。

（一）办案结构呈"倒三角"

从山东行政生效裁判案件情况看，行政争议多发生在基层行政管理活动中，被告主要是乡镇级政府、县级政府职能部门或者县级政府。行政诉讼法规定了我国行政诉讼案件的审级管辖制度和检察机关法律监督的程序方式，决定了检察机关受理的行政生效裁判监督案件主要集中在市级院和省级院，基层院一般很少有行政生效裁判监督案件。从案件总量上看，市级院办理的生效裁判监督案件多于省级院办理案件，但具体到主体单位"院"，单个市级院办理的生效裁判监督案件平均数量又远低于省级院办理数量，办案主体结构呈明显的"倒三角"特点。如2023年山东省院共受理437件，市级院受理1193件（平均每院约75件），基层院受理456件（平均每院约4件）。

（二）行政案件双方当事人举证能力相对不平衡

行政诉讼案件的被告方恒定为行政机关，在经济、社会等资源管理控制上处于相对优势的地位。另一方当事人在经济、社会资源掌控上相对处于弱势地位。从整体上讲，行政相对人在行政诉讼中的举证能力相对较弱。但征收补偿、城建拆迁、公安管理、劳动和社会保障等行政争议与行政相对人利益攸关，相对人一方往往对司法公正的期待更加迫切，对赔偿补偿数额往往有较高预期。

（三）对正确适用法律的要求相对较高

一方面，行政法律法规适用容易出现冲突。我国行政法律法规立法主体多元化，地方性法规的立法主体逐步由省级人大及其常委会扩展至省会市和国务院批准的较大的市、所有设区的市人大及其常委会，地方政府规章的立法主体由省级人民政府逐步扩展至省会市和国务院批准的较大的市、所有设区的市人民政府。不同立法权主体可能针对同一事项制定不同的规定，引发规范相互之间的冲突。另一方面，行政法律法规涉及社会经济生活各个领域，调整的行政关系多种多样，法律法规体系庞大。到2022年底，我国现行有效法律294部，行政法规599部，地方性法规13273部，行政规范性文件则更多。部分行政关系因机构改革等原因变动性较大，行政法律法规更新变化较快。仅2022年，我国制定和修改了黄河保护法、畜牧法、农产品质量安全法、反电信网络诈骗法等14部法律，以及《进出口商品检验法实施条例》《道路运输条例》《医疗机构管理条例》《海关行政处罚实施条例》等15部行政法规。这对行政检察人员准确把握法律适用规则提出了更高要求。

（四）行政争议实质性化解面临程序性难题

解决行政争议是行政诉讼法确立的目的之一，在法律框架内促进行政争议得以解决也是行政诉讼监督的应有之义。行政相对人期盼通过诉讼解决实质性诉求，但一定程度上又受到诉讼程序规则的限制。经过一、二审和再审程序后，检察环节开展实质性化解争议有着客观中立的优势。检察机关在查清事实、辨明是非的基础上，按照自愿、合法的原则，引导双方当事人达成共识，明确各自的权利义务，达到了保障私权、监督公权、解决争议等多重目的。但也面临着一些程序性难题，如在促成案件当事人双方和解后和解协议效力如何确认等。

二、高质效办好行政生效裁判监督案件的实践探索

（一）优化一体化机制，积极应对"倒三角"挑战

生效裁判监督案件办案主体呈"倒三角"结构，办案主体主要

在省院和市级院，但行政争议基本在基层。在调查核实案件事实、全面了解案件情况、推进争议实质性化解、进行信访风险评估等方面，基层院和市级院更有属地优势。检察机关在宪法定位上是法律监督机关，上下级院之间是领导与被领导关系。因此，对生效裁判监督案件的办理实施"检察一体化"机制，不仅具有法理基础，而且具有实践需求。

1. 建立一体化机制运行规则体系

为了规范完善行政检察一体化工作机制，更好发挥该机制的作用，山东省院在充分调研深入分析各类行政检察案件特点，认真听取各级院行政检察人员意见基础上，于2021年制定了《山东省检察机关实施行政检察一体化机制工作办法（试行）》，以整合上下级院办案资源，更好发挥上级院在法律政策解读上的优势和基层属地调查、协调化解争议优势，最大化提升监督办案质效和行政法治服务实效。该规则明确规定了各类行政检察案件的交办、提办、指办、跟进监督的情形及方式，以及典型案例培育、人员调用、办案纪律等要求。对于生效裁判监督案件，该办法明确下级院拟提请抗诉的新类型、适用法律有争议的案件及其他重大疑难复杂案件，可以在作出决定前向上级院报告情况。上级院办理下级院提抗案件，根据需要可以指令下级院进行补充调查核实，并开展行政争议实质性化解工作。如省院办理的杨某诉行政机关强拆房屋违法赔偿案，焦点问题是能否确认或推定县开发区管委会是涉案房屋拆除行为的主体。该案终审法院认定杨某提交的证据不能证明是县开发区管委会实施了涉案房屋的强制拆除工作。省院委托县检察院调查核实，审查认为案涉棚户区改造拆迁是由开发区管委会决定并统一组织，安置楼房及安置资金均由政府负责，拆迁后地块用于县高层次人才创业园项目，而且同村钟某诉县开发区管委会行政强制案中生效判决确认县开发区管委会拆除钟某涉案房屋的行为违法。省院提请最高检抗诉后，四级检察机关上下联动，引导相对人回归理性诉求，市县检察机关与行政机关沟通会商，最终和解结案。

2. 运用一体化机制办好跨行政区划裁判监督案件

随着法院行政案件跨行政区划管辖改革的落地，跨行政区划行政生效裁判监督案件实践中也越来越多，需要积极应对，深入研究并提出解决方案。《山东省检察机关实施行政检察一体化机制工作办法（试行）》对涉管辖改革案件争议化解机制、案件文书送达协作、重大疑难复杂案件办理机制进行了明确规定。实践办案中，特别强调要发挥好共同上级院协调指导作用，形成办案合力。如公某诉M县人社局劳动争议案件，公某为某公司原职工，因M县人社局未督促某公司为公某缴纳社保费，公某将M县人社局诉至Y县法院。Y县法院经审判以超过2年时效为由驳回公某诉讼请求。判决生效后，公某向Y县检察院申请监督。Y县检察院经初步审查后认为，案件审判地与争议发生地不一致，调查核实存在困难，遂向市检察院汇报。市检察院成立跨行政区划办案组负责调度指导，Y县检察院侧重案涉行政裁判监督，行政机关所在地的M县检察院发挥属地优势，侧重配合开展调查核实及争议化解工作。在查明公某劳动关系存续期限及社会保险费缴纳等事实基础上，Y县检察院向Y县法院发出再审检察建议，向M县人社局制发检察建议，均被采纳。最终案涉公司清算组补缴了公某20余年的社保费。

3. 通过改进人才培养方式强化一体化机制运行实效

一体化机制运行对行政检察人员的监督办案理念、方式等提出了新的要求。在对高素质行政检察专业人才的锻炼培养上，山东近年来更加注重"订单式"培训，更加注重"检察官教检察官"的授课方式，更加重视上下级院挂职交流，更多采取跟班学习、以案代训、青蓝结对等方式，不断凝聚监督办案共识，提升整体监督能力。在省院近年来组织的行政检察业务研修班上，先后有20多名检察官从办案实践走上培训讲台。省院在行政检察人员较为紧张的情况下,仍先后选派4名检察官到下级院挂职交流。下级院行政检察人员通过以案代训、青蓝结对的方式,参与省院办案、重点课题调研等18人次。1名检察官到省法院行政庭交流挂职,省司法厅1名从事立法工作的同志到省检察院行政检察部门挂职交流。通过以上方式,大大增强了一体化机制运行的活力和实效。

(二)强化调查核实功能,着力夯实事实认定基础

调查核实权是检察机关履行法律监督职责的基础和前提。只有通过调查核实查明事实真相和相关后果影响等情况,法律监督才具备事实依据和监督的针对性、有效性。行政检察的调查核实权与民事检察调查核实比,在范围、目的、内容、方式等方面均有所不同,具有自身鲜明的特点。总体而言,办理行政生效裁判监督案件,应当坚持"坐堂审"与"走出去"相结合,克服传统"坐堂办案"式书面审查广度、深度不够的弊端,查明案件事实,提高监督办案精准度。

1. 能动开展调查核实

一些行政生效裁判监督案件,经过了一审、二审和再审,行政相对人仍然对案件事实的认定不服。一般情况下,当行政机关意识到其对案件事实认定存在偏差和错误时,通常会主动纠正并采取补偿措施。但有时由于各种原因,行政机关被困在案件事实"谜团"中,法院历次审理也未能抽丝剥茧查明真相。这种情况下,是难以通过书面审查对案件事实进行厘清认定的,必须依法能动开展调查核实工作。如张某诉某街道办强拆房屋行为违法赔偿案。张某在诉讼过程中多次对案涉房屋楼层及面积认定提出异议,但街道办和一、二审法院均坚持原统计计算无误。省院在办理该案过程中,多次向负责该村拆迁房屋面积等测量的某市测绘院查询核实,最终该

测绘院出具涉案房屋楼层计算说明,证明原楼层及面积计算确有错误。该案提出抗诉后,再审法院予以改判。再如,济南市检察院在办理一起工伤认定行政生效裁判监督案件时,针对案涉某百货公司及相对人提交的证据矛盾疑点,向某超市发出调查函,获取证据证明行政相对人吕某与百货公司存在劳动关系,推动人社部门重新对吕某作出工伤认定。

2. 注重运用智慧借助

智慧借助可以为检察官办案排除技术壁垒,促进办案专业化、精细化。对征收拆迁、医疗保险、交通事故认定等行政生效裁判案件中专业性较强的事实认定难点,需要注重发挥行政检察专家咨询委员会、行业专业人员及特邀检察官助理辅助办案机制的作用,借助外脑智慧提高案件办理的精准度。如于某诉交警部门交通行政处罚案。于某在其封闭小区内移车剐擦李某车辆后离开,李某报警,于某赶到后,向李某支付8000元和解。于某向交警部门索要证明,交警部门认定于某造成交通事故后逃逸,给予罚款2000元的行政处罚。同时扣留于某机动车驾驶证,进行满分教育和考试。于某提起行政诉讼均未获支持,申请检察监督。检察机关经调查核实,组织省法学会交通法学研究会专家咨询论证,广泛检索案例,经审查认为案涉封闭小区发生车辆剐擦,原则上应当作为普通民事侵权行为处理,本案认定造成交通事故后逃逸事实证据不足,特别是在双方车主和解后不宜再行处罚。该案提出抗诉后,交警部门主动纠正原行政行为,撤销行政处罚决定,于某申请撤回起诉,法院裁定准予撤诉。

3. 全面把握案件事实,以监督护公平

某些行政案件特别是行政处罚案件中,如果仅局限于对法院判决认定的事实进行审查,很容易造成执法司法都片面、机械的结局,不仅法律效果无从保证,社会效果更无从谈起。对这类案件,就需要整体把握、全面审查、综合研判。如张某某诉某县公安局行政处罚案。张某某与张某系邻居，且二人父亲为亲兄弟。两家因琐事产生矛盾，多次报警寻求解决。2020年2月中旬疫情防控期间，张某某志愿在村口执勤，一天张某下车拍摄张某某，在持续拍摄中张某某击打张某手臂致其手机落地。公安机关接报警后对张某某、张某以故意毁坏财物、殴打他人为由均作出行政拘留决定。公安机关没有现场提取登记手机。张某某不服诉至法院，诉求均未获支持，后向检察机关申请监督。检察机关审查认为，张某某不具有毁坏公私财物的故意，公安机关未现场提取手机登记且手机损失鉴定意见未送达张某某，执法违反法定程序。检察机关提出抗诉时，将公安机关以殴打他人为由对张某某采取措施时执法方式、执法程序严重违法的关联事实通报再审法院，再审法院经审理撤销一、二审行政判决，确认公安机关对张某某作出的行政处罚决定、行政机关作出行政复议决定的行为违法。

（三）深入研判法律关系，精准把握法律适用要义

法院审理行政诉讼案件，主要审查行政行为的合法性。如前所述，行政法律法规体系庞大，而且法律适用冲突有时难以避免。所以在办理行政生效裁判监督案件时，精准审查行政执法和行政审判是否正确适用法律非常重要，从实践情况看这方面也是监督的难点和薄弱点。对此，山东省坚持常抓不懈，引导全省行政检察人员严格落实《人民检察院行政诉讼监督规则》，加强对行政法律法规的学习，不断提升正确适用法律的能力。

1. 正确适用程序法

程序法为及时、恰当地实现权利和行使职权提供必要的规则、方式和秩序，是正确实施实体法的保障。在审查办理行政生效裁判监督案件时，需要聚焦影响实体诉求实现、实质权益保护的诉讼程

序性问题，准确把握程序性法律规范的适用，依法精准监督，防范程序空转。如某消防技术服务公司因涉嫌虚假宣传被市场监管部门予以行政处罚。该公司于2022年9月13日收到区政府行政复议终止决定书，于2023年4月13日提起行政诉讼。某区法院以超过法定起诉期限为由驳回该公司的起诉。该公司向检察机关申请监督。检察机关审查认为，特定疫情防控期间应予扣除，且疫情属于"不可抗力"事实亦经区法院其他行政裁判文书予以认定。检察机关向法院发出再审检察建议，区法院裁定再审。

2. 准确理解实体法

实体法规定了法律关系主体的具体权利义务及法律保护的具体情况，是法院对当事人之间纠纷进行裁判的根本依据，也是检察机关审查判断法院裁判是否正确、是否具有监督必要性的根本依据。办案中要注重围绕案件争议焦点，围绕实质权益是否应予法律保护的焦点，在充分把握案件事实基础上，进行深入分析研判，明确责任分配和权益归属，找到争议解决的办法。如"外嫁女"支某兰提起行政诉讼，请求法院判决撤销行政机关将其已故父亲宅基地使用权证颁发给支某瑞的行政行为。一、二审法院均以支某兰非案涉土地所在集体经济组织成员，不能获得案涉土地使用权，裁定驳回起诉。申请检察监督后，检察机关审查认为根据民事法律规定和原国土资源部、中央农村工作领导小组办公室、财政部、原农业部《关于农村集体土地确权登记发证的若干意见》，非集体经济组织成员因继承房屋占有农村宅基地的，可按规定登记发证。该案提出抗诉后，再审法院予以改判。

3. 准确把握案件中交织叠加的法律关系

生活中涉诉矛盾纠纷通常千差万别、形态各异。有些行政生效裁判案件存在多重多样法律关系，相互交织或者叠加，只有准确把握不同法律关系以及法律适用，才能实现精准监督，整体监督。不少行政裁判监督案件涉及行政、民事关系，或者存在民事、行政关联诉讼，在审查办理这些案件时，可以一并审查、监督。如某包装公司及负责人魏某因安全生产违法被行政罚款并加处罚，应急管理部门先后申请法院强制执行，法院均裁定准予执行。检察机关受理包装公司及魏某监督申请后，开展调查核实，查明行政机关在允诺延期缴纳期限届满前加处罚款明显不当，分别向法院、行政机关提出检察建议，均被采纳，行政机关撤销加处罚款决定。检察机关同时还查明该包装公司有一民事债权未予实现，债务人有能力履行民事判决却拒绝履行。经包装公司申请，检察机关依法启动民事执行监督程序，依法保护了该包装公司的民事权益。又如，谢某为二级精神残疾人，其起诉主张放弃对案涉房屋继承份额行为无效的民事诉讼胜诉后，又提起行政诉讼请求区自然资源局将案涉房屋确权至其名下，未获法院支持。检察机关审查认为，法院民事判决未对谢某同意将涉案房屋登记于他人名下的行为予以评判不当，自然资源主管部门将案涉房屋确权至他人名下的行政行为违反物权法、《房屋登记办法》、《不动产登记暂行条例》等规定。检察机关向法院提出再审检察建议，法院裁定再审，采纳了检察机关的监督意见。

（四）准确把握立法精神，努力破解实质性化解争议难题

2014年修订的行政诉讼法将解决行政争议作为立法目的之一。近年来，人民法院和检察机关综合运用司法手段和司法措施，以更大力度推进行政争议化解工作，成效显著。实质性化解行政争议工作更加强调实质性正义的实现，以让群众从所涉诉讼案件办理中感受到公平正义。而实现这一点，检察机关不仅要转变传统监督办案理念，还要更加注重各类监督方式和监督措施的综合有效运用。

1. 以监督促化解

提出抗诉和提出再审检察建议，是行政生效裁判监督案件的法

定监督方式。检察机关在履行行政生效裁判监督职责中，发现行政机关违法行使职权或者不行使职权的情形，通过制发检察建议等方式督促行政机关纠正，也是重要的监督方式。对符合监督条件的生效裁判案件，依法提出抗诉、再审检察建议或者检察建议，能够促进行政争议在法治轨道上予以化解。如某汽车驾驶员培训公司租赁河滩地经营驾校，被自然资源主管部门以未经批准擅自占用土地处以 160 余万元罚款。该公司经过行政诉讼一审、二审、再审，历时近 4 年均败诉后向检察机关申请监督。检察机关经审查，认为在案涉土地性质不明的情形下作出行政处罚事实依据不清，对土地出租方和作出承租方的该公司分别作出不同行政处罚决定且罚款金额相差巨大，有违行政处罚公正及过罚相当原则。省院向省法院提出抗诉，省法院再审判决撤销原审行政判决和行政处罚决定。

2. 持续跟进协力化解

有些进入检察环节的行政争议法律关系错综复杂，往往经过一审、二审、再审等诉讼和信访等多层次多部门处理，行政诉讼、民事诉讼关联交错，争议持续时间久，是难啃的"硬骨头"。要实现争议实质性解决，需要检察机关聚焦案涉群众实质诉求，持续跟进，与相关部门协同努力，才能促使相应行政争议得到全面、整体和根本性解决。如苏某诉行政机关房屋登记案中，苏某所居住的公租房被他人违法取得并办理了产权登记，提起行政诉讼。法院均以苏某没有利害关系为由驳回起诉。检察机关提出再审检察建议后，再审法院于 2018 年采纳再审检察建议，判决确认苏某与被诉行政行为具有利害关系。再审过程中，房屋又被卖与李某，并被办理了银行抵押贷款。后苏某先后提起民事房屋买卖诉讼、房屋登记行政诉讼等，某市、区两级检察院持续跟进，与当事人、相关法院、7 家行政单位、行业组织进行 10 余次座谈交流和数百次电话沟通，2022 年案涉房屋产权最终登记在苏某名下，苏某公租房房改问题也得以彻底解决。

3. 推进诉源治理化解争议

诉源治理是社会治理的重要组成部分。检察机关作为国家法律监督机关，既是诉源治理的参与者，又是诉源治理的推动者和保障者。有些生效裁判监督案件涉及的行政争议产生的原因在于政策性措施和方案正当性明显不足，虽然其与行政行为的合法性关联密切，但明显无法通过诉讼或者裁判监督的方式予以解决。对这些案件，我们坚持"抓前端""治未病"，从案件办理着手，对行政审判、行政执法中反映出的类问题进行系统梳理，查找问题症结，通过检察建议等方式推动类问题解决。如山东检察机关办理了80余件被征收人诉某街道办强拆房屋违法赔偿案，在绝大多数作出不支持监督申请的同时，针对案件反映出的征收补偿标准明显不合理引发涉众性持续信访问题，发出诉源治理检察建议。街道办采纳检察建议，持续采取补偿措施，进一步实质性化解多起争议。又如，临沂检察机关在办理杨某花被冒名顶替登记结婚案中，推动民政部门在全县范围内排查整改，并推动省民政厅牵头与法院、检察院、公安厅会签文件，为出台《关于妥善处理以冒名顶替或者弄虚作假的方式办理婚姻登记问题的指导意见》提供了实践依据。

4. 多措并举助推服判息诉

行政争议本身具有复杂性和多样性，行政争议利害关系人的情况也是复杂的，这决定了开展行政争议化解工作要灵活运用多种方式和措施推进。近年来，我们坚持常态化开展行政争议实质性化解工作，结合案件实际情况，更加重视运用公开听证、司法救助、释法说理等措施，促进争议实质性化解，实现案结事了。如陈某诉某镇政府强拆房屋违法赔偿案中，陈某有两套面积、结构相同的房屋，由于评估机构评估时间不同、评估价值不同，终审法院判决是否计算利息、赔偿总额也不同。陈某不服，申请检察监督。省、市检察机关就两案进行清单式梳理对比,从评估机构确定时间及方式、拆除房屋视频证据运用、利息计算规则等多方面向申请人释法说理,最终陈某撤回监督申请,与镇政府和解。又如,周某在山东某县煤矿井下作业四五天后耳聋,申请工伤认定,均未获人社部门、法院支持。周某不服,连续诉访后申请检察监督。省院承办人向两家诊疗医院医师详细咨询,深入研析有关法律规定和专业标准,向周某释法说理,同时调查了解周某家庭情况,启动司法救助和社会救济,最终周某解开法结、放下心结,服判息诉。

三、相关问题及思考

在办理行政生效裁判监督案件中,我们也发现存在一些制约行政生效裁判监督的问题,需要通过顶层设计、立法完善从根本上予以解决。

一是关于行政案件调解范围问题。行政案件调解范围实际上有着明确的规定。《行政诉讼法》第60条规定,"人民法院审理行政案件,不适用调解。但是,行政赔偿、补偿以及行政机关行使法律、法规规定的自由裁量权的案件可以调解。调解应当遵循自愿、合法原则,不得损害国家利益、社会公共利益和他人合法权益"。最高人民法院《关于审理行政协议案件若干问题的规定》第23条第1款规定,"人民法院审理行政协议案件,可以依法进行调解"。可见,在行政诉讼阶段,原则上法院不能以调解方式结案,但涉及行政赔偿、补偿、行政协议或者行政机关有自由裁量权的案件,比如行政处罚案件,法院可以在行政机关自由裁量范围内依法对处罚幅度进行调解并以此方式结案。2023年《行政复议法》第5条规定,"行政复议机关办理行政复议案件,可以进行调解。调解应当遵循合法、自愿的原则,不得损害国家利益、社会公共利益和他人合法权益,不得违反法律、法规的强制性规定"。这一规定改变了此前《行政复议法实施条例》确立的可以适用调解的范围，没有对行政复议案件可以进行调解进行具体的限制性规定。

在司法实践中，法院的诉前调解行政案件实际上也已突破行政诉讼法规定的调解案件范围，审判过程中和检察环节上调解案件适用范围事实上已扩大。可见，进一步扩大行政诉讼调解案件的范围已成为司法实践的迫切需要，也符合行政诉讼法的立法目的。

建议回应司法实践需求，深入研究行政诉讼案件的调解范围扩大或者情形界定问题。为有效化解行政争议，可充分借鉴2023年《行政复议法》的立法经验，适当扩大可调解的范围，在遵循合法、自愿原则，不损害国家利益、社会公共利益和他人合法权益，不违反法律、法规的强制性规定的前提下，结合不同类型案件的特点，将更多类型的行政案件纳入可调解的范围。如行政不作为案件，如果行政机关在法院判决前，通过调解主动在诉讼中履行其应当履行的职责，就消除了行政争议的基础，满足了行政相对人的要求，达到了行政诉讼的目的，更有利于及时维护行政相对人的合法权益。

二是关于检察环节和解效力问题。《行政诉讼法》第60条规定了审判阶段的调解，《人民检察院行政诉讼监督规则》第6条、第48条、第81条规定了检察环节的裁判案件和解问题。上述第6条规定"人民检察院办理行政诉讼监督案件，应当查清案件事实、辨明是非，综合运用监督纠正、公开听证、释法说理、司法救助等手段，开展行政争议实质性化解工作"。第81条规定"有下列情形之一的，人民检察院应当终结审查：……（三）申请人在与其他当事人达成的和解协议中声明放弃申请监督权利，且不损害国家利益、社会公共利益或者他人合法权益的"。当事人就解决争议依法达成和解，且各方自愿履行和解协议确定的义务，视为行政争议实质性化解。从实践中看，在检察机关开展实质性化解争议工作时，行政机关在法律政策框架下往往有和解的意愿和能力，但是囿于法院生效判决的终局效力，担心若重新作出行政行为或者接受和解方案，可能会存在审计、监察问责风险。这种情况下，行政机关往往消极等待，希望检察机关启动抗诉、再审检察建议监督程序，法院重新作出判决后再视情况采取措施。这就客观上形成了矛盾。如在启动抗诉、再审检察建议监督程序前，检察机关在法律政策框架下促成行政机关与行政相对人实现和解，又能妥善处理好检察和解与终审生效裁判效力之间的关系，就会更好地节约司法资源，实现案结事了、政和人和。

建议完善府检、法检衔接程序机制，将检察环节的和解方案引入法院司法确认程序，并在终审生效裁判案件系统中予以标注。刑事检察部门办理认罪认罚案件，可以借助行政调解，促成矛盾双方和解或达成调解协议，"两高三部"《关于适用认罪认罚从宽制度的指导意见》第16条对相关调解协议效力给予了制度认可。该制度也为行政检察和解工作提供了有益借鉴。

三是关于治安案件中正当防卫规则的适用和确立问题。一些治安案件中，相对人为免受正在进行的他人违反治安管理行为的侵害而采取了应激防御、制止违法侵害行为，有时被公安机关认定为"互殴"或者对"客观结果"具有主观故意，从而受到治安处罚。如某餐馆女性经营者在正常营业时，被一男青年酒后推搡殴打，该女性在被推搡殴打中本能地采取了应激性措施，因男青年被鉴定为轻微伤，公安机关以该女性实施了故意殴打他人违法行为作出行政拘留10日的行政处罚。该女性经营者提起行政诉讼后，均败诉。又如，A与曾为朋友的B等人饮酒吃饭产生不快，B抓住A的领带，A顺手推B致B未坐稳头部撞墙后被鉴定为轻微伤，公安机关以故意殴打他人对A作出行政拘留决定。整体地看，类似案件偏重于对相对人客观归责，与整个案件事实不相符合，而且有违社会主义核心价值观要求，不利于法治化营商环境、和谐社会秩序的形成。治安案件面宽量大，其中"正当防卫"认定问题长期以来一直是执法难点，处理不当，极易引发社会矛盾升级，影响执法司法效果和社会和谐稳定。

建议走出现有司法实践认定过严的误区，激活治安处罚领域中正当防卫规则，对正当防卫是否成立作符合立法目的的解释，体现"法不应当向不法让步"的精神。公安部《公安机关执行〈中华人民共和国治安管理处罚法〉有关问题的解释（二）》明确规定，"为了免受正在进行的违反治安管理行为的侵害而采取的制止违法侵害行为，不属于违反治安管理行为"。该规定内容应当明确写入相关法律条文。在办理行政治安案件时，对符合正当防卫构成要件的行为，依法认定为正当防卫，切实维护防卫人的合法权益。

（责任编辑：张立新）

做优行政检察监督案件
以高质效履职维护公平正义

汪志平[*]

行政检察肩负"维护公正司法、促进依法行政"的重要职责使命，是检察履职融入国家治理的重要环节。如何最大限度发挥检察监督优势，实现诉讼监督与争议化解的有机结合，成为当前行政检察工作提质增效的关键。河北省检察机关坚持在"转理念、强措施、重实效"上下功夫，持续做优行政裁判监督案件办理。2023年，全省裁判案件监督率43%，同比增长36%，共提出抗诉、再审检察建议63件，同比增加75%。

一、坚持理念引领，持续深化新时代能动司法检察实践

习近平总书记多次强调，要"努力让人民群众在每一个司法案件中感受到公平正义"，这既是以人民为中心司法理念的具体体现，也是检察机关立足履职办案的应有之义。做深做实做细新时代能动司法，应深刻把握其中的科学内涵和价值逻辑，从理论重塑、办案实践、检察管理等方面向提质增效再聚焦，切实把检察理念现代化贯彻到法律监督的全过程各方面。

---

[*] 河北省人民检察院副检察长、二级高级检察官。

（一）坚持高质效办好每一个案件，聚焦"为大局服务、为人民司法、为法治担当"

最高检应勇检察长在全国检察长会议上的讲话中强调："要聚焦法律监督，突出'高质效办好每一个案件'，更加有力为大局服务、为人民司法、为法治担当。"河北省检察机关牢固树立"高质效办好每一个案件"的基本价值追求，紧紧围绕党和国家的中心任务，保障善治、守护民生，持续推进司法为民检察实践走深走实。

1. 着力推动京津冀协同发展大局

认真落实河北省委出台的"深入推进京津冀协同发展"决定，切实把习近平总书记在河北考察时关于京津冀协同发展的重要讲话精神转化为检察工作的生动实践，牢固树立"一盘棋"思想，拧成"一股绳"监督，为推动京津冀成为中国式现代化建设的先行区、示范区贡献河北检察力量。近3年，河北省检察机关共受理拆违案件300余件，占全部案件总量的80%，以能动履职积极践行京津冀协同发展战略，深度融入京津冀世界级城市群建设。

2. 着力推动经济社会高质量发展大局

深入贯彻落实党的二十大关于"完善产权保护、市场准入、公平竞争、社会信用等市场经济基础制度，优化营商环境"的重要部署，聚焦法治化营商环境建设，认真履行检察监督职能，打好依法平等保护民营企业合法权益"组合拳"。以《京津冀检察机关关于优化法治化营商环境跨区域协作的工作意见》为牵引，推动常态化、全方位、多领域的交流协作，以高质效业务协同深化营商环境法治建设。部署开展全省护航法治化营商环境小专项活动，共办理案件316件，制发检察建议302件。

3. 着力回应人民群众关心关切

坚持以人民为中心的发展思想，始终把为民司法作为检察履职的宗旨和目标，把践行司法为民理念融入检察工作各环节全过程，持续性常态化抓好行政争议实质性化解工作，让人民群众的获得感、幸福感、安全感更加充实、更有保障。持续开展"全面深化行政检察监督依法护航民生民利"专项活动，聚焦法治化营商环境、不动产、社会治安和道路交通等与群众利益息息相关的领域，共办理护航民生民利案件1542件，制发检察建议1309件，采纳1250件，采纳率为95%。2023年，共实质性化解行政争议685件，其中裁判结果监督案件491件，裁判案件化解率为56.6%。

（二）坚持系统观念，聚焦一体履职凝聚检察合力

检察一体化既是检察权运行范式的基本体现，也是检察机关组织原则的重要内容。立足融合一体发展检察工作格局，优化司法资源配置，综合运用检察履职方式，有效提升法律监督整体效能。

1. 构建顺畅贯通的纵向协同机制

发挥最高检部署、省级院主导、市级院主抓、基层院主责的四级检察机关联动优势，探索行政检察一体化机制，着力整合、发挥内部监督资源优势，以"点线结合"工作模式推动联合办案、信息共享，实现司法办案、人员调配、资源配置、案件管理等方面的一体协作。在办理吴某与S市人社局、省人社厅工伤认定及行政复议一案中，检察机关准确认定"不以存在劳动关系为前提认定工伤"的特殊情形，通过抗诉监督法院纠正错误行政判决。为促进解决当事人实质诉求，三级检察机关协调联动，开展调查核实、争议化解等工作，经抗诉改判最终支付吴某伤残津贴366052元及生活护理费196652元，圆满解决了矛盾纠纷。

2. 推进落实紧密衔接的横向配合机制

强化检察部门间沟通协作，构建"线索同步发现、双向移送、协同办理"高效工作模式，破除业务职能壁垒，优化内部分工，实现检察职能融合发展。结合河北检察工作实际，制定下发《关于落

实〈关于推进行刑双向衔接和行政违法行为监督构建检察监督与行政执法衔接制度的意见〉的实施方案》，明确部门职责分工，通过个案监督以点带面，扩展监督空间，统筹推进检察监督与行政执法衔接工作。2023年，共梳理涉刑事不起诉案件37044人，制发检察意见6150件，共计8025人。

3. 完善长效联动的跨区域一体化机制

立足所在地检察机关的地缘优势，强化类案指定集中管辖中的检察协作，延伸社会综合治理等工作触角，不断深化"整体统筹、指挥灵敏、协作配合、统一行使检察权"的运作机制，更好彰显办案效果。邢台市检察院探索运用全市"行政检察一体化审查"办案模式，督促集中管辖地检察院共享案卷资料，扩大行政案件审查角色，在解决基层监督案源不足问题的同时，有效发挥行政检察职能，实现资源的优化配置。

（三）坚持双赢多赢共赢，聚焦"府检联动"推动依法行政与公正司法双提升

始终坚持"寓支持于监督之中"的理念，把对行政机关执法权监督寓于办案之中，具体落实在诉讼监督案件办理的全过程，以助推合法合理高效行政为目标，依法开展法律监督工作，实现司法权与行政权的良性互动。河北省检察院与省政府联合制定《关于建立"府检联动"工作机制的方案》，在总体方向上，强化行政执法与检察司法衔接，共享信息资源，着力防范化解矛盾风险、推进社会治理创新，协同推进依法行政和公正司法；在重点工作上，切实发挥府检各自职能优势，共同维护国家安全和社会大局稳定、共同构建法治化营商环境、共同加强民生领域法治保障等；在实效保障上，坚持常态化沟通协调，压紧压实责任，对重点工作任务事项实行清单化、闭环式督促落实，确保依法行政与公正司法相互促进、行政

机关与检察机关的良性互动，共同打造"府检联动"河北品牌。

二、坚持全面共进，推动案件"质"与"量"同向同行

"行政检察的重心是行政诉讼监督。"诉讼监督的高质量发展离不开"质"与"量"的逻辑关联，从解决行政检察"不敢""不力"问题入手，处理好规模与质效、指标与业务之间的关系，以全面高质效履职让人民群众能感受、可感受、感受到公平正义，构建公正高效权威的检察监督制度。

（一）紧盯线索发现，抓"原料入口"多元化

1. 储备监督线索

在做好依申请监督案件的同时，加强对不符合监督申请受理条件的生效裁判案件的初步审查，变被动受理为主动发现，突破案源不足难题。稳妥拓展12309检察服务中心线索信息，重点集纳审判机关裁判数据，为高质量开展法律监督奠定基础。

2. 挖掘潜在线索

从生效裁判监督的重点领域入手，如行政行为、政府信息公开、不履行法定职责等，找准行政检察监督的切入点，精准筛选监督信息，有针对性地开展生效裁判监督工作。

3. 推动线索流转

完善线索转化管理流程，进一步强化检察长接访、地方党委交办、长期信访案件的线索流转、监督核查工作，对确有监督必要的，依职权启动监督程序，依托行政与司法的良性互动，实现三个效果的效能叠加。2023年，依职权启动生效裁判监督案件140件，占全部生效裁判监督案件的16%。在办理刘某军诉张家口市某县住房和城乡建设局不动产登记纠纷一案中，通过检察长接访耐心倾听申请人诉求，并依职权启动监督程序，严格审查涉及房屋不动产登

记的具体行政行为，在向法院提出抗诉的同时督促纠正行政机关依法履职，切实解决了人民群众的操心事、烦心事、揪心事。

（二）紧盯案件审查，抓"生产过程"标准化

1. 固定争议焦点

根据最高法印发的《最高人民法院统一法律适用工作实施办法》规定，结合省内司法实践经验，聚焦法院生效裁判和涉案行政行为，重点审查同案不同判、裁判结果与主要意见相矛盾、法院尚未形成统一裁判意见的新类型案件，抓住统一法律适用标准的关键点，提高审查准确性。

2. 准确认定事实

分案前端，落实繁简分流办案机制，积极构建分流机制中"集中转办""听证""调卷"等程序，实现繁案精办、简案快办，以适应行政诉讼监督规律，促进司法资源的优化配置。阅卷中端，认真落实好《人民检察院行政诉讼监督规则》第四章有关调查核实的适用规范，就法院生效裁判、被诉行政行为及关联行为是否存在违法情形等焦点问题丰富调查核实内容，进一步完善精细化阅卷审查模式，为精准提出监督意见提供有力支撑。审查后端，全面加强案例检索，结合检索到的指导性案例、典型案例和关联案例对审查意见进行充分论证，在保障法律统一正确适用的同时提升精准监督水平。在办理某县制氧站诉邢台市某县市场监督管理局行政处罚一案中，检察机关结合涉案违法行为事实、性质、情节以及危害程度等因素，准确抓住涉案违法行为获利50元与罚款5万元的巨大差异额，以明显不符过罚相当原则为由向省法院提出抗诉。

3. 严格法律适用

以实体审和程序审并重为原则，明确个案具体条款适用问题，特别是针对程序空转案件中存在的程序规范适用错误等情形，依法

监督纠正，由点及面进行类案监督，促进法律规范的精准适用，维护相对人合法权益。在办理闫某与某市人力资源和社会保障局行政确认案中，法院认定闫某不能证明其所受意外伤害系因履行工作职责所致，某市人社局作出不予认定工伤决定书并无不当，裁定驳回了闫某诉讼请求。检察机关依据《工伤保险条例》第14条、第19条，最高人民法院《关于审理工伤保险行政案件若干问题的规定》第4条以及《河北省工伤保险实施办法》第14条的规定，从举证责任分配角度认定，某市人社局应对涉案伤害系非工作原因导致承担举证不能的法律后果，并以适用法律错误为由向法院提出抗诉。法院最终采纳检察机关的抗诉意见。

（三）紧盯诉源治理，抓"产品产出"精致化

习近平总书记强调，"法治建设既要抓末端、治已病，更要抓前端、治未病"。关键是要把握新时代"枫桥经验"的精髓，坚持深化诉源治理，紧扣诉源治理要求，摒弃"就事论事、就案办案"错误思想，不断拓展丰富履职的方式方法，运用检察建议、专项报告等方式，按照"个案办理—类案监督—社会治理"的路径和方式，促进解决多层次多领域的共性问题，推动检察履职的步步深入、持续深化。2023年，全省检察机关共制发行政检察社会治理类检察建议284件，占社会治理类检察建议的30%。邢台市某县院针对自然资源部公开通报的违法占地问题，向同级党委、人大提交专题报告、向县委作专题报告，以涉及永久基本农田、耕地的土地执法案件共性问题为切入点，积极开展类案监督，增强行政检察与行政执法衔接机制的利用率和监督成案率。邢台市检察机关在办理某科技公司诉市人力资源和社会保障局工伤保险资格认定一案中，在全力促成涉案争议实质性化解的同时，与市人社局共同签订《关于加强行政检察与人力资源和社会保障行政执法衔接工作的意见》，

针对妇女儿童权益保护等重点领域进行专项协商，推动人社部门严格执法、依法行政，为完善工伤领域社会保障工作提供了制度支撑。

（四）紧盯争议化解，抓"后端调处"实质化

始终坚持和发展新时代"枫桥经验"，以"如我在诉"理念，聚焦行政诉讼程序空转，立足法律监督职能常态化开展行政争议实质性化解工作。充分发挥政治智慧、法律智慧和监督智慧，主动融入矛盾纠纷多元预防调处化解综合机制，构建检府、检法联动化解机制，综合运用调查核实、领导包案、公开听证、司法救助等手段，突出治理实效，促进案结事了。在国某诉承德市某县自然资源和规划局林地使用权确权登记一案中，国某因所颁发林权证涉及地块与他人相重合问题常年上访并向法院提起诉讼，法院以超过法定期限为由驳回起诉。检察机关经前期调查核实，邀请县林业和草原局、不动产登记中心、镇政府、村民委员会等相关人员，召开"上门听证会"，对案涉行政裁定从程序和实体上进行释法说理，最终国某撤回了监督申请，这起持续17年的行政争议成功化解。廊坊市某县院办理的张某甲与县自然资源和规划局行政登记检察监督案，市、县两级检察院成立联合办案组，合力协调相关机关，在督促履职的同时促进修复受损行政法律关系，有效加强对老年人合法权益的保护，促进争议实质性化解，入选最高检"检察为民办实事"行政检察与民同行典型案例。

三、坚持效果导向，通过高标准助力高质效案件办理

牢牢抓住"质效提升"这一根本导向，着力健全检察工作机制，从完善考评制度、强化权力监督、发展数字检察等多方面，通过深化内部机制改革，优化案件质量评查体系、完善案件质量管控

机制等方面健全提升办案成果，为高质效办理案件提供机制保障。

（一）以多元工作举措夯实机制建设

定期召开月季度业务数据分析研判会，加强对异动数据的关注，通过数据变化精准找出制约工作发展的短板弱项，提出针对性改进措施，并通过不断深化检察业务数据分析研判工作，提升办案质效，推动实现对检察办案的科学管理。持续优化以案促建工作方法，与省法院会签《关于加强行政审判与行政诉讼法律监督工作的会议纪要》，就监督程序、调阅卷宗等方面统一认识，共同建立联席会议、业务交流、争议化解等机制，切实保障办案质效。注重培养行政检察业务专业能力，搭建办案交流平台，促进跨区域检察机关在专业素质、专业思维和专业精神上进行沟通交流，以强基础为抓手，组织先进市县院就生效裁判结果监督案件办理作经验分享，发挥示范引领作用，共同提升工作能力。

（二）以健全评价指标激发内生动力

正确把握评价指标功能作用、价值导向，深化认识案件质量评价指标体系，明确提升检察业务质效方向，更加注重对案件质量的全面评价，把握动态趋势，更好统筹"有质量的数量"和"有数量的质量"，宁要10件案件90%的采纳率，不要1件案件100%的采纳率，扎实做好指标的本地化应用，努力以务实业务管理举措促进高质效案件办理。科学合理细化指标运用，将行政裁判案件监督率、再审检察建议采纳率、结案率纳入全省检察机关主导性评价指标体系，着力拓展监督规模、提升监督质量、注重监督效能，以少量重点数据带动整体质效水平提升，全面体现做强行政检察要求。优化条线业务考核管理，探索建立"院级+条线"考核指标互补体系，以抓弱项补短板为目标，加大对抗诉、再审检察建议"硬监督"数量的考核力度，关键在于对考核导向、程序和方式的优化组合设置，充分发挥业绩考评"指挥棒""助推器"作用，激发办案积极性。2023年，全省共提出再审检察建议52件，同比增长58%；抗诉11件，同比增长266%。

（三）以开展案后评查复盘确保监督质量

案件质量评查是科学评判检察机关法律监督成效和依法履职质效的重要手段，以全面评价、整体评价、组合评价、实绩评价为标准，做到个案质量、效率、效果的有机统一。创新"线上＋线下、初评＋复评"评查模式，聚焦"实体＋程序＋裁判结果"重点环节，围绕案件事实认定、法律适用、程序手续、监督结果等方面，细化评查标准，形成发现问题、通报问题、推动整改的闭环评查模式，有效提升监督规范化水平。连续两年组织开展生效裁判监督案件专项评查，对近百件依职权启动生效裁判监督案件进行专项检视，并及时通报评查结果，对有关法律适用、文书格式等方面的共性问题，通过培训、交流等方式予以改进；对涉及个案的个性问题，及时推动问题补正整改，避免同类问题发生，倒逼办案质效提升。

四、坚持数据赋能，积极构建行政数字检察工作模式

深入实施数字检察战略，培树大数据思维，采用"平台＋模型"的立体组织建设思路，科学构建行政检察大数据监督模型，加快信息平台建设，提升行政检察现代化水平。

（一）搭建智慧辅助平台

以着力解决行政检察监督存在的"量小""质弱"问题为目标，积极研发大数据智能监督平台，集成案件拓源、高标提质、智慧借

助、动态管理等多维功能，实现案件线索集中化、案件办理智能化、案件数据可视化、案件调度立体化，重点破题基层检察院监督案源不足问题。同时，构建更大范围、更广领域"数据池"，将近年来法院裁判文书、相关法律法规及典型案事例、政府权力清单等数据分类分批导入，推进行政机关与检察机关信息共享、数据联通，在为行政检察办案学习提供数据文库支撑的同时，也为行政检察监督提供源源不断的潜在线索。

（二）运用推广数字模型

牢固树立"不求所有、但求所用"数据观念，强化业务部门在模型研发应用中的主导责任，抓住行政检察监督"小切口"问题，针对特定类型案件归纳有效特征，有针对性地开展法律监督。截至目前，全省检察机关开发检察大数据模型20余个。其中，承德市院研发的未依法实施"一超四罚"行政违法行为类案监督模型，聚焦货运车辆超载超限处罚，推广适用后发现案件线索4700余条。

（三）借助外脑科学决策

优化专家咨询模式，建立同高校、科研院所等多方协作联合机制，共同开展课题研究、人才培养、教学时间，推动检察理论研究的深入开展。充分发挥特约检察官助理的专业优势，从第三方视角为行政检察监督工作建言献策，弥补检察工作的短板和局限性，最大限度凝聚共识力量，督促提升检察履职能力。积极引入成熟科研技术，通过借助"智库"激发大数据对法律监督工作的放大、叠加、倍增功能，实现以智能增效能，更好为检察监督服务。

（责任编辑：高旭）

行政司法前沿

行政检察护航法治化营商环境的实践路径

张相军* 张立新** 刘 浩***

目 次

一、行政检察护航法治化营商环境的实践现状
 （一）优化法治化营商环境的立法实践与发展
 （二）护航法治化营商环境行政检察监督的总体情况
二、行政检察护航法治化营商环境的类型及内容
 （一）产权保护
 （二）市场准入
 （三）公平竞争
 （四）社会信用
 （五）监管执法
三、行政检察护航法治化营商环境的监督方式
 （一）强化行政检察履职，依法保护各类经营主体合法权益

---

* 最高人民检察院第七检察厅厅长、一级高级检察官。
** 最高人民检察院第七检察厅二级高级检察官。
*** 最高人民检察院第七检察厅二级检察官助理。

（二）用好数字"引擎"，以类案监督推动行业治理

（三）以专项活动为抓手，推动突出问题系统治理

（四）注重建立行政执法与法律监督衔接机制，凝聚最大监督合力

"法治是最好的营商环境。"党的二十大报告提出，"完善产权保护、市场准入、公平竞争、社会信用等市场经济基础制度，优化营商环境"。营商环境集中反映一个国家和地区的重要软实力和核心竞争力，市场作用发挥需要依赖于营商环境的优化，而营商环境需要法治提供坚实的保障。近年来，为贯彻落实党的二十大关于优化营商环境的部署，各级检察机关充分发挥行政检察监督职能作用，聚焦涉市场主体产权保护、市场准入、公平竞争、社会信用、监管执法等"堵点"问题，通过高质效办好每一个案件，引导和促进市场主体守法合规经营，着力营造公开透明的法治化营商环境，依法平等保护各类市场主体合法权益。

一、行政检察护航法治化营商环境的实践现状

（一）优化法治化营商环境的立法实践与发展

党中央、国务院将法治化营商环境作为高质量发展的应有之义，连续推出一系列优化营商环境的法规文件（见表1），优化营商环境法制建设进入新阶段。2019年10月国务院颁布的《优化营商环境条例》填补了优化营商环境的立法空白，在我国及世界上都有重要

影响，是针对优化营商环境法治化探索的第一部综合性行政法规。①在中共中央、国务院《关于加快建设全国统一大市场的意见》《关于促进民营经济发展壮大的意见》中，将营商环境法治化与市场化、国际化并列，对法治化营商环境作出重要部署。

表1 关于法治化营商环境法律法规文件梳理

效力位阶	规范名称	条款内容摘要
全国人大常委会法律（1件）	《海南自由贸易港法》	第4条 持续优化法治、国际化、便利化的营商环境
全国人民代表大会工作文件（5件）	"十四五"规划等	第二节 构建一流营商环境 营商环境法治化与市场化、国际化并列
国务院行政法规（3件）	《优化营商环境条例》等	第4条 营商环境法治化与市场化、国际化三原则
国务院规范性文件（45件）	《关于进一步优化外商投资环境加大吸引外商投资力度的意见》等	通过法治化与市场化、国际化营造一流营商环境
最高人民法院司法解释（2件）	《关于适用〈中华人民共和国外商投资法〉若干问题的解释》等	营造稳定、公平、透明的法治化营商环境

《中共中央关于加强新时代检察机关法律监督工作的意见》提出"依法维护企业合法权益"，检察机关在法治化营商环境上负有维护之责。为落实习近平法治思想、中共中央、国务院《关于促进民营经济发展壮大的意见》等规定，最高检专门研究制定了《关于充分发挥检察职能服务保障"六稳""六保"的意见》《关于依法惩治和预防民营企业内部人员侵害民营企业合法权益犯罪、为民营经济发展营造良好法治环境的意见》《关于全面履行检察职能推动民营经济发展壮大的意见》，为民营企业发展营造法治化营商环境。

---

① 参见胡晓霞：《论法治化营商环境之司法方案》，载《中国应用法学》2021年第6期。

各地检察机关结合地方实际，也研究制定了优化营商环境、服务企业发展的意见措施，助推法治化营商环境创新提升。如临沂市检察机关通过到经济主管部门、重点企业调研，制定了《关于优化法治营商环境护航绿色低碳高质量发展先行区建设的方案》等文件，定制"服务规范"，找准服务保障法治化营商环境建设的切入点，增强服务工作的精细化、针对性。

（二）护航法治化营商环境行政检察监督的总体情况

为反映当前护航法治化营商环境行政检察监督的总体情况，本文主要以2023年全国检察机关行政检察护航法治化营商环境小专项活动情况为样本，从案件办理情况、重点领域及市场主体类型、类案监督情况等方面进行分析：

第一，从涉案类型来看，非诉执行监督、违法行为监督案件占比较大。2023年，各级检察机关在专项活动中共办理涉市场主体行政检察监督案件25268件。从涉及案件类型看，行政裁判结果监督案件1486件，占比5.88%；行政非诉执行监督案件7826件，占比30.97%；行政违法行为监督案件10939件，占比43.29%；行政诉讼执行监督案件350件，占比1.39%。其中，提出抗诉和再审检察建议152件，向法院提出检察建议6233件，向行政机关提出检察建议11430件。专项活动中促进涉企行政争议实质性化解3596件。

第二，从案件涉及的重要领域来看，市场监督领域成为办理重点。2023年，各级检察机关在专项活动中共办理的涉市场主体行政检察监督案件中，涉及产权保护领域621件，经营许可领域751件，市场监督领域5797件，税收管理领域593件，安全生产领域1488件，环境资源领域2902件，交通安全和运输执法、劳动与社会保障等其他重点领域9608件。

第三，从类案监督情况来看，各地区的办案数量不均衡。专项活动中共办理类案监督案件1734件，包含个案数15270件。其中，广东省办理类案监督案件381件，贵州省办理类案监督案件270件，浙江省办理类案监督案件166件，有效促进涉市场主体突出问题的系统治理和诉源治理。同时，江苏省、湖北省办理类案监督案件均为0件，监督质效有待提高。

二、行政检察护航法治化营商环境的类型及内容

各级检察机关围绕产权保护、市场准入、公平竞争、社会信用等事关营商环境的基础性制度，充分发挥行政检察既监督人民法院公正司法又促进行政机关依法行政作用，依法保障各类市场主体受到平等法律保护，形成安商惠企合力，营造稳定、透明、规范、可预期的法治化营商环境。①

（一）产权保护

产权保护对于激励创新、稳定预期和实现社会公平正义意义重大。中共中央、国务院《关于完善产权保护制度依法保护产权的意见》指出，产权制度是社会主义市场经济的基石，保护产权是坚持社会主义经济制度的必然要求，我国产权保护仍然存在国有资产流失、利用公权力侵害私有产权、违法查封扣押冻结民营企业财产等问题，必须健全以公平为核心原则的产权保护制度。中共中央、国务院《关于促进民营经济发展壮大的意见》第10条强调，要依法保护民营企业产权和企业家权益。在产权保护方面的监督内容主要有：

---

① 参见张相军、周雷：《全面深化行政检察监督完善中国特色行政检察监督体系》，载《人民检察》2023年第1期。

一是监督征收征用土地、房屋等不动产未依法给予经营主体补偿（赔偿），保障经营主体征收补偿（赔偿）权。第一，企业被依法征收后补偿不到位或者补偿范围、形式和标准明显不合理等。如江西省上饶市检察机关针对法院生效裁判确定某街道办事处对某农业公司应承担166万元补偿责任，但街道办事处履行66万元补偿后，怠于履行剩余补偿款，通过制发检察建议促使街道办事处依法履行生效裁判确定的全部补偿义务，帮助民营企业及时获得100万元补偿款。第二，被违法强制拆除后行政赔偿不到位或者赔偿范围、标准明显不合理等。如河南省郑州市检察机关聚焦某养殖场被镇政府违法强拆后得不到赔偿的现实难题，经调查核实认为案涉养殖场不属于违法建筑，镇政府强拆造成的损失理应得到赔偿，遂通过抗诉监督纠正原错误判决，养殖场得到镇政府61万元赔偿。

二是督促行政机关严格规范国有资产登记、转让、清算、退出等程序和交易行为，防止国有资产流失。如河南省南阳市某县国有农场诉某县自然资源局房屋所有权登记检察监督案中，个体老板魏某违法占用国有农场划拨土地自建房屋，县自然资源局违规为其办理房屋登记后，魏某将上述房产作抵押，先后从县农商银行申请贷款880万元，因逾期未还，县农商银行起诉魏某金融借款案胜诉，县法院欲对魏某抵押房产进行拍卖，国有资产随时面临流失。南阳市检察机关采取抗诉与再审检察建议并用的方式对两级法院展开同步监督，法院再审撤销了县自然资源局为魏某办理的房屋所有权证。针对本案出现的违法办证、违规发放贷款等问题，检察机关依法向县纪委监委移交公职人员违纪违法线索3件。

三是监督不当的行政处罚、行政强制措施、行政强制执行，保护企业生产经营权及企业家合法权益。第一，违反法定权限、条件、程序对市场主体作出没收违法所得、责令关闭、责令停产停业、责令限期拆除等行政处罚，或者违法实施查封、扣押和冻结财产等行政强制措施。如某制药公司是陕西省西安市鄠邑区政府招商引资项目，因未批先建被行政机关作出责令限期拆除违建、恢复土地原状的行政处罚，并罚款5342641元。后该公司取得陕西省政府土地批复，其占用土地的性质转为建设用地，但行政机关未依法撤销原拆除违建的处罚决定，也未及时变更原处罚决定，导致该公司的用地手续无法正常办理，后检察机关通过公开听证、检察建议的方式监督纠正行政机关错误处罚决定，维护了企业财产权。第二，法院执行活动中违法采取执行措施，导致错误或者不当执行企业标的、超额冻结企业账户资金、超范围扣押企业财产等损害企业生产经营。如河南省三门峡市某县工商行政和质量技术监管局以任某经营的西餐厅系无照违法经营为由作出罚款8000元的行政处罚。任某在法定期限内既未申请行政复议或提起行政诉讼，也未履行罚款义务，后县工商行政和质量技术监管局向县法院申请强制执行，法院裁定准予强制执行后冻结任某8000元存款，同月法院再次冻结任某账户8050元存款。检察机关审查后认为，法院在执行过程中重复冻结被执行人财产违法，遂通过检察建议监督法院及时解除违法冻结的财产，维护经营者合法权益。

四是监督行政机关错误行政确权，保护经营主体不动产物权。第一，对土地、矿藏、林地、山岭权及水利工程权等权属确权违法。湖南省郴州市某县政府在对土地权属调查过程中只核实了对第三人有利的证据，没有对有利于申请人诉求的证据线索进行核实，致使最能证明申请人拥有涉案争议地土地所有权的证据被遗漏，导致申请人在原三级法院的审判中均败诉。省检察院通过提请最高人民检察院抗诉，最终经法院再审撤销了原林权处理决定，并责令政府重新作出土地裁决。第二，行政机关不依法履行登记确权职责。福建省漳平市法院拍卖龙岩市某水力水电站的土地使用权、地上建筑物权、机器设施及其他辅助设施，由某水电公司竞得，市不动产登记中心协助执行。市不动产登记中心在办理某水电公司过户登记时，发现水电站厂房所处宗地与土地证宗地地理数据不匹配，告知某水电公司暂缓办理转移登记。此后，该公司多次要求办证，不动产登记中心均让其等待国家供地政策允许后再予以办理，导致该问题长时间未得到解决。后检察机关经调查核实发现，两证颁发主体系不同行政机关，办证人员仅通过简单方式核对建筑物平面图与宗地的范围，导致房屋初始登记错误，遂通过制发检察建议的方式建议其依法纠正初始登记错误，及时解决不动产转移登记问题。

（二）市场准入

市场准入是企业进入市场的第一步，是政府管理市场能力和水平的"晴雨表"，集中体现于行政审批和许可程序中。国务院《优化营商环境条例》第20条规定，"国家持续放宽市场准入，并实行全国统一的市场准入负面清单制度。市场准入负面清单以外的领域，各类市场主体均可以依法平等进入。各地区、各部门不得另行制定市场准入性质的负面清单"。在市场准入方面的监督内容主要有：

一是对设置不合理和歧视性的市场准入和退出条件予以监督。包括设置没有法律、法规依据的审批或者具有行政审批性质的事前备案程序违法，未经公平竞争授予经营者特许经营权，对市场准入负面清单以外的行业、领域、业务等违规另设行政审批等。如在某置业有限公司诉四川省某市水务局不履行法定职责检察监督案中案，市水务局函〔2019〕221号文件规定，对自来水安装工程，先由供水企业进行分项审验、出具审验结论后，再由市水务局、供水企业等单位共同进行整体项目验收。这实际上增加了水务验收审批前置程序，加重了建设单位的负担和义务。后检察机关通过制发检察建议推动水务局完善相关行政管理制度，明确停止执行函

〔2019〕221号文件,并规定在市主城区自来水安装工程设计的审核和验收均由水务局牵头,供水企业参与验收,减少审批前置程序。

二是监督行政机关不依法履行行政许可,行政许可程序不透明、超期限办理等违法行为。包括行政机关在办理特许经营许可、建设工程规划许可、建筑工程施工许可、矿产资源许可、药品注册许可、医疗器械许可和执业资格许可等不依法履行审批职责。如《行政许可法》第30条规定,行政机关应当将法律、法规、规章规定的有关行政许可的事项、依据、条件、数量、程序、期限以及需要提交的全部材料的目录和申请书示范文本等在办公场所公示。黑龙江省鹤岗市某县检察院在办案中发现林业主管部门及水务主管部门在办理林业采伐许可和取水许可时,违反《行政许可法》第30条,在办理窗口没有公示办证许可材料,存在办理行政许可不透明的违法问题。

(三)公平竞争

统一大市场的形成要求公平竞争的市场环境,市场竞争的有效性是一个国家微观经济发展水平的核心标志。国务院《优化营商环境条例》第5条规定,"国家加快建立统一开放、竞争有序的现代市场体系,依法促进各类生产要素自由流动,保障各类市场主体公平参与市场竞争"。公平的市场竞争有利于提高行业和企业的创新和生产力,为社会公众提供高质量的产品、充足的就业岗位和更高的收入,从而促进经济增长。在公平竞争方面的监督内容主要有:

一是督促行政机关依法查处建筑工程领域串通招投标、违规出借资质、违规评标等影响公平竞争的违法行为。工程项目招投标是维护公平竞争市场秩序的有力工具,特别是政府工程项目招投标对中小企业发展发挥着有效促进作用。如山西、江苏、浙江、山东、河南、湖北、广东、广西等地检察机关围绕建筑工程领域违法发包、分包，出借资质违法招投标等影响公平竞争的违法行为开展"小专项"活动，督促行政机关加强对建筑业企业资质的监督管理，维护公平、开放、有序的招投标市场秩序。

二是督促行政机关依法惩处"刷单炒信"等恶性竞争违法行为。如浙江省宁波市某电商公司在网购平台经营网店过程中，联系专门从事刷单的中介人员统一安排"刷手"假扮买家、垫付本金、赚取佣金、收空包快递、编造用户评价等方式进行"刷单炒信"，以此提升产品销售额、用户好评度和店铺信誉。"刷单炒信"行为欺骗、误导不知情消费者作出不实选择，损害同业经营者公平竞争权。宁波市检察机关聚焦办案中发现的电商公司"刷单炒信"影响公平竞争的违法行为，通过向市场监督管理局制发检察建议，建议对实施"刷单炒信"行为的公司和个人依法作出行政处罚，合力营造电子商务领域公平竞争的市场环境。

（四）社会信用

营商环境的不断优化是一个国家治理能力和治理水平的集中体现，社会信用体系建设是其核心要素。国务院《优化营商环境条例》第9条规定，"市场主体应当遵守法律法规，恪守社会公德和商业道德，诚实守信、公平竞争，履行安全、质量、劳动者权益保护、消费者权益保护等方面的法定义务，在国际经贸活动中遵循国际通行规则"。第30条规定，"国家加强社会信用体系建设，持续推进政务诚信、商务诚信、社会诚信和司法公信建设，提高全社会诚信意识和信用水平，维护信用信息安全，严格保护商业秘密和个人隐私"。在社会信用方面的监督内容主要有：

一是监督"新官不理旧账"失信违约行为，推动行政机关守信践诺，保护市场主体正当合理的信赖利益。如安徽省三级检察机关依托"府检联动"机制,深入开展促进公共政策兑现和政府履约践诺督查监督工作,推动政策未兑现、协议未履行问题得到解决,提高公共政策实效和政府公信力。

二是监督法院执行活动中错列企业为失信被执行人、未及时删除失信信息,或者企业法定代表人被错误限制消费等影响司法公信的违法行为。最高人民法院《关于公布失信被执行人名单信息的若干规定》第3条规定,被采取查封、扣押、冻结等措施的财产足以清偿生效法律文书确定债务的,人民法院不得将被执行人纳入失信被执行人名单。山西临汾市某区检察院针对区法院对被执行人采取查封、扣押、冻结等措施的财产足以清偿生效法律文书所确定的债务,但仍将企业列入失信被执行人名单的违法行为,通过制发检察建议督促纠正。

三是监督行政机关不正确适用信用惩戒措施的违法行为。如内蒙古自治区鄂尔多斯市检察机关针对行政机关未及时将企业行政处罚信息公示于国家企业信用信息公示系统,导致该企业信用惩戒期本已结束但仍处于公示期内,企业经营活动受到限制,未能享受相关税收、贷款等优惠政策的违法行为,以检察建议的方式督促行政机关对案涉行政处罚信息公示不规范问题进行整改,及时修复企业信用信息,为上述企业挽回应得税收优惠150万余元,使该企业正常参与政府招投标项目。又如,江苏省泰州市检察院针对市场主体破产重整后金融机构应当及时恢复企业信用而拒绝恢复,违反国务院《关于推动和保障管理人在破产程序中依法履职进一步优化营商环境的意见》第9条对于重整后企业的金融信用信息添加、修复作出明确规定,依法督促相关金融机构落实中央要求,帮助重整完成企业修复金融信用,保障企业正常经营。

(五)监管执法

政府的监管执法能力是优化营商环境的重要内容。国务院《优化营商环境条例》第 51 条规定,"政府有关部门应当严格按照法律法规和职责,落实监管责任,明确监管对象和范围、厘清监管事权,依法对市场主体进行监管,实现监管全覆盖"。第 60 条规定,"国家健全行政执法自由裁量基准制度,合理确定裁量范围、种类和幅度,规范行政执法自由裁量权的行使"。

一是监督涉企行政处罚中"多头执法""重复处罚""同案不同罚""滥用自由裁量权"等违法行为。如广西壮族自治区某市检察机关针对食品药品监督管理局对某医药企业在没有取得医疗器械注册证的情况下向医院出售医疗设备的同类违法情形,对药企和医院分别作出货值 0.5 倍和货值 10 倍罚款的情形,通过抗诉监督纠正行政机关"同案不同罚",保护企业合法权益。福建省检察机关会同省法院建立检法"行政诉讼专业会议机制",推动统一小作坊、小餐饮、小摊贩"三小"食品违法案件减轻处罚裁量标准,防止"小案重罚""过罚不当"问题,规范行政执法自由裁量权的行使。河南省新乡市检察院构建交通运输执法领域乱罚款监督模型,针对辖区内交通运输部门以罚代管、一罚了之等执法粗暴问题,以起重机运输车辆超载超限、安全管理问题多发为切入点,充分运用大数据,查找案件背后暴露出的执法监管、管理衔接等问题,推动系统治理。目前运用模型已办理行政非诉执行监督案件 18 件、行政违法行为监督案件 253 件。

二是督促行政机关对经营主体"虚假登记"加强监管。一些不法分子利用市场主体登记流程简化的便利条件,冒用他人身份信息、虚构注册地址、伪造租赁合同等进行"虚假登记",干扰正常的公司登记注册秩序,侵犯权利人合法权益。如江苏、浙江、安徽、福建等地检察机关针对"虚假登记"问题,部署开展注销"空壳公司"检察监督专项活动。安徽省检察机关聚焦"空壳公司"清理,共摸排"空壳公司"1725 个,涉及犯罪金额 105.6 亿元,向市场监督管理、税务等部门制发检察建议229件，督促行政主管部门撤销公司登记或吊销"空壳公司"营业执照2807个。浙江省检察机关针对不法分子虚假登记公司导致"被股东""被法人"现象，在全省开展"虚假登记"数字监督专项行动，通过制发检察建议，督促市场监督管理部门对800余家公司撤销登记或者吊销营业执照。内蒙古自治区呼和浩特市检察院和市场监督管理局、税务局共同协商制定《关于诉源治理冒用他人身份信息取得公司登记行政案件的协作办法（试行）》，推动诉源治理。

三是督促行政机关对企业"恶意注销"换壳逃避法律责任违法行为采取规制措施。如黑龙江、上海、江苏、浙江、安徽、福建等地检察机关通过开展问题企业"恶意注销"专项监督，制发检察建议、探索建立信息共享机制等，推进"放管服"改革背景下企业恶意注销逃避监管的治理。江苏省南通市检察机关通过数据赋能建立"问题企业注销专项治理法律监督模型"，将问题企业注销数据与涉企案件数据碰撞分析，从84.8万余条数据中排查发现行政处罚、非诉执行及民事、刑事等案件中恶意注销线索243件，办理各类监督案件71件。

四是督促行政机关对"非法转卖营业执照"破坏市场秩序的违法行为依法查处。江苏、浙江、安徽、福建、陕西等地检察机关开展非法买卖营业执照"小专项"活动。吉林省通化市检察机关以收买、非法提供信用卡信息罪和伪造、买卖国家机关证件罪为切入口，构建非法买卖营业执照和对公账户行政类案监督模型，通过数据对比、关联筛查，依法向案涉行政机关发出督促履职的类案检察建议，市场监督管理局依法吊销涉案营业执照190个，推动行业溯源治理。江苏省苏州市检察机关依托大数据筛查，从批量刑事生效裁判中发现正常经营状态的被转卖营业执照的线索，通过类案检察建议、信息共享机制、联席会议等形式，推动市场监督管理局按照法定程序依法吊销20个非法转卖的营业执照，推动市场主体规范运营。

五是监督行政机关对新技术、新产业、新业态、新模式等包容审慎监管。黑龙江省大庆市检察机关针对电竞酒店等新型住宿旅馆需要办理特种行业许可证且符合申请条件的，督促行政机关依法为其颁发特种行业许可证，不符合条件经营住宿服务的，按照相关行政法规和规章的规定责令改正或进行处罚。

三、行政检察护航法治化营商环境的监督方式

（一）强化行政检察履职，依法保护各类经营主体合法权益

一是加强涉市场主体行政诉讼和执行监督，依法平等保护各类市场主体合法权益。围绕涉市场主体权益保护的行政处罚、行政强制、行政许可、行政赔偿等各类行政案件，加强行政审判和执行监督，防止企业因错误裁判和不当强制执行陷入生产经营困境，增强产权司法保护的针对性和实效性。二是加强涉市场主体行政违法行为监督，督促有关行政机关严格规范公正文明执法，提升监管效能。在履行法律监督职责中，发现行政机关违法行使职权或者不行使职权，损害市场主体合法权益的，依法制发检察建议督促其纠正，推动守信践诺，切实担负起优化营商环境职责。三是加强涉市场主体行政争议实质性化解，减轻和早日摆脱讼累。立足法定职能，把促进涉市场主体行政争议实质性化解贯穿于办案全过程，综合运用监督纠正、促成和解、调查核实、公开听证等方式，解决市场主体正当诉求，用心用情办好检察为民实事。①

---

① 参见张相军、何艳敏、梁新意：《论"穿透式"行政检察监督》，载《人民检察》2021年第10期。

(二)用好数字"引擎",以类案监督推动行业治理

深入贯彻数字检察战略,强化大数据赋能,搭建数据应用平台,建立法律监督模型,实现行政检察办案模式从"个案为主、数量驱动"向"类案为主、数据赋能"转变,助力企业加强风险防控、合法守规经营。[①] 一是研发大数据法律监督模型。针对涉市场主体产权保护、市场准入、公平竞争等焦点问题,在违法线索发现、监督问题排查和类案治理等方面,研发构建一批可复制、可推广的大数据法律监督模型。如内蒙古、浙江、广东等地检察机关构建企业行政处罚类、信用公示类等数据模型,通过数据比对碰撞,深挖涉企违法监督线索。二是合力推动数据共享。主动加强与其他执法司法机关协作,打通"数据孤岛",促进协同共治。如浙江省杭州市拱墅区检察院针对履职中发现的互联网商事登记审核虚化、执法办案数据与司法办案数据存在信息壁垒等问题,牵头与区委政法委、区人社局、市场监管局、税务局签订《关于建立综合治理虚假登记公司共同守护法治营商环境工作机制的意见》,打通检察机关与行政机关的数据壁垒。三是完善行刑反向衔接机制。统筹行刑反向衔接与涉市场主体行政违法行为监督,推动行刑反向衔接在优化营商环境应用和实践。如福建省检察机关积极争取党委、人大重视支持,《福建省优化营商环境条例》明确要求检察机关开展营商环境领域行政违法行为监督,检察机关率先探索"行刑反向衔接",针对电信网络诈骗刑事追责后,相关"空壳公司"、违规账户未及时清理问题,开展"断卡行动"关联行政处罚专项监督,提出监督意见270余件。

[①] 参见贾宇:《论数字检察》,载《中国法学》2023年第1期。

（三）以专项活动为抓手，推动突出问题系统治理

一些地方检察机关因地制宜开展各类"小专项"，通过"个案办理—类案监督—系统治理"的履职方式，促进源头治理，以更高层次诉源治理促进更高水平社会治理，依法维护市场经济秩序。① 如黑龙江、上海、江苏、浙江、福建、江西、山东等地检察机关开展了规范涉企加处罚款专项监督、餐饮类企业行政处罚专项监督、转供电主体违规加价收费专项监督等"小专项"活动。湖北省汉阳区检察机关通过开展建设工程领域行政违法行为监督"小专项"，及时发现建设项目中存在的违法发包、转包、违法分包及挂靠违法行为，推动建设工程领域各职能部门依法协同履职，建立长效监管机制，实现区域系统治理。同时，注重结合办案发现影响市场主体健康发展的普遍性、苗头性问题，综合运用专题报告、白皮书等方式，向当地人大、党委报告，向政府、法院通报，促进系统治理和源头治理。② 如广东省江门市检察机关以专项监督与类案监督相结合方式，通过制发社会治理检察建议，以诉源治理促进社会治理，防控和堵塞医疗保险领域企业管理漏洞。

（四）注重建立行政执法与法律监督衔接机制，凝聚最大监督合力

主动加强与人民法院、行政执法部门、工商联、行业协会等的沟通联络，建立健全信息共享、联席会议、案件通报、联合督办、协同化解等联动机制，形成工作合力。如福建省检察机关在全国率

---

① 参见张相军：《新时代行政检察协同推进法治政府建设的进路》，载《中国检察官》2023年第10期。

② 参见沈福俊：《行政检察化解行政争议功能论析》，载《政治与法律》2022年第7期。

先推动将行政检察监督纳入省政府"营商环境数字化监测督导体系",成为独具福建特色的监测指标,促进协同共治。江西省景德镇市珠山区检察院与市市场监督管理执法稽查局、区法院会签《关于建立行政非诉"附条件"执行和解协作机制的意见》,对食品、特种设备等涉及身体健康、生命财产安全的行政非诉执行案件中执行困难的小微企业,研判非诉案件当事人是否符合执行和解条件,进行专业审核和评估,为市场监管领域涉及民生民利的行政非诉案件执行提供新的"解题思路"。

(责任编辑:孙玲)

第二届行政检察高质量发展论坛综述

罗　欣* 黄明涛**

为深入贯彻党的二十大精神，全面落实《中共中央关于加强新时代检察机关法律监督工作的意见》，丰富和发展新时代法律监督理论体系，加强对行政检察基础性、战略性、前沿性问题的研究和交流，2023年11月26日，由最高人民检察院第七检察厅指导，湖北省人民检察院、最高人民检察院行政检察研究基地·武汉大学行政检察研究中心联合主办的第二届行政检察高质量发展论坛暨"深入贯彻党的二十大精神全面深化行政检察监督"研讨会在武汉召开。来自行政法领域的知名专家学者和全国31个省、自治区、直辖市检察机关及湖北省政法机关的代表共计140余人参加。专家学者与检察机关代表就当前行政检察领域的重大理论和实践问题进行主旨发言，与会代表围绕加强对司法活动的制约监督与强化行政检察履职、扎实推进依法行政与完善行政检察监督机制、实现行政检察高质量发展与法律监督能力现代化三个单元展开全面深入研讨。

---

* 最高人民检察院第七检察厅二级高级检察官助理。
** 最高人民检察院行政检察研究基地·武汉大学行政检察研究中心副主任、武汉大学法学院教授。

一、基本情况

论坛议程分为开幕式、征文颁奖、基地成果发布和主旨发言、单元研讨、闭幕式六个环节。开幕式上,最高人民检察院副检察长张雪樵出席并讲话,武汉大学党委书记黄泰岩,湖北省委常委、政法委书记肖菊华,湖北省人民检察院党组书记、检察长王守安出席论坛并致辞。

论坛开幕式由最高人民检察院第七检察厅厅长张相军主持。张相军厅长介绍了论坛举办的相关背景情况:2023年是全面贯彻落实党的二十大精神的开局之年。党的二十大报告第一次专章对"坚持全面依法治国,推进法治中国建设"作出重点部署,第一次专门强调"加强检察机关法律监督工作",继百年党史上第一次专门印发《中共中央关于加强新时代检察机关法律监督工作的意见》后,再次赋予检察机关更重政治责任、法治责任、检察责任,充分体现了习近平总书记和党中央对全面依法治国、党的检察事业的空前重视和坚强领导,也对行政检察高质量提供了重大机遇、提出了明确要求。党的二十大报告指出,高质量发展是全面建设社会主义现代化的首要任务。行政检察作为人民检察院"四大检察"法律监督新格局的重要组成部分,既监督人民法院严格公正司法,又促进行政机关依法行政,是推进法治国家、法治政府、法治社会一体建设的重要力量。新时代新征程,要实现行政检察工作高质量发展,必须加强理论与实践的良性互动,推动行政检察高质量发展,以检察工作现代化更好地服务中国式现代化。

武汉大学党委书记黄泰岩在致辞中表示,武汉大学法学学科积极推动检校合作,着力推进检察理论研究工作。武汉大学行政检察研究中心成立以来,在检察基础理论研究、检察核心职能研究、检察改革研究、服务检察实践等方面取得了丰硕成果。未来,研究基地将继续秉持检察理论研究高端智库的建设理念,对标新时代检察工作的新任务新要求,为检察机关做实行政检察贡献更多珞珈力量。

湖北省检察院党组书记、检察长王守安表示,行政检察担负着维护公正司法、促进依法行政的重要职责使命。近年来,湖北检察机关在最高检和省委政法委的坚强领导下,时刻胸怀国之大者,心记民之关切,全面深化行政检察监督职能,着力提升行政检察工作质效。本次论坛以"深入贯彻党的二十大精神全面深化行政检察监督"为主题,并确立三个主题单元,既是顺应行政检察工作变化、推进行政检察创新发展的内在要求,又是对标对表、落实全面依法治国战略部署的务实举措。

湖北省委常委、政法委书记肖菊华在致辞中表示,习近平总书记指出,必须更好发挥法治固根本、稳预期、利长远的保障作用,在法治轨道上全面建设社会主义现代化国家。检察工作现代化是政法工作现代化的重要组成部分,习近平总书记和党中央高度重视检察工作。行政检察作为检察机关"四大检察"之一,既监督法院的行政诉讼,又监督行政机关的行政行为,具有"一手托两家"的特点,是助力法治政府建设、促进国家治理体系和治理能力现代化的重要力量。

最高人民检察院副检察长张雪樵在致辞中指出,本届论坛以党的二十大精神为指引,学思践悟习近平法治思想,聚焦"深入贯彻党的二十大精神全面深化行政检察监督"的主题展开研讨,对丰富发展新时代行政检察监督理论体系、助力行政检察高质量发展具有重要意义。张雪樵强调,全面深化行政检察监督使命艰巨。要实现这一目标,一是要聚焦监督本职,注重破题深化,破解不敢监督、监督不力问题;二是要融入中国特色社会主义法治体系,狠抓落实见效,坚持问题导向,助推法治国家、法治政府、法治社会一体建设；三是要强化数字思维，将大数据手段融入行政检察监督，提升工作质效。

征文颁奖环节由最高人民检察院行政检察研究基地·武汉大学行政检察研究中心主任、武汉大学法学院教授秦前红主持。武汉大学法学院教授黄明涛介绍了本次论坛征文情况，并宣布获奖名单。本次论坛围绕议题共征集 232 篇论文，从中评选出 60 篇优秀论文，其中一等奖 9 篇、二等奖 15 篇、三等奖 36 篇。

基地成果发布环节由湖北省人民检察院副检察长熊昭辉主持。武汉大学法学院秦前红教授发布了研究基地的两项重要成果，分别是 2023 年由中国检察出版社出版的《中国行政检察发展报告（2022 年）》和法律出版社出版的《检察监督案例解析》。

二、主旨发言

主旨发言环节由武汉大学法学院秦前红教授主持。

（一）检察官在行政诉讼中的角色与作用

中国政法大学法治政府研究院教授刘艺从行政抗诉案件的数量、地域分布、采纳率、第三人参与率等八个方面，介绍了 5 年来行政抗诉案件的相关情况，并指出检察官与法官在类案担当、全局监督、客观公正、实质化解四个方面存在角色差异。法官在个案裁判中常常无法端详案件所涉的法治全局，而检察官的类案监督可以发现系列案件中暗藏的制度堵点与冲突焦点。当民事、行政、刑事法律关系交织时，单独条线的审判活动容易引发其他法律关系的错位，在抗诉时检察机关若能在厘清全部法律关系的基础上找准争议焦点，则更能推动争议的实质性化解。检察机关既是社会主义法治实施主体，也是法治监督主体。当成文法律因客观原因不符合国家政策时，检察机关应在法律监督职责允许范围内推动人民法院参照国家政策办案，而不应让裁判走向形式主义的窠臼。

刘艺教授指出检察机关对人民法院的监督不应只局限在法律法规适用层面，还应监督人民法院引用行政规范性文件和援引司法解释是否合法。刘艺教授以陈某诉江苏省某市人社局撤销退休审批检察监督案（检例第167号）为例指出，陈某因其归属工人岗还是管理岗引起的退休年龄引发行政争议向检察机关申请监督后，检察机关虽然让案件得到实质化解，但却无法推动人民法院对错误适用行政规范性文件进行改正。我国已经进入老龄社会。新中国成立后我国人口出生最高峰期是1970年。当年出生人口约为2900万人。据此推算，2020—2030年是我国的退休高峰期，退休争议也会不断涌现。但人民法院对此退休争议采取了回避态度。据不完全统计，最高人民法院司法大数据中心提供的5571件涉及行政规范性文件争议的退休案件中，在一审程序中，人民法院驳回原告诉讼请求的案件数1779件，裁定驳回起诉的427件，裁定中止审理的案件数1件。可见，有大量诉讼未获人民法院实质性支持。

刘艺教授指出，行政机关对退休问题进行实质性审查，既是维护《宪法》第44条的制度保障义务，也是保护国库支出合法和公民权益的重要举措。但人民法院对行政机关的审批行为是否合法只进行形式合法性审查，直接影响到劳动者对退休的稳定预期，也加大了国库支付的负担。深入分析检例第167号的抗诉理论可发现：作为法律监督机关，检察机关应借助《宪法》第44条规定的相对法律保留理论，促使人民法院对规范性文件的内容进行实质性审查。若行政规范性文件侵害了相对人合法权益并违反相对法律保留原则，人民检察院则有权要求人民法院应依据程序法定原则判定行政行为违法。据此，刘艺教授指出，我国检察官在行政诉讼中的作用可以从扩充合法性审查原则和充分保障公民基本权利两个方面进行突破，方可全面提升法律监督质效。

（二）作为法律统一适用助力者的行政违法检察监督

华东政法大学纪检监察学院常务副院长、教授章志远认为，《中共中央关于加强新时代检察机关法律监督工作的意见》指出，人民检察院是国家的法律监督机关，是保障国家法律统一正确实施的司法机关，是国家监督体系的重要组成部分，其角色定位应当是行政法律统一适用的助力者。但目前法律执行和实施仍是亟须补齐的短板，检察机关法律监督职能作用发挥还不够充分。

章志远教授指出，检察机关作为行政法律统一适用助力者，一是要实现与人民法院行政审判功能的同频共振。检察院应当立足个案具体条款适用纷争，由点及面进行类案监督，促进法律规范精准适用。人民法院被视为行政法律规范的"第二次适用者"，而作为同样具有宪法规定地位及政法机关政治属性的检察机关，也应当成为法律适用的"第三只眼睛"。例如，在"卢某诉福建省某市公安局交警支队道路交通行政处罚检察监督案"（检例第 146 号）中，人民检察院作为法律监督机关，就提出了对《道路交通安全法》第 91 条第 2 款"醉酒驾驶机动车的，由公安机关交通部门约束至酒醒，吊销机动车驾驶证，依法追究刑事责任"条款的不同理解。

二是要实现从"方法宣介型"模式向"规则引领型"模式的转变。立足行政法律规范的体系解释，从源头上解决法律适用分歧，应当成为今后行政检察的主导模式。综观最高检指导性案例，其中关键词部分"释法说理""促成和解""解决同类问题""一并化解""公开听证""调查核实""依职权监督""专项监督""类案监督"等工作语言的高频使用，已显露出宣传行政检察监督工作方法的意图，体现了指导性案例从政治属性向法律属性的转变。

三是应当实现行政基本法典编纂的检察因应。检察机关作为法律监督机关，应当通过法律监督活动为行政法基本概念、基本原则、基本制度的共识凝练贡献检察智慧。新时代党的领导型行政法治生长模式与过往的传统司法驱动型、行政自制型有极大不同，行政检察应当发挥助力法治政府建设的后发优势，为行政基本法典编纂贡献检察力量。例如，在"糜某诉浙江省某市住房和城乡建设局、某市人民政府信息公开及行政复议检察监督案"（检例第149号），检察机关即通过法律监督表明，送达具有权利保障和程序推进的双重作用，送达日期是当事人行使权利、履行义务的重要时间节点。

（三）行政检察一体履职的路径构想与湖北实践

湖北省人民检察院副检察长熊昭辉认为，要搭建行政检察一体履职的基本路径，一是要发挥检察领导体制优势，通过资源整合、总体统筹构建上下贯通式一体化机制。一方面，上级院通过加强统筹协调和对下指导，针对重大法律监督事项及下级院未能纠正的问题开展跟进、接续监督，强化监督刚性和效果。另一方面，下级院根据监督意见的采纳和落实情况，可依法提请上级院监督，同时可以采取向被监督单位的上级机关及本级政府通报、向同级党委及人大报告等方式跟进监督，确保监督效果。二是要发挥检察组织体系优势，构建内部融合式一体化机制。融合式一体化的核心是打破"信息壁垒"，形成"内部循环"，提升监督质效。要通过内部协同凝聚监督合力，既要以行政检察与公益诉讼检察的"同质性"为两者相互借力、同向发力提供基础，打造行政检察与其他"四大检察"融合发展的典型形态；还要通过反向衔接延伸监督触角，如湖北检察机关对内加强刑事和行政检察部门在反向衔接中的协作配合，对外推进检察监督与行政执法衔接，实现刑事处罚与行政处罚有效衔接。三是要发挥协同治理格局优势，构建内外共振式一体化机制。推动落实行政检察监督年度报告、专题报告、工作通报制度，建立健全联席会议、案件协商、线索移送、信息共享等协作配合机制，促进行政检察与行政执法、司法有效衔接。

（四）"府检联动"机制下的安徽行政检察

安徽省人民检察院副检察长李卫东介绍了"府检联动"机制下安徽行政检察工作的开展情况。2022年2月，安徽省政府和省检察院以印发《关于建立"府检联动"工作机制的方案》为开端，在省级层面率先建立府检联动工作机制，并自上而下在全省推行，迅速实现了府检联动机制建设全覆盖。府检联动机制下的安徽行政检察以强化依法行政、营造法治化营商环境、增进民生福祉为主要目标，从三个方面开展探索：一是探索行政检察如何在府检联动机制中发挥更大的统筹作用。行政检察的"一手托两家"职能决定了其在推进法治政府建设方面具有独特的专业优势、职能优势，因此应将行政争议实质性化解、行政违法行为监督、行刑反向衔接等工作纳入法治政府建设推进机制中予以落实。二是尝试探索行政检察监督的范围。在"府检联动"机制下，行政机关更加应当主动邀请检察机关参与有关会议及专项活动、听取检察机关对拟出台规范性文件的意见，借此机会逐步探索对"行政立法"领域的监督。三是行政检察大数据法律监督前景广阔。应继续推动省级行刑衔接信息共享平台建设，压实数据录入责任，推动平台技术升级，逐步实现与行政执法办案平台数据的直连互通，破解行政检察案源渠道狭窄、监督被动滞后的问题，推动行政检察向"类案为主、数据赋能"型办案模式转变。

（五）统筹推进行刑反向衔接与行政违法行为监督

河南省人民检察院副检察长王海云结合河南省检察机关统筹推进行刑反向衔接与行政违法行为监督的实践指出，应从完善行刑反向衔接与行政违法行为监督法制保障、优化检察机关内部职责分工、积极构建检察监督与行政执法衔接制度等多个方面突破实践中的困境。

（六）坚持业务主导，深入推进数字行政检察工作

北京市人民检察院副检察长蓝向东介绍了北京市检察机关依托大数据推动数字行政检察的工作经验：一是把握战略主动，加强组织保障，助推数字检察发展行稳致远；二是坚持业务主导，立足宪法定位，实现行政检察监督提质增效；三是推动社会治理，强化类案监督，促进系统治理效能充分释放。

三、"加强对司法活动的制约监督与强化行政检察履职"单元研讨

本单元由湖北省委政法委常务副书记周振武主持。

（一）高质效办好行政生效裁判监督案件研究

山东省人民检察院副检察长王效彤作题为"科学把握特点规律，高质效办好行政生效裁判监督案件"的主题报告。他介绍了山东省检察机关的行政检察实践探索，从办案主体结构、相对人举证能力、法律适用、和解效力四个方面总结了行政生效裁判监督的特点规律。他指出，一要优化一体化机制，积极应对办案主体"倒三角"结构挑战；二要强化调查核实功能，着力夯实事实认定基础；三要深入研判法律关系，精准把握法律适用要义；四要准确把握立法精神，努力破解实质性化解争议难题。

河北省人民检察院副检察长汪志平作题为"做优行政生效裁判监督案件，以高质效履职维护公平正义"的主题报告。她认为，做优行政生效裁判监督案件，一是要始终坚持理念引领，持续深化新

时代能动司法检察实践;二是要始终坚持全面共进,推动案件"质"与"量"同向同行;三是要始终坚持效果导向,以高标准助力高质效案件办理。

（二）优化行政检察监督方式与实现有力监督研究

四川省人民检察院副检察长蒋敏作题为"正确处理好'六个关系'推动行政检察实现有力监督"的主题报告。她认为,优化行政检察监督方式、实现有力监督需要正确处理好以下六对关系:一是要正确处理好敢于监督和善于监督的关系,力求以韧性确保刚性;二是要正确处理好诉讼内监督和诉讼外监督的关系,力求以重点确保亮点;三是要正确处理好个案监督和类案监督的关系,力求以办理确保治理;四是要正确处理好监督者和被监督者的关系,力求以"我管"确保"都管";五是要正确处理好夯实基础和争取支持的关系,力求以"有为"确保"有位";六是要正确处理好内强素质和外树形象的关系,力求以"底气"确保"硬气"。

湖南省人民检察院副检察长谈固作题为"全面优化行政检察发展要素,有力有效监督制约司法活动"的主题报告。他指出,首先要优化理念,确保行政检察事业行稳致远;其次要优化方法,努力提升行政检察监督办案质效;再次要优化机制,强化行政检察监督保障;此外要优化效果,不断增强行政检察知晓度和认可度;最后要优化队伍,持续夯实行政检察基础。

（三）依法能动一体履职与推进诉源治理研究

黑龙江省人民检察院副检察长郭霞作题为"依法一体履职,凝聚监督合力,构建新时代行政检察现代化大格局"的主题报告。她认为,黑龙江省检察机关认真贯彻落实最高检新一届党组关于打造新时代行政检察工作新增长点和亮点的要求,依法一体履职、综合履职、能动履职，积累了一定工作经验。她指出，要坚持机制引领，实现队伍建设、检察履职、联动协作一体化。

贵州省人民检察院副检察长杜树生作题为"依法能动一体履职，推进诉源治理"的主题报告。他认为，贵州省人民检察院通过三个"紧盯不放"在依法能动一体履职推进诉源治理上取得了诸多成效。一是要对制度机制建设紧盯不放，既强监督更促治理；二是要对行政违法行为紧盯不放，既治已病更治未病；三是要对行政争议化解紧盯不放，既解"法结"更解"心结"。

在评议环节，南京大学法学院教授肖泽晟充分肯定了行政检察的理论研究与实践工作。他认为，在行政检察程序法或行政执法行为检察监督法尚未出台的情况下，应当遵循行政法基本原则进行监督。一是从宪法角度来看，人民检察院的定位是法律监督机关，针对现在没有法律专门来调整检察院对行政执法行为进行监督所形成的关系的情况，可以尝试由地方党委领导下的地方人大先行制定地方性法规专门规范检察院对行政机关的监督关系，当然，这也是一个宪法上的难题。他以"违法行为获利50元与罚款数额50万元"案件为例，认为提高检察官的法律监督底气与优化监督方式非常重要。该案中，检察院以明显不符过罚相当原则为由提起抗诉。从行政诉讼法规定来看，对于存在行政处罚明显不当的，法院依据对实质合法性问题和合理性问题的判断，可以判决变更，也可以撤销行政处罚。《行政处罚法》第33条规定了不予处罚条款，包含了法定从轻处罚情形，但很少有执法人员援引。该案便可以直接以行政机关没有援引《行政处罚法》第33条包含的法定从轻处罚情形为由主张行政机关适用法律法规错误。二是应当高度重视人民检察院作为法律监督机关对于法律的解释权。全国人大常委会对法律具有解释权，最高院对行政审批中的法律适用问题在个案中也有解释，人民检察院作为法律监督机关，为确保法律在全国的统一实施，也需要拥有一个统一的法律解释权，以解决不同行政机关作出的不同行政解释问题，以及行政解释和法院司法解释不一致的问题等。由检察院行使这一职责，可以提升将来检察院对行政执法行为监督的权威性。三是在目前地方党委领导的模式下尤其应当强调检察院"敢于监督"的问题，针对实践中行政复议、行政诉讼程序空转问题，可以充分发挥上级党委对检察院的支持作用，进行强力监督。四是坚持"监督中支持、支持中监督"理念，行政机关在新形势下面临巨大执法困惑，例如罚与不罚、形式合法性要求和实质合法性要求间的激烈冲突。如某高科技企业规章制度不健全，存在虚开增值税发票问题，检察院在进行检察企业合规后作出不起诉决定，移送税务机关作出行政处罚，而税务机关面临处罚难题，最后选择发函给检察院，让企业主动向检察院申请作税务合规审查，由检察院组织召开人大代表、政协委员、法官、专家学者等参加的听证会，根据听证报告制作检察建议，告知税务机关已经实现防范企业将来再出现违法行为的目的，没有再采取后续处罚的必要。这实际上是由检察院出面，化解了行政机关执法上面临的难题。五是应当深入研究"如何监督"。在行政检察程序法或行政执法行为检察监督法未出台的背景下，检察院应当遵循行政法基本原则，慎重选择监督的方式。例如，对于多年前发生的行政违法行为，当时没有申请复议提起诉讼，但明显严重违法，检察机关可从法的安定性原则、诚实信用原则、信赖利益保护原则、利益权衡原则等出发，权衡监督的措施与手段。此外，肖泽晟教授提出，可以通过最高检建议全国人大，制定行政检察程序法或行政执法行为检察监督法，作为检察院监督有效的根本保障。

华东政法大学教授练育强认为，"高质效"理念要求检察机关加强法律监督，坚持高质效办好每一个案件。界定行政生效裁判案件的概念，应从检察机关职权出发；优化行政检察监督方法可从检察环节的和解效力、调解案件的范围和治安案件中的正当防卫适用等方面加以思考；能动一体可从队伍建设一体化、机制引领、协同一体等方面把握；诉源治理中应当注重实质性化解行政争议的标准。一是高质效办好每一个案件要求检察院加强法律监督，努力实现效率与公平的有机统一，对办案的实体和程序提出了更高的要求，应当从"府检联动""监督中支持、支持中监督""能动一体"等理念出发进行思考优化行政检察监督的方法。二是诉源治理对于"治未病"具有重要意义，检察院对行政诉讼的监督依据是行政诉讼法、人民检察院组织法，应当思考检察机关和法院在行政争议实质性化解上的差异或标准。三是行政诉讼与刑事诉讼衔接应注重对当事人的合法权益的保护，坚持人民至上的检察理念，保护人民群众合法权益，是加强行政检察根本目的所在。

四、"扎实推进依法行政与完善行政检察监督机制"单元研讨

本单元由湖北省高级人民法院党组副书记、常务副院长覃文萍主持。

（一）行政检察与行政执法衔接制度研究

福建省人民检察院副检察长王金文作题为"先行先试，规范落实努力打造反向行刑衔接的'福建样本'"的主题报告。他介绍了福建省检察机关行刑反向衔接探索的成果，强调将统一认识、凝心聚力抓落实作为首要任务，统筹有序推进各项工作；将摸清底数、加强办案指引作为关键密钥，夯实接住接好职能的基础；将细化流程、完善配套机制作为重要保障，推动办案工作规范开展。并建议从规范办案程序、增强履职能力、推进数字赋能、完善相关立法四个层面完善行刑反向衔接的相关机制。

吉林省人民检察院副检察长王任刚作题为"推进行政检察与行

政执法相衔接,服务保障法治政府建设"的主题报告。他指出,推进行政检察与行政执法衔接工作,一是提高思想认识,统筹协调推进,吉林省院党组高度重视,依托"府院联动",将行政检察与行政执法衔接相关机制建设计划写入全省重点任务,与省政府办公厅督查室联合推进落实,构建三级院一体推进的工作格局。二是找准衔接结合点,不断深化工作实效,紧紧抓住人民最关心、最直接、最现实的问题,强化重点工作,如加强行政非诉执行监督工作,建立了法院主导、政府主体、检察监督、行政机关参与的行政非诉执行"裁执分离"工作模式。三是创新方式方法,如印发工作指引、问题解答等文件推进行刑反向衔接,推进"大数据+"工作模式,实施"智慧借助"等,推进工作不断取得新突破。

江苏省人民检察院第六检察部主任周合星作题为"行政检察与行政执法衔接路径分析"的主题报告。他认为传统的衔接路径已无法满足现实需要,应适时改变监督思路。作为外部监督的检察监督应当坚持重点监督、有限监督,明晰检察机关的监督角色。针对行刑衔接的信息化建设,他认为应通过专线网络,改造原有的两法衔接平台,并研发大数据监督模型,建立综合性的数据池等。

(二)统筹推进行刑反向衔接与行政违法行为监督研究

上海市人民检察院检委会委员、第七检察部主任何艳敏作题为"行政违法行为监督实践范式"的主题报告。她认为行政违法行为监督应当从监督范围、监督线索来源、行政违法处理方式、监督路径四个方面对检察监督进行演进,并以上海市为例介绍了行政违法行为监督六个方面的实践范式:一是立足法定监督职能,在审查行政裁判案件、行政执行案件、行政非诉执行案件时秉持"穿透式监督"工作理念,坚持一案三查,使行政违法行为监督在行政诉讼监督中得以实现。二是在检察机关内部建立和规范内部线索移送机制，对于刑事、民事、公益、行政四大检察在履职过程中，发现有行政机关不履行职责或者违法履行职责的，线索归集到行政检察部门开展监督。三是建立府检联动机制。监督意味着有错必纠，检察机关行使监督权时应当尊重行政机关的专业特征和首次判断权，因此需要府检建立联动机制，检察监督和行政执法在同一语言体系、价值判断中达成共识，更加有利于对行政违法行为监督精准性，防止误伤。上海市检察院先后与市政府职能机关、市城管局、市规资局、市公安局等建立共建机制，统一思想和规范。四是对行政行为进行归类分析，形成监督年度报告、白皮书等文件，更加有利于从源头预防行政违法行为发生，这种看似不是监督，但其效果更优于监督。五是依托大数据赋能，从事后监督行政违法行为延伸到预判可能发生的行政违法行为。上海市检察院与市司法局等行政机关建立行政检察监督与行政执法数据衔接机制，依托检察监督数据和行政执法数据建立大数据模型，寻找和预判隐藏的行政违法行为。六是聚焦某个领域或者某项重点工作开展行政违法行为专项治理活动。集中解决某个领域的行政违法行为，违法监督效果和领域治理更明显。比如上海市先后开展营商环境、交通领域、土地领域的专项治理活动，取得明显效果。

广东省人民检察院第七检察部主任曾翀作题为"检察不起诉后行刑反向衔接实务问题探析"的主题报告。他认为当前行刑反向衔接工作存在配套制度措施不完善、证据标准和材料移送标准不明确、确定检察意见制发对象困难等问题，建议从完善配套制度措施、进一步细化检察机关开展行刑反向衔接的工作流程和操作指引、明确审查期限、在全国检察业务应用系统内增设《检察意见书》文书模板等角度进行改善。建议全国检察业务应用系统中为行政检察部门开通查阅刑事不起诉案件情况的权限，实现信息共享，便于行政检察部门及时掌握行刑反向衔接的案件线索，及时分析、研究、解决行刑反向衔接中存在的问题。明确证据标准和材料移送标准,不完全针对行政相对人特定的行政违法行为的刑事证据不宜全案移送,可只移送关键证据材料。统一移送层级,构建各层级、地域检察机关间协作、移送机制等方面完善反向衔接工作。

湖北省宜昌市人民检察院副检察长张晓华作题为"统筹推进行刑反向衔接与行政违法行为监督研究"的主题报告。他认为行刑反向衔接与行政违法行为监督面临着行刑反向衔接制度供给不足、行政违法行为检察监督制度刚性保障不够、推进落实行刑反向衔接制度能力有待提升等现实困境,应从准确把握职能定位、建立健全制度机制、加强队伍专业化建设等方面予以加强。

(三) 行政强制隔离戒毒检察监督研究

辽宁省人民检察院副检察长杨新立作题为"以理论研究为先导破解实践问题,为科学谋划强制隔离戒毒检察监督顶层设计提供思路"的主题报告。她介绍了辽宁省探索的"1+1+N"工作模式,即依托社会综合治理网格大平台,主动担当,推动集监督、保护、服务一体化的智慧平台建设,构建"1+2+3"强制隔离戒毒检察监督服务模式。其中,"1"即"一个平台",指充分运用互联网、物联网、云计算与大数据等信息技术,构建检察命名监督服务 App 程序平台。"2"即"两个团队",一是特色"办案团队",集中优势力量努力打造一支监督理念站位高、办案质量水平高的检察品牌"办案团队";二是专业化"服务团队",在检察办案团队基础上,吸收戒毒所、社区戒毒工作人员及专业心理咨询师等相关经验丰富人员,构建戒毒人员帮扶智囊团队。"3"即"三个机制",一是"重点联系机制",以强化解戒人员后续回访帮扶为视角,围绕戒毒人员制定重点联系制度,强化隐形吸毒人员排查管控,帮助解戒人员解决就业安置;二是"沟通协调机制",根据检察监督办案反馈,对新问题不定期组织"公安+行政司法"座谈，推进双方沟通协作、直至就主要问题达成合意或形成解决机制；三是"牵手联合机制"，集中相关部门优势力量，实现跨部门、跨行业、跨地域整合，调动戒毒所、检察机关、社区、企业等各自工作资源，"1+1＞2"实现帮扶效果整体最优，推进戒毒人员帮扶共享共建共治，打造戒毒工作新格局。同时，建议探索重点问题解决路径，如戒毒人员脱管、漏管问题的解决方式，戒毒人员驾驶证收回或公告作废问题的解决措施，提前解除强制隔离戒毒报请与审批问题的解决措施等，推动完善配套衔接机制、建立健全相关法律法规。

海南省人民检察院副检察长李顺华作题为"海南省检察机关多措并举，推动强制隔离戒毒检察监督工作稳步发展"的主题报告。他介绍了海南省扎实推进司法行政强制隔离戒毒检察监督试点工作情况：一是推动制度先行、细化统一监督职责和工作流程；二是开展同堂培训，提升监督能力，凝聚监督共识；三是落实日常监督，设立派驻检察官办公室取得监督实效；四是加强内外衔接，推动决定机关、执行机关、监督机关有效协作，如强化内部协作、延展监督范围、在决定机关与执行机关间建立衔接机制等经验。

湖北省襄阳市人民检察院副检察长蔡健作题为"行政强制隔离戒毒检察监督质效提升探析"的主题报告。他以襄阳实践为例，介绍"协同化推进、实质化监督、数字化办案"模式，并指出行政强制隔离戒毒检察监督面临的难题。他建议从建立协同化推进机制、加快推动法治化运行、强化检察一体化履职、深化实质化监督理念、用足数字化监督效能等五个方面完善。

山东省青岛市李沧区人民检察院检察长王廷祥作题为"坚持问题导向，依法能动履职，推动强制隔离戒毒检察监督提质增效"的主题报告。他从三个层面着重介绍了强戒检察监督的李沧模式：一是更新理念、凝聚共识，形成强戒检察监督工作合力，确立"专办+专研+专培"模式,形成"依法监督""谦抑监督""双赢多赢共赢"等监督理念。二是完善制度、创新机制,推动依法能动履职,完善规范履职制度,细化监督范围、监督内容、监督方式、监督程序,厘清监督和监管界限,推动强制隔离戒毒工作严格规范开展;建立内部协作机制,打通内部线索移送渠道,规范刑事司法与行政执法双向衔接;建立外部协作机制,市区两级院联动,推动公检法司会签《规范办理涉刑强制隔离戒毒人员案件暂行规定》,实现强制隔离戒毒全链条闭环式管理。三是数字赋能、由点及面,提升强戒检察监督质效。打造数字模型,实现全流程类案监督,紧盯"决定强戒但未送所执行"这一突出问题,开展"守住底线、不越红线"专项监督;延伸监督触角,推动诉源治理,紧盯解决"应戒未戒、戒毒期限不符合法律规定"问题,将监督触角向前延伸至违反社区戒毒纪律而应被作出强戒决定的人员,向后延伸至纠正刑满释放但未执行剩余强戒期限的人员,推动检察监督由浅层办理到深层治理转变。

在评议环节,中南财经政法大学国家治理学院教授徐汉明指出,当前行政检察面临的实践问题,需要学者和实务工作者共同思考和回答。他认为行政检察权属于中央司法事权,是复合型权力,与其他权力的关系厘定要回归宪法和法律。应不断反思和发展我国的检察制度,坚持"四个自信",形成本土化、原创性、具有自主知识体系的检察理论。徐汉明教授围绕第二单元"扎实推进依法行政与完善行政检察监督机制"研讨主题提出,首先,须深刻认识新时代行政检察的性质及其地位。新时代行政检察职权与其他三项职权共同构成法律监督的职权体系,在国家权力制度安排中,行政检察权当属中央司法事权。这为对行政诉讼活动实施监督、对行政行为尤其是行政执法违法行为实施行政检察提供了理论证成与正当性基础。其次,中国特色行政检察制度在发展史上实现了三次跨越转型，即从 20 世纪 30 年代、新中国成立、到改革开放 80 年代末的开探性实践，以 1990 年 10 月 1 日实施的行政诉讼法赋予检察机关对行政诉讼实施监督为标志，实现第一次跨越；从 2014 年行政诉讼法（修正）赋予检察机关的调查权，到 2017 年全国人大常委会作出决定，以检察机关公益诉讼权为标志，实现第二次跨越；再到 2018 年党中央批准最高检机构改革，将行政检察作为新时代法律监督的四项检察职权体系，2021 年中央出台《中共中央关于加强新时代检察机关法律监督工作的意见》，以推动法律监督体系现代化为标志，实现了第三次跨越。回顾人民检察事业发展 92 年历程，其历经了摒弃"封遗毒"、反思"苏模式"、克服"左僵化"、放弃"洋教条"的曲折发展，取得历史性成就，推动行政检察制度定型化、成熟化、制度化和法律化，为奋力推进新时代法律监督工作现代化提供了制度保证，开辟了中国式司法现代化的新境界，为人类法治文明提供了"中国模式"。最后，奋力推进新时代行政检察高质量发展，增强制度整体效能，实化行政检察路径有：诉讼监督资源要盘活；非诉讼执行监督要实化；公益诉讼检察要加强；行刑反向衔接与行政违法监督要创新；对行政违法监督的探索要稳步。

最高人民检察院第七检察厅副厅长、对外经济贸易大学行政检察研究中心执行主任、教授郑雅方运用习近平法治思想的思维方法对行政检察制度理论和实践进行了全方位的点评和解读。习近平法治思想的思维方式，主要是战略思维、系统思维、创新思维、辩证思维、法治思维和底线思维，这些思维方式在行政检察工作实践中也都有运用。她认为行政诉讼限于既有的行政行为理论框架，无法从国家治理角度来看待行政违法行为监督，而行政检察可以创造性、创新性地探索新时代行政行为。行政检察理论支撑弱、衔接机制相对匮乏等痛点、难点，集中体现在法学研究中的学科融合不畅等方面。比如，行刑反向衔接涉及检察学、行政法学、刑法学等多学科知识的融合,都是涉及直接指向行政检察监督系统性、整体性、协调性问题的研究,应使用系统化思维解决知识供给不足、制度刚性不足、制度落实不足等问题。此外,行政检察也可以在国家行政法律统一适用方面具有引领性。可以把行政机关和法院在法律适用当中的争议点归纳出来,然后引领法律规则的统一适用或相关指引性规则的形成,尤其是在规范性文件选择运用发生争议时具有独特优势,行政检察监督有利于树立新时代检察权的权威性。

五、"实现行政检察高质量发展与法律监督能力现代化"研讨

本单元由湖北省武汉市人民检察院党组书记、检察长彭胜坤主持。

(一)落实数字检察战略与行政检察大数据办案协同研究

内蒙古自治区人民检察院副检察长孙庆杰作题为"打造数字检察'新引擎',拓展行政检察'新路径'"的主题报告。她介绍了内蒙古自治区检察机关大数据赋能行政检察监督的总体情况,重点介绍了内蒙古自治区道路交通行政执法与刑事司法反向衔接的法律监督模型。该模型聚焦群众关注的道路交通安全和运输执法领域,针对法院刑事判决送达不规范—公安交管部门处罚不及时—车辆管理部门执行不到位三大梗阻,着力解决乱执法、选择性执法等问题,保障人民群众的出行安全和财产权益。分别从检察业务应用系统调取被判处交通肇事罪、危险驾驶罪的人员信息、从公安交管部门办案系统获取吊销机动车驾驶证人员信息后,通过提取机动车驾驶人在刑事判决案件中姓名、身份证号码与行政处罚相一致的要素,分析比对身份信息是否匹配,刑事案件判决生效日期与行政处罚执行日期的时间差是否符合法律规定,剔除已吊销机动车驾驶证行政处罚决定的案件,形成"乱执法选择性执法案件清单",获取行政违法监督线索，并对"运输行业驾驶人员带病上路"、虚假证件"以罚代刑"等接续监督，构建监督新格局。该模型运行以来，共查明909个执法不规范案件，查实11起乱执法、选择性执法案件，异常数据成案率高达60%。该模型思路可以拓展至10余个刑行交叉罪名，构建"一罪一模"。模型已经在全区多个盟市推广使用，成效显著。

山西省晋中市人民检察院检察长周东曙作题为"大数据在行政争议实质性化解中的作用"的主题报告。他首先阐述了大数据视野下实质性化解行政争议的理论基础和标准，进而提出行政争议实质性化解的作用。其次，他提出了大数据促进行政争议实质性化解的现实动因并提出五大完善路径，包括类型化监督路径、化解原则、诉源治理、构建法律监督数据模型和完善应用系统、建设大数据法律监督平台等。

（二）"检察监督与行政执法衔接"数据共享共用平台建设研究

浙江省杭州市拱墅区人民检察院检察长冯晓音作题为"融合联动，协同共治，以数字赋能助推高质效行政检察履职"的主题报告。她认为，可以数字化推动行刑衔接的进一步深化。一是要解剖个案、深挖类案，实现检察业务和检察技术同题回答。主要是敏于从个案中发现问题、善于从类案中破题解题、勇于在履职中探索突破。二是要多点发力、破除壁垒，实现监督办案与数字赋能同频共振。方法是坚持向内挖潜，激活自有数据；坚持由点及面，打通数据壁垒；引入前沿技术，确保数据安全。三是要以案促治、协同共治，实现检察监督与行政执法同向发力。针对案件反映出审核虚化、信息壁垒等行政监管问题向党委专题汇报，借力夯实治理根基；协同行政机关统筹推进，建立跨部门数字治理机制；线上协同,打造执法司法衔接平台"智能协同中心"等。

河南省新乡市人民检察院第七检察部主任张世光作题为"畅通数据源头活水,打造行政检察高质量发展新引擎"的主题报告。他阐释了如何解决行政检察中的现实难题,介绍了新乡市院聚焦案源匮乏等监督需求,创新平台功能设计以优化法律监督的经验。针对人民法院,平台设置强制执行申请受理、立案、裁定准予执行、终结本次执行、执行完毕等10个关键节点,并要求人民法院在每个节点完成后5日内同步录入案件信息,实现行政非诉执行案件进展到哪里,检察监督跟进到哪里。针对行政机关,平台设置行政违法线索受理、行政立案、行政处罚、行政执行、催告履行、申请强制执行等10个关键节点,并要求行政执法机关在每个节点完成后5日内同步录入案件信息,方便检察机关及时掌握办案进度,进行全流程、同步化监督。同时强化顶层设计,市委出台支持意见,把平台建设工作列入全面依法治市年度工作要点,并纳入平安建设考核和行政机关负责人述法年终考核等,建立考评机制。

(三)行政检察法律监督模型的开发与应用研究

广东省中山市人民检察院第四检察部主任何婷作题为"土地违建执行监督模型介绍"的主题报告。她指出,广东法院对土地违法案件的执行实行"裁执分离"模式,执行依据、执行裁定、执行实施分由不同主体履职,主体多元、机制不畅,导致"信息壁垒"。行政机关"一罚了之",人民法院"一裁了之",属地政府"消极执行""裁而不执"问题比较突出。该院土地违建执行监督模型主要针对未依法强制执行"退还土地"和"拆除违法建筑物"两种违法情形开展监督。自模型应用以来,办理的3个行政非诉执行监督案件获评全国优秀案件、全省典型案例,发现公益诉讼和刑事案件线索23条。

江苏省南京市玄武区人民检察院检察长余红作题为"行刑反向

衔接行政违法行为监督模型介绍"的主题报告。在模型构建思路上，瞄准刑事案件"富矿"，从刑行交叉个案出发，梳理"普遍"出现的行政违法类案规律，将行政违法线索作类型化区分，立足反向衔接，设计相应监督情形。目前研发的模型包含三种情形：一是聚焦涉治安处罚案件监督，重点关注刑事处罚和行政追责脱节问题，挖掘"治安违法行为应处罚未处罚"线索。二是聚集涉行政许可案件监督。针对涉刑市场主体和从业人员违反行政许可事项未被行政监管情形，解决行政执法和刑事司法反向衔接难题。三是聚焦相对不起诉案件反向衔接跟进监督。"不起诉≠不处罚"，在办理多起相对不起诉案件中发现，行政机关对检察机关移送的行政处罚线索，存在违法处置或不处置情形。她提到，模型可以实时抓取不起诉案件的相关文书，及时预警需要跟进监督的案件信息，辅助开展反向衔接监督工作。

在评议环节，广东外语外贸大学区域法治研究院执行院长、教授王春业指出，一是要注重理论素养，思考案件中蕴含的规范和理论障碍，并且通过理论研究促进司法实践上的创新；二是在数字时代，检察官要加强对数字技术的学习和理解；三是要注重培养复合型检察人才，不仅要培养法律人才，也要培养数字人才。

武汉大学法学院副教授崔凯认为，"大数据+现代化"是提高检察能力的抓手和新路径。数字检察发展过程中，需要处理好、协调好三对矛盾：一是短期利益与长期利益之间的矛盾。基层检察院更要努力去开展数字检察，基层院越是检力紧张，越需要长远目光，越需要数字检察。二是创新试点和推广利用之间的矛盾，实践中需要省级院和市级进行统筹数字检察推广，资源共享。三是监督和被监督之间的矛盾。应保有长远目光，加强各层级府检之间的统筹协调，塑造检察机关与行政机关之间的共治关系。

六、总结发言

武汉大学秦前红教授主持闭幕式。最高人民检察院第七检察厅副厅长张步洪对论坛进行了总结发言。他认为来自部分省区市的检察同仁分享了开创性开展行政检察工作的宝贵经验，分析了工作中遇到的新问题，提出了一系列高质效做好行政检察的可选方案和设想。

张步洪指出，首先，行政检察是一项开创性的工作。开创，就需要勇气，就要有敢于维护法制统一的职业信念和职业信仰。做好行政检察工作，要有敢于监督的勇气，更要有在工作中不断提高本领增长才干的有效行动。其次，高质效办好案件，最典型的是办好生效裁判监督案件，这是行政检察工作中的"瓷器活"，是检察官职业素养的直接体现，可以在推动法治进步的同时赢得当事人和社会公众行政检察的信任和信心。最后，行刑反向衔接是最高检基于法律规定和地方探索明确由行政检察部门承担的一项职能，是对全国行政检察工作的统一要求，也是行政检察的巨大机遇，更对基层院优化人力资源配置提出了新的需求。行政检察人员借助办理行刑反向衔接案件，可以系统掌握运用行政处罚与刑罚的理论与规范，不断提高行政法专业素养。总体来看，系统化思维是做好行政检察工作最基本的方法论。反向衔接有望带动检察理论、行政法学理论、刑法学理论融合创新、协同发展，同样，诉讼监督、非诉执行监督、行政违法行为监督都需要检察与执法、审判有效互动。

（责任编辑：苏怡）

检察监督嵌入行政程序重开的可行性研究

——以监督"过期之诉"案件为切入点

陈冰如[*] 杨 帆[**] 吴 灵[***]

目 次

一、行政程序重开的理论塑造
 （一）行政程序重开的概念辨析
 （二）行政程序重开的适用情形
二、行政程序重开制度设立的可行性
 （一）行政程序重开设立的政策准据
 （二）行政程序重开设立的实践考量
三、检察监督嵌入行政程序重开的理论证成
 （一）平衡自律性管控与他律性审查
 （二）兼顾正当程序与实质正义
四、检察监督嵌入行政程序重开的制度安排
 （一）行政程序重开监督案件的受理

---

[*] 甘肃省人民检察院二级高级检察官。
[**] 甘肃省人民检察院第七检察部四级高级检察官助理。
[***] 甘肃省人民检察院第七检察部干部。

(二）行政程序重开监督案件的审查

(三）行政程序重开监督案件的处理

出于法的安定性以及行政管理秩序维护之考量，行政行为一经作出便赋予法律效力，不可变更力作为行政行为效力之一，行政机关与当事人都必须服从、受其约束。实践中，行政机关作出行政行为或怠于履行救济方法、期间及其受理机关的义务，导致行政相对人不知道行政行为的内容，知道时已超过行政诉讼法规定的起诉期限；或其他因行政行为受到不利影响的相关人未及时得知行政行为的存在，错过法定起诉期限。当事人诉诸司法救济，人民法院只能以超出起诉期限裁定驳回起诉。这类"过期之诉"中的行政违法行为并未得到司法评判，检察机关依托此类行政诉讼监督案件，对行政违法行为开展监督，督促行政机关重新作出行政行为，以纠正先前错误的行政决定、实质性化解争议，真正做到案结事了政通人和。

一、行政程序重开的理论塑造

（一）行政程序重开的概念辨析

行政程序重开，顾名思义指行政程序的重新开启，滥觞德国《联邦行政程序法》第51条第1款①，该条文规定行政相对人基于

---

① 德国《联邦行政程序法》第51条第1款规定，行政机关在下列情况下，须应相对人申请，决定是否一获确定力的行政行为予以撤销或变更：（1）行政行为所依据的事实或法律情况已作出有利于相对人的变更；（2）具有新的证据方法，可导致产生有利于相对人的决定；（3）具有符合德国民事诉讼法规定的重新受理理由（民事诉讼的重审理由也准用于行政诉讼法）。转引自［德］哈特穆特·毛雷尔：《行政法学总论》，高家伟译，法律出版社2000年版，第302—303页。

某些特定情形向行政机关申请；目标是废除已获确定力的行政行为。学理上，德国学者毛雷尔教授率先指明"公民有机会要求撤销负担行政……即使在司法裁判——在严格的条件下——也可以重审程序中审查，并且在违法时予以撤销"①。我国学者章志远教授界定的"行政程序的重新进行"是指"行政相对人或其他利害关系人对于已经超过法定救济时限的行政行为，请求行政机关对其重新进行审查并决定是否给予撤销、变更或者废止"②。我国台湾地区实施的"行政程序法"对非争讼性行政程序重开作出规定③，将法定救济期限经过后，原行政机关依职权撤销原行政行为、依相对人或利害关系人申请引发的一系列程序亦划入行政程序重开范畴内。也有部分学者认为："依据行政程序重开的发动不同主体，行政程序重开情形既有行政机关依职权，也有当事人申请。"④

行政程序重开可能引发"二次裁决"，作为行政行为不可争力

---

① ［德］哈特穆特·毛雷尔：《行政法学总论》，高家伟译，法律出版社2000年版，第300页。

② 章志远：《行政行为效力论》，中国人事出版社2003年版，第100—101页。

③ 台湾"行政程序法"第117条规定："违法行政处分于法定救济期限经过后，原处分机关得依职权为全部或一部之撤销；其上级机关，亦得为之。但有下列各款情形之一者，不得撤销：一、撤销对公益有重大危害者。二、受益人无第一百十九条所列信赖不值得保护之情形，而信赖授予利益之行政处分，其信赖利益显然大于撤销所欲维护之公益者。"第128条规定："行政处分于法定救济期间经过后，具有下列各款情形之一者，相对人或利害关系人得向行政机关申请撤销、废止或变更之。但相对人或利害关系人因重大过失而未能在行政程序或救济程序中主张其事由者，不在此限。一、具有持续效力之行政处分所依据之事实事后发生有利于相对人或利害关系人之变更者。二、发生新事实或发现新证据者，但以经斟酌可受较有利益之处分者为限。三、其他具有相当于行政诉讼法所定再审事由且足以影响行政处分者。前项申请，应自法定救济期间经过后三个月内为之；其事由发生在后或知悉在后者，自发生或知悉时起算，但法定救济期间经过后已逾五年者，不得申请。"

④ 高鸿：《行政程序重开的条件、处理及司法审查》，载《中国法律评论》2019年第3期。

的例外情形，其概念的内涵及外延需明确下来。应然层面分析引发行政程序重开的渠道是多元的，除当事人申请行政机关重开行政程序、行政机关依职权自行纠错重新启动行政程序外，法院撤销、变更、废止行政行为都会引发行政程序的重新启动。综观上述学者观点，行政程序重开概念界定的核心要素认识基本一致，即将法院撤销、变更、废止行政行为后可能引发的行政程序的重新进行排除在行政程序重开概念外，且行政程序重开的对象为超过法定救济期限的行政行为、程序启动的权限赋予行政机关，争议较大的地方在于发动程序重开的路径能否为行政机关依职权。第一类观点认为行政程序重开的发动只能是当事人，且应向行政机关申请，不能是行政机关依职权发动；第二类观点认为行政程序重开的发动既可以依当事人申请、也能由行政机关依职权。行政程序重开本质要求行政机关针对同一事项重新作出行政行为，倘若将行政程序重开的发动权能与启动决定权均赋予行政机关，行政机关不免有先入为主的刻板印象进而滋生偏见之嫌，可能会剥夺行政相对人及相关人最后的救济机会；且行政程序重开是在原行政行为已发生法律效力后行政决定程序的继续，动因只能出自外部，即"以公民权利救济申请为条件"。故，应将行政程序重开的发动主体与启动主体剥离。

综上，行政程序重开仅为特殊语境下的法律概念，是指法定救济期限经过后，公民申请权利救济，行政机关审查后决定是否重新启动行政程序，改变原行政行为。

（二）行政程序重开的适用情形

毛雷尔教授始终秉持着行政机关能否重新启动行政程序不值得争议，值得争议的是在于在何种情形下行政机关可以或必须重启行政程序的观点。在孟某仁与某县人民政府土地登记纠纷再审案［（2018）最高法行申 500 号］中，司法判决论述到"司法救济并不是权利救济的唯一途径,因超过法定起诉期限而不能诉诸司法救济,并不意味着法院对被诉土地登记行为合法性的确认和维护,仅是不能通过司法救济途径对该行为的合法性再行展开争论而已,再审申请人还可以寻求司法救济之外的其他救济途径,比如重开行政程序予以纠错,但这需要符合严格的条件"。安徽省高院就某公司诉某市房产局履行撤销王某某房产证法定职责再审一案"当事人超过法定起诉期限,请求行政机关自行撤销原行政行为被拒后,请求法院判令行政机关履行撤销行政职责能否受理的问题"请示最高法,最高法答复:"公民、法人和其他组织在起诉期限届满后,又以行政机关拒绝改变原行政行为为由……但法律规范明确规定行政机关在出现新的证据等法定事由后应当改变原行政行为的除外。"①研读裁判文书,不难凝练其背后的裁判逻辑:行政程序重开排除司法救济,属于特殊的救济途径;当事人申请行政程序重开被行政机关拒绝后,不能以此诉诸人民法院获得司法救济。

那么,行政程序重开制度一旦生成落地,其适用情形该如何限定。参考德国《联邦行政程序法》第51条第1款规定的适用行政程序重开的三种情形、台湾地区"行政程序法"第128条规定三种情形,参照《行政诉讼法》第91条对再审事由的立法精神,行政程序重开适用情形可作以下规定:(1)有新的证据证明原行政行为违法的;(2)原行政行为认定事实的主要证据不足或者系伪造的;(3)适用法律、法规错误且影响原行政行为处理结果的;(4)违反法定程序且影响原行政行为处理的。

---

① 最高人民法院《关于当事人在起诉期限届满后另行提起不履行法定职责之诉能否受理问题的答复》,〔2015〕行他字第1号。

二、行政程序重开制度设立的可行性

(一) 行政程序重开设立的政策准据

综观我国法律法规体系（除台湾地区），暂无直接规定行政程序重开的法律条文，但仍可从其他法律条文找到证成行政程序重开的依据，如 2023 年新修订的《行政复议法》第 1 条"防止和纠正违法的或者不当的行政行为"立法目的、第 3 条"有错必纠"原则等。2021 年中共中央印发的《法治中国建设规划（2020—2025年）》明确提出："加强对权力运行的制约和监督，健全规范共同行政行为的法律法规，研究制定行政程序法。"相较于传统研究行政程序的基本要求、外部行政程序、内部行政程序等，在我国设立行政程序重开有助于拓展行政程序研究范畴，为研究制定完备行政程序法贡献智良方，更好地完成行政法学研究的转向。

2021 年 6 月《中共中央关于加强新时代检察机关法律监督工作的意见》（以下简称《意见》）关于全面深化行政检察监督方面，要求检察机关"在履行法律监督职责中发现行政机关违法行使职权或者不行使职权的，可以依照法律规定制发检察建议等督促其纠正"。《人民检察院行政诉讼监督规则》（以下简称《行政诉讼监督规制》）作为开展行政诉讼监督的指引性依据，必须依托行政诉讼监督案件。检察机关在办理当事人申请监督案件中，基于超过法定起诉期限而被法院裁定驳回起诉的案件占比较多，这类"程序空转"案件的当事人反复诉讼或长期上访。实践中各级检察机关在应对"过期之诉"探索之路上，主动争取人民法院支持并建立法检协作机制，对未作实体审理但却存在违法的行政争议取得共识：检察机关履行监督职责，继续查明事实真相，纠正违法行政并开展实质性化解行政争议工作。倘若检察机关嵌入行政程序重开监督得以制度化，将更加高效解决此类行政争议，有效维护公民合法权益。

（二）行政程序重开设立的实践考量

1. 行政救济的局限性

在我国行政救济体系构架中，行政复议终局的设定直接将部分行政纠纷排除在司法救济外，倘若当事人不当运用行政复议救济渠道致使违法行政行为得到不到纠正，那么当事人很有可能走上缠访的道路。而现行行政诉讼法虽规定行政诉讼具有解决纠纷、权利保护和监督行政的三大功能，但行政诉讼制度先天的局限不容回避。无论是复议前置的案件还是直接诉讼的案件，步入司法审查都将受到起诉期限、受案范围等限制，且作为最后一道防线，行政诉讼具有终局性，一旦行政相对人基于非自身过错导致纠纷案件得不到实体审查，纠正违法行政状态可谓困难重重。一言以蔽之，当前司法救济的终局性、有限性已不能满足公民权利救济的现实需求。行政程序重开的设立将赋予特定行政违法行为案涉的当事人另行救济的渠道，以弥补行政救济体系的不完备之处。

2. 行政处理的及时性

"深感受到唯有行政机关不断主动、积极地自我反省所作成的行政处分……诉愿与诉讼机会的给予，仅是次要的机制。"[①] 从公共行政的特性来看，行政机关作为具体实施行政活动的主体最为接近争议发生的时空场域，能够现场接触应予认定的案件事实，纠正违法行为占据便捷高效、节约成本的先天优势；加之，现代社会政府治理领域不断纵向拓展，行政处理越发讲究精细化、规范化，即行政权不仅要在既定的法律轨道上运行，还要在专业化道路上运行。

---

① 蔡志方：《从"行政程序法"与"诉愿法"上的职权撤销违法处分，论行政权力的自我约束机制》，载《清华法律评论》2008年第00期。

行政程序重开设立后行政机关可第一时间获取当事人的异议主张，通过自身或借助第三方对异议进行专业性的甄别，决定行政程序重开能否适用，并以适当的方式纠正先前的违法行为，具有快速且专业的优势。

3. 化解行政争议的现实需求

要求行政机关完全避免违法行政的作出只能是理想的追求，纠正违法行政行为才符合现实需求。《法治政府建设实施纲要（2021—2025年）》明确要求"健全行政争议实质性化解机制，推动诉源治理"，《意见》指出检察机关"在履行法律监督职责中开展行政争议实质性化解工作，促进案结事了"，各级政府、人民检察院也在积极探索行政纠纷诉源治理、源头治理。司法实践中，"程序空转"问题突出，最高人民检察院主动深化法律监督，自2019年10月始，在全国行政检察部门开展"加强行政检察监督促进行政争议实质性化解"专项活动，并在专项活动结束后常态化开展此项工作。各类机关在开展行政争议实质性化解考量对行政相对人的权利和利益，但当前回应"过期之诉"中当事人的诉求却于法无据。而行政程序重开制度的设立将另开辟一条新的救济途径，在前端解决行政争议，破解"程序空转""案结事不了"等难题，成功化解部分行政纠纷。

三、检察监督嵌入行政程序重开的理论证成

行政程序重开制度设立在我国行政程序法体系中的阻却事由来源于理论与实践两层面：行政行为的公定力理论及维护行政法秩序安定的需要。作为"四大检察"之一的行政检察，具有"一手托两家"的职能优势，在穿透式监督要求下透过"程序空转"审视涉诉原行政行为的对错，不失为一个在我国设立行政程序重开制度的重要切口。

（一）平衡自律性管控与他律性审查

行政机关自我纠错是自律性管控最直观写照之一，若行政机关掌握行政程序重开的决定权且未有其他人监管，针对同一违法行政事实，行政机关既当裁判员又当运动员难免让人诟病。他律性审查且外部监督效果最为明显的莫过于司法监督，检察机关作为国家的法律监督机关，承担保障法律统一正确实施的重任，秉承客观公正立场对违法行政行为开展监督是应有之义。另外，相较于当事人向行政机关申请，行政机关决定是否启动行政程序重开，检察机关履行行政监督职能，嵌入行政程序重开、监督行政机关重开行政程序，具有程序严谨性和救济结果强制性，能敦促行政机关更好地纠正错误的行政决定，有利于争议的实质性化解，收获更多的正面评价，进而修复和维护行政机关公信力、提升公共治理能力和水平。

（二）兼顾正当程序与实质正义

司法审查制度框架中安排救济期限在于敦促公民积极维护自己的权益，正如西方著名法律谚语："法律不保护权利上的睡眠者。"但起诉期限等的设定并不意味着绝对法律对权利人权益保护的冷漠，有错必纠折射最为朴素的正义观念。强调并彰显程序的独立价值，行政程序重开制度的设立无疑是一剂良方，所以应推动我国行政程序法尽快制定。"程序一方面可以限制行政官吏的裁量权、维护法的稳定性和自我完整性，……形成一种高度确定化状态。"① 检察机关嵌入行政程序重开有利于促进结果的客观公正，兼顾正当程序与实质正义。

---

① 季卫东：《程序比较论》，载《比较法研究》1993 年第 1 期。

四、检察监督嵌入行政程序重开的制度安排

在我国行政程序体系吸纳行政程序重开在理论探讨上的可行性并无阻碍,但能否在现实中操作需作制度化的努力。然而,构建行政程序重开制度是一项系统工程,本文仅取检察监督嵌入行政程序重开这部分展开制度架构研究,对行政程序重开体系化的制度安排后续另行研究。

(一)行政程序重开监督案件的受理

需要行政程序重开的案件能否进入检察监督视野在于受理途径如何规定,《行政诉讼监督规则》列明当事人申请监督、当事人以外的公民、法人或者其他组织控告以及依职权发现三种途径。检察机关受理当事人申请监督的行政程序重开案件,关键在于如何细化受理条件。行政程序重开纠纷案件因其特殊性,需重新解读并适用《行政诉讼监督规则》的相关规定。

1. 当事人申请监督的受理

一旦行政程序重开制度在我国行政程序法落地,检察机关受理当事人申请行政程序重开监督案件毋庸置疑,关键在于如何赋予当事人申请资格。当事人申请行政程序重开监督案件焦点在于撤销一个已经发生法律效力行政行为,而行政机关以拒绝姿态作出回应。这类案件纠纷已穷尽司法救济手段,检察机关若全盘接受当事人申请的行政程序重开监督案件,徒有争议矛盾转移之累,对当事人的诉请给不了实质性回应。所以,在举证责任分配上应遵循"谁主张,谁举证"的原则,即当事人应提供行政行为违法的初步证据,换言之,只有初步提供原行政行为违法证据的当事人申请监督的重开案件,检察机关才能受理。

2. 当事人以外的公民、法人或者其他组织控告的受理

检察机关能否受理当事人以外的公民、法人或者其他组织控告的行政程序重开监督案件，根据我国现行行政诉讼法规定，起诉主体呈扩张趋势，传统的"直接利害关系"理论已松动。德国学者沃尔夫教授认为，即使第三方不属于受益人的范围，反对程序重启也要第三人的信赖保护。① 行政程序重开一经启动将引发连锁效应，行政机关、当事人以及其他主体都可能受到影响。信赖利益保护原则能很好地保护其他主体的利益，故当事人以外的公民、法人或者其他组织控告的行政程序重开监督案件必须是原行政行为与自身利益关涉，这既是对行政秩序维护的需要，也是基于精准监督的考量。

3. 依职权的受理

倘若允许检察机关依职权受理行政程序重开监督案件势必考虑检察权与行政权两者谦抑性问题。"检察官扮演国家权力之双重控制角色既要保护被告免于法官之恣意，亦要保护其免于警察之恣意。"② 行政机关依据行政相对人申请决定是否启动行政程序重开，必然涉及行政机关自行判断权。检察监督依职权主动介入行政程序重开必然要考虑检察权与行政权平衡关系，在充分尊重行政自治的前提下，回应当事人诉求、纠正违法行为、化解行政争议。故对于行政行为侵害国家利益、公共利益的案件，检察机关可以依职权介入。

（二）行政程序重开监督案件的审查

《行政诉讼监督规则》专章规定人民检察院如何开展监督案件

---

① ［德］汉斯·J. 沃尔夫：《行政法》，高家伟译，商务印书馆2002年版，第128页。

② 林钰雄：《检察官论》，学林文化事业有限公司1999年版，第16—17页。

的审查工作，除通用的一般规定外，行政程序重开监督案件需要适用特别规则。通过行政程序重开的内涵与外延，检察机关审查行政程序重开监督案件应从以下几个方面进行实质性审查。

1. 审查救济期限届满是否为当事人过错

我国现行行政法律体系中关于救济期限规定主要有：一是2023年《行政复议法》第20条规定申请行政复议期限至少60日；二是行政诉讼法规定的一般起诉期限为6个月，但未告知诉权或起诉期限的最长不得超过1年。学理上，民事、刑事领域学者针对各类案件"当事人过错"相关研究成果十分丰厚，行政领域却屈指可数。检察机关审查救济期限届满是否存在当事人过错面临理论与实践层面的双重困难。借鉴2023年《行政复议法》第23条规定复议前置案件、《行政诉讼法》第13条第4项规定的复议终局①等案件，因存在当事人权利救济限缩的客观事实，检察机关审查标准不宜过于严苛，应认定当事人不存在过错为宜；而行政机关未告知诉权或起诉期限，导致救济期限经过的，不宜认定为当事人有过错。

2. 审查行政行为是否违法

行政程序重开内核在于已发生法律效力的行政行为在满足特定条件下，行政机关继续启动行政程序，作出新的行政决定。而需满足的特定条件之一为原行政行为违法，这类诉讼监督案件一旦进入检察监督环节，原行政行为是否违法成为检察机关重要审查内容。2023年《行政复议法》第64条认定行政行为违法可责令重新作出具体行政行为的四种情形，即主要事实不清、证据不足的，违反法定程序的，超越或滥用职权的，适用的依据不合法。《行政诉讼法》

---

① 复议终局的情形有"一是国务院或者省级人民政府对行政区划的勘定、调整或者征用土地的决定；二是省级人民政府据此确认自然资源的所有权或者使用权的行政复议决定"。参见最高人民法院《关于适用〈中华人民共和国行政复议法〉第三十条第二款有关问题的答复》，〔2005〕行他字第23号。

第 70 条亦有类似条文规定。然而，检察机关不宜完全依据上述标准展开审查。检察机关监督行政程序重开案件中行使的检察权不同于行政权、审判权，审查行政行为是否违法的标准应采用双重模式：超越或滥用职权的采用"行为"模式，即直接审查是否存在超越或滥用职权的行为；而适用依据错误的、违反法定程序的采用"行为+结果"模式，即除审查是否存在适用法律、法规错误，违反法定程序外，还要审查这两项违法方式是否影响原行政行为作出处理结果。

（三）行政程序重开监督案件的处理

微观过程论分析检察机关嵌入行政程序重开必须限缩在当事人向行政机关申请行政程序重开这个时间节点，基于后续走向的争端不在行政程序重开监督范围内，即行政程序重开后行政机关无论是否改变原行政行为、当事人的诉请能否得到满足等，都不在监督领域内。因为行政程序重开监督案件往往不牵扯对人民法院司法行为的监督，即对生效行政判决、裁定、调解书，行政审判程序中审判人员违法行为及行政案件执行活动不开展审查。追其缘由，一方面行政程序重开案件的先行行政行为存在当事人救济期限已过、人民法院对先行行政行为未进行实质性审查，并不存在后续的司法行为；另一方面行政程序重开后当事人救济渠道相应重新开启，新作出的行政行为引发的争端完全可以重新进入司法审查，检察机关不能过早介入并展开监督。如此一来，检察机关审查行政程序重开这类监督案件范围有所限缩、处理结果相对简单。

对当事人申请监督的行政程序重开监督案件，检察机关经查明后处理如下：（1）发现法院裁判并无不当但行政行为存在违法、损害行政相对人或利害关系人合法权益，而行政机关拒绝行政程序重开的，检察机关应当向行政机关制发检察建议督促其重启行政程序，依法履责、纠正其违法行政行为；（2）行政机关同意当事人行政程序重开申请、当事人仍以原行政行为的违法性向检察机关申请监督的，检察机关应当以终结审查的方式结束监督程序，因为该种情形已不存在行政程序重开监督受理条件的前提，监督程序继续下去没有任何意义；（3）行政程序确属不宜重开、行政机关拒绝当事人申请并无当的，原行政行为效力不变，检察机关应综合运用释法说理、组织听证等措施淡化或消解行政机关与当事人之间的矛盾，相较前两者，这类争议化解难易程度更大。

最后，案件受理作为检察机关办理行政程序重开监督案件的第一道程序，《行政诉讼监督规则》对当事人以外的公民、法人或者其他组织控告这一受理途径作了确定性规定，但实践操作如何审查此路径进来的案件经验匮乏。控告行政程序重开案件必须严格遵循"信赖利益保护"这一准则，检察机关审查后发现不符合控告受理要求的可作终结审查处置。而检察机关如何依职权受理审查行政机关对不符合条件的案件重启行政程序、并作出实质性改变，且侵害国家利益、公共利益之类案，行政公益诉讼诉前程序的落地为检察机关监督这类案件打下了较为成熟的理论与实践根基，检察机关依职权开展行政程序重开监督案件可借鉴并加以适用。

（责任编辑：胡文正）

行政检察实务

检察监督与行政执法衔接

统筹推进行刑反向衔接与行政违法行为监督研究

王海云[*] 郭 璞[**] 李 瑛[***]

2021年6月，党中央首次就加强新时代检察机关法律监督工作专门印发文件，对行刑反向衔接和行政违法行为监督提出明确要求。2023年7月，最高检出台《关于推进行刑双向衔接和行政违法行为监督 构建检察监督与行政执法衔接制度的意见》（以下简称最高检《衔接意见》）明确行刑反向衔接工作由行政检察部门牵头负责，要求"积极推动行政违法行为监督工作"。至此，行政检察监督业务充分拓展，行政诉讼监督中对案涉行政行为的诉讼内监督拓展到"在履行法律监督职责中发现"的行政违法行为开展诉讼外监督，行政违法行为监督成为检察机关助力法治政府建设的重要途

---

[*] 河南省人民检察院副检察长、一级高级检察官。
[**] 河南省人民检察院第七检察部副主任。
[***] 河南省三门峡市人民检察院第六检察部主任。

径,也成为新时代行政检察工作新的增长极。① 实践中,行刑反向衔接和行政违法行为监督这两项工作从监督对象、案件来源、监督手段、效果保障等方面存在内在逻辑和外部关联,二者均属于行政检察工作的重要内容,所以需要一体谋划,统筹推进。笔者通过应然与实然两个层面分析、理论与实务论证,探究统筹推进行刑反向衔接与行政违法行为监督优化路径,以期能够助力行政检察行稳致远。

一、统筹推进行刑反向衔接与行政违法行为监督必要性分析

(一)检察机关反向衔接制度分析

1. 发展历程

2001年国务院《行政执法机关移送涉嫌犯罪案件的规定》和2011年中共中央办公厅、国务院办公厅转发国务院法制办等部门《关于加强行政执法与刑事司法衔接工作的意见》(以下简称《关于衔接工作的意见》),明确司法机关作出不追究刑事责任决定,向有关主管机关提出行政处罚处理建议并移送案件的要求。历次修订刑事诉讼法均赋权检察机关对作出不起诉决定后需要给予行政处罚的案件,应当提出检察意见,移送有关主管机关。2021年最高检《关于推进行政执法与刑事司法衔接工作的规定》确定了检察机关开展行刑衔接工作的基本原则,扩充了互涉对象、内容和机制等内容,促进了行刑双向衔接的制度化、刚性化。2023年最高检又出台《衔接意见》,对检察机关推进反向衔接制度作出明确规定。检察机关作为国家法律监督机关,应当成为反向衔接制度的重要一环和积极

---

① 张相军:《统筹推进行刑双向衔接与行政违法行为监督》,载《人民检察》2023年第11期。

推动者。可以说，目前反向衔接的法律、法规规定已经较为明确、细致，深化行刑反向衔接，提升监督质效，重在落实。①

2. 行刑反向衔接中的相关问题

（1）行刑衔接与反向衔接。"行刑衔接"是"行政执法和刑事司法相衔接"的简称，也被称为"两法衔接"，主要指行政机关、公安机关、人民检察院、人民法院在依法履职过程中，对发现的涉嫌犯罪案件或依法不需要追究刑事责任但应追究行政责任的案件，移送主管机关进行处理的工作机制。第一，由行到刑的衔接，称之为正向衔接，是指行政执法机关将涉嫌犯罪的案件移送给相应主管机关的程序性工作机制。根据相关规定，由行到刑的衔接主要包括以下内容：一是行政执法机关在查处违法行为的过程中，发现应当由公安机关立案侦查的犯罪线索，应当及时通报并移送公安机关。二是行政执法机关在查处违法行为的过程中，发现涉嫌职务犯罪的案件，应当移送监察机关或者检察机关。第二，由刑到行的衔接，称之为反向衔接，是指刑事追诉机关经侦查、审查、审理发现案件事实不成立犯罪，仅属于一般行政违法行为时，应将案件移送有关机关或部门依法予以行政处理的工作机制。

（2）根据移送主体不同，行刑反向衔接包括四个方面：第一，由公安机关移送。这是指公安机关作为刑事追诉部门对不构成犯罪但需要由其他行政执法机关或者部门进行行政处理的案件，应当移送其他行政执法机关或部门。第二，由检察机关移送。这是指检察机关对于作出不起诉决定但需要由行政机关给予行政处罚的案件，应当移送给相关行政机关。第三，由人民法院移送。这是指人民法院审理后认为被告人的行为不构成犯罪，或者构成犯罪但不需要判

---

① 参见高景峰、刘艺、柳慧敏：《行刑双向衔接的内在逻辑与有效运用》，载《人民检察》2023年第3期。

处刑罚的，或者虽然应当判处刑罚但同时应给予行政处罚的，应当在结案后将案卷副本移送到相关行政机关，由行政机关依照人民法院提供的证据材料，按照行政处罚程序作出行政处罚。第四，由监察机关移送。这是指监察机关在调查职务犯罪案件时，如果发现被调查人的行为不构成犯罪，但应由相关行政执法机关给予行政处罚的，应当将案件移送到相关行政执法机关。①

（3）概念界定。最高检《衔接意见》对检察机关行刑反向衔接制度从监督主体、监督对象、线索来源、监督案件和监督方式范围等方面作出较为明确的规定。根据最高检《衔接意见》，检察机关行刑反向衔接，是指检察机关决定不起诉的案件，认为依法应当对被不起诉人给予行政处罚，由检察机关提出检察意见，并将行政处罚案件移送行政主管机关依法办理的工作机制。

（二）行政违法行为监督制度分析

1. 发展历程

党的十八届四中全会决定提出："检察机关在履行职责中发现行政机关违法行使职权或者不行使职权的行为，应该督促其纠正。"《中共中央关于加强新时代检察机关法律监督工作的意见》明确提出："检察机关在履行法律监督职责中发现行政机关违法行使职权或者不行使职权的，可以依照法律规定制发检察建议等督促其纠正。"两个文件进一步明确了检察机关开展行政违法行为监督的案件来源、监督内容和监督手段。

2. 行政违法行为监督中的相关问题

（1）行政违法行为监督的内涵。一是行政违法检察监督对象的

---

① 参见武晓雯：《行刑衔接机制的基本问题》，载《中外法学》2023年第3期。

有限性。并非所有行政行为都是行政违法检察监督的对象，检察机关应在合理范围内开展有限监督，支持行政机关依法履职。行政违法行为监督的本意是通过检察机关的法律监督职能促进行政机关依法履职。二是行政违法检察监督属于程序性权力。其一，行政违法检察监督是程序性权力而非实体性权力。行政违法检察监督没有终局性和强制力。其二，行政违法检察监督是结果监督而非过程监督。检察机关对行政过程的监督既不可能，也不符合法律监督原理。三是行政违法检察监督遵循谦抑原则。对属于行政违法行为监督范畴的，应敢于监督、善于监督，在其他行政机关内部和外部监督手段不能有效纠正行政违法行为时，依法开展监督；对于涉及不同领域的监督事项，则应依法协同其他机关共同解决问题，促进不同监督机制之间的衔接顺畅。

（2）最高检《衔接意见》要求"积极推动行政违法行为监督工作"，并从监督主体、监督对象、线索来源、监督方式等方面作出明确规定。总的来说，能够纳入检察机关监督范围的行为，至少需要同时满足三个条件：在性质上具备可监督性；在来源上符合"履行法律监督职责"的要求；可以成为检察机关的监督对象。[①]

（三）统筹推进行刑反向衔接与行政违法行为监督的内在逻辑

从行刑反向衔接与行政违法行为监督这两项制度的发展历程、概念界定、内涵外延等方面分析来看，其在监督主体上均为检察机关，监督对象上均为行政机关的行政行为，案件来源上有关联、监督方式上均有检察建议，诸多方面存在内在逻辑和外部联系，因此

[①] 参见张相军、马睿：《检察机关开展行政违法行为监督的理论与实践》，载《法学评论》2023年第6期。

需要一体谋划，统筹推进。其必要性可以概括为以下三点：

1. 检察机关在刑事犯罪结构变化新形势下的必然选择

近年来，刑事犯罪结构发生明显变化，严重暴力犯罪持续下降，轻微刑事案件占比大幅攀升，行政与司法之间的联系、互动更为紧密。对犯罪情节轻微，依照刑法规定不需要判处刑罚或者免除刑罚的犯罪嫌疑人，检察机关作出不起诉处理，符合法律规定和刑事政策要求，意味着不再追究刑事责任，但仍需要依法给予行政处罚、政务处分或其他处分，检察机关有责任与行政主管机关做好衔接，督促追究其相应的行政法律责任。在此过程中发现行政机关违法行为的，检察机关有义务一体履行好监督责任。

2. 有助于形成行政权与司法权共同参与社会治理的合力

尽管行政执法与刑事司法在主体、范围、内容、对象等方面存在本质差别，但行政责任与刑事责任、行政处罚与刑事处罚之间不是非此即彼的关系，多数情况下存在"双罚""补罚"等情形，行政权与司法权相互补充，应当是一种良性的、双向的互动，一体谋划、统筹推进行刑反向衔接和行政违法行为检察监督，对于从全局上系统破解公法责任分置产生的问题，形成参与社会治理的合力，推进法治政府建设具有重要意义。①

3. 行刑反向衔接是行政违法行为监督的重要线索来源

根据《中共中央关于加强新时代检察机关法律监督工作的意见》精神，最高检《衔接意见》明确规定检察机关行政检察部门在履行行政诉讼监督职责中，发现行政主管机关违法行使职权或不行使职权的，可以依照法律规定制发检察建议等督促其纠正。其他检察部门在履行法律监督职责中发现行政违法行为监督线索，通过案管部门移送

---

① 张相军：《统筹推进行刑双向衔接与行政违法行为监督》，载《人民检察》2023年第11期。

本院行政检察部门统一筛查办理。行政检察部门通过本院刑事检察部门办理的大量不起诉案件，审查对被不起诉人是否需要作出行政处罚，履行行刑反向衔接职责过程中发现行政机关不作为、乱作为问题，将成为行政违法行为监督线索稳定的重要来源。

二、统筹推进行刑反向衔接与行政违法行为监督的实践困境

2023年7月最高检《衔接意见》下发以来，截至12月，河南省检察机关共作出不起诉决定17739人，提出检察意见4695人，占不起诉总数的26.5%，比上半年提高了6.4个百分点；行政机关作出行政处罚3529人，占提出检察意见数的75.2%，工作取得显著成效，但也发现实践中存在不少困难和问题。

（一）行刑反向衔接与行政违法行为监督的有关法律供给不足

虽然刑事诉讼法、行政处罚法等多部法律法规及最高检的文件都为行刑反向衔接工作开展提供了依据，但均为概括性规定，缺乏具体制度设计，可操作性不强，有待进一步细化。目前，依据《人民检察院行政诉讼监督规则》规定，行政违法行为监督仅能从行政诉讼介入，监督面较窄，对于行政机关大量未进入行政诉讼程序的违法行为开展监督的难度非常大，检察机关开展行政违法行为监督的范围、程序、方式、效力等在立法层面尚无明确具体规定。

（二）对行刑反向衔接与行政违法行为监督的重要性认识不够

一方面，由于开展行刑反向衔接与行政违法行为监督过程中存在诸多困难，部分检察机关对于行刑反向衔接工作在拓宽行政检察监督渠道、防止司法权和行政权滥用、参与社会治理等方面的重大意义，在思想上认识不足，存在畏难情绪。另一方面，随着严重暴力犯罪持续下降，认罪认罚从宽制度的深入实施，轻微刑事案件占

比大幅攀升，不起诉案件大幅上升，2023年1—11月河南省检察机关对30727名犯罪嫌疑人作出不起诉决定，这些案件主要是基层院在办理，但全省基层院的行政检察人员仅有328人，人均审查案件量近百件，而且基层院的人员还承担着民事、公益诉讼的工作，现有办案力量的配置严重不足，制约了反向衔接工作的有效开展。

（三）检察监督单一性与行政执法多元性存在一定矛盾

一方面，检察机关监督行政执法的案件来源单一与行政违法行为多样相矛盾。比如，实践中不构成犯罪不批捕、提起公诉案件中也可能存在反向衔接的需要，其实行刑反向衔接中的"反"的时间节点，既可以是公安撤案时的"反"，也可以是法院免于刑事处罚时的"反"。但最高检《衔接意见》对此尚未有明确规定。另一方面，检察监督方式的单一性与行政违法行为监督方式多样性的需求相矛盾。按照最高检《衔接意见》的规定，对行政违法行为进行监督仅有检察意见和检察建议两种方式，手段单一、刚性不足。

（四）检察机关内外部统筹协调机制还不够健全

在检察机关内部，行刑反向衔接工作虽调整为行政检察部门牵头负责，但目前刑事检察和行政检察部门衔接配合还不够，各自优势尚未得到充分发挥。在检察机关外部，"两法衔接"涉及不同层级政府职能部门行政执法职权配置，近几年行政执法体制改革力度很大，尤其是城市管理、市场监管等七大领域的综合执法改革。乡镇街道承担了大量行政处罚事项，部分检察机关对职权配置的变化认识不清，导致与行政机关衔接协调不到位，监督对象把握不准。

（五）现有"两法衔接"信息共享平台没有发挥应有作用

行政执法机关信息录入不积极，线索移送零散靠自觉，缺乏统一管理，导致行政执法信息即时性、全面性、准确性、覆盖面得不到保障，检察机关通过信息共享平台不能及时、准确地获取涉嫌犯罪的行政执法案件信息。① 以河南省检察机关掌握数据为例，全省监督行政执法机关向公安机关移送涉嫌犯罪案件线索数 2019 年之后呈现较大波动（2017 年 308 件、2018 年 174 件、2019 年 28 件、2020 年 29 件、2021 年 22 件、2022 年 85 件），这种情形的存在使得"两法衔接"数据平台没有发挥出应有作用与价值，也给行刑反向衔接与行政违法行为监督工作的推进造成困扰。

（六）对行政违法行为的监督范围有待进一步加大

笔者在调研中随机抽取了 56 个基层院，统计显示这些基层院 11 月共发出 346 份检察意见，其中 311 份是发给公安机关，占总数的 89.9%。但是从民生民利的角度看，大量的群众有切身感受的违法行政行为，如住建、教育、医疗、人社等领域的行政违法行为监督较少；从社会治理和经济社会发展的角度看，金融、科技、互联网等对社会发展有巨大促进作用的行政违法行为监督较少，在实践中形成一定监督盲区。

（七）检察意见发出后反馈执行的行政处罚主要是罚款和行政拘留

2021 年修订的《行政处罚法》规定了 13 类行政处罚：警告；通报批评；罚款；没收违法所得；没收非法财物；暂扣许可证件；降低资质等级；吊销许可证件；限制开展生产经营活动；责令停产停业；责令关闭；限制从业；行政拘留等。但上述调研随机抽取的

---

① 参见鲁建武：《行刑双向衔接机制的推进与完善》，载《人民检察》2022 年第 9 期。

56 个基层院在 11 月收到行政机关回复作出的行政处罚决定中,罚款 46 份,行政拘留 44 份,占行政处罚总数的 83.3%;警告、通报批评、没收非法财物、限制开展生产经营活动、责令停产停业、责令关闭、限制从业 7 种行政处罚数为零;行政处罚方式单一,不能完全实现罚当其责。

(八)基层行政检察人员的能力素质有待提高,监督"不力"的表现比较明显

检察机关要对行政违法行为进行监督,必须弄清楚行政执法行为主要是哪一级作出的,哪个行业的行政违法行为较多,表现在哪些方面,应着力精准解决哪些普遍性的问题,助推经济社会发展。党的十八届四中全会之后,行政执法领域的改革力度非常大,主要表现为"七大领域的综合执法改革(城管、市场监管、生态环境、文化、交通运输、农业农村、应急管理)"和"执法重心下移",乡镇和街道比之前有了很多的行政处罚权,且各不相同,有的乡镇街道有几十项处罚权,有的有几百项处罚权,有的是委托执法,有的是授权执法。检察机关制发检察意见一般遵循"同级对等"原则,但是乡镇街道没有对等的检察机关,只能由基层检察院发出。而且,在"放管服"改革和优化营商环境的大背景下,地方的免罚清单不断推陈出新,检察机关也应该与地方的行政执法机关多联系多沟通,避免找不准移送对象,或者检察意见质量不高。

三、统筹推进行刑反向衔接与行政违法行为监督的路径选择

(一)完善行刑反向衔接与行政违法行为监督法制保障

笔者认为,完善行刑反向衔接与行政违法行为监督法制保障迫在眉睫。一是通过完善立法明确职权。建议通过修订人民检察院组

织法明确检察机关依法对行政违法行为进行监督的职权；通过修订《人民检察院行政诉讼监督规则》，明确行刑反向衔接工作由行政检察部门牵头负责，刑事检察部门应当积极配合，做好不起诉案件线索的内部移送工作。二是通过完善立法规范程序。目前开展行刑反向衔接与行政违法行为监督工作，主要依据的是中央政策文件、最高检制定的"意见"，缺少更高位阶的法律法规。建议通过制订《人民检察院行刑反向衔接工作规定》，规范反向衔接案件线索的审查、移送、处理、监督各环节，细化行政违法行为监督案件的办理流程。

（二）优化调整检察机关内部职责分工需落实落地

检察机关在行刑反向衔接与行政违法行为监督中主要承担四项职责：一是对刑事检察部门移送的不起诉案件线索进行审查，不需要对被不起诉人给予行政处罚的，作出终结审查决定；二是需要对被不起诉人给予行政处罚，但行政主管机关未给予行政处罚或者仅给予部分种类行政处罚的，应当向行政主管机关提出检察意见；三是在履行监督职责中，发现行政主管机关违法行使职权或不行使职权的，可以依照法律规定制发检察建议等督促其纠正；四是将对不起诉案件办理结果及行政主管机关的回复、处理情况反馈刑事检察部门。综合考虑监督链条的完整性、职能归口的统一性、监督办案的专业性，落实"一个部门牵头抓总、其他部门各负其责、全院一体协同履职，相互配合形成合力"的原则，细化反向衔接工作由行政检察部门牵头负责、刑事检察部门予以配合的具体事项内容和操作流程。自上而下建立完善的检察监督与行政执法衔接的内部统筹、外部协调机制，减少基层检察院推进工作中的阻力。科学评估这项工作调整后的办案需要和人力资源配置，及时调整充实行政检察人员力量。

（三）积极构建检察监督与行政执法衔接制度

随着行政违法行为监督和公益诉讼工作的开展，检察机关与行政执法机关衔接配合的领域和内容也不断丰富和完善，"四大检察"都有与行政执法衔接的现实紧迫需求。行政检察部门依托行刑反向衔接机制开展行政违法行为监督，既有助于解决现有法律制度供给不足、有关部门认识不一致等问题，也有利于推动行政检察与其他三大检察全面协调充分发展，形成监督合力。行政处罚法、刑事诉讼法等法律对行刑反向衔接与行政违法行为监督只有原则性规定，建议在保持"两法衔接"现有模式的基础上，构建"检察监督与行政执法衔接"制度，通过检察机关、司法行政机关、行政执法机关共同会签实施办法性质的文件，统筹推进行刑反向衔接与行政违法行为监督工作。

（四）实行案件化办理，增强监督的精准性

利用现有办案系统为行刑反向衔接与行政违法行为监督服务。重大监督事项案件化办理，是检察机关推进监督事项从"办事模式"向"办案模式"转变的重要举措。对于在行刑反向衔接中获取的案件线索和其他检察部门在履行法律监督职责中发现行政违法行为监督线索进行案件化办理能够避免案件线索移送空置化。在检察机关不同办案部门共同使用同一办案系统的情况下，实现案件化办理存在很大的可行性。可以探索在全国检察业务应用系统中开发行刑反向衔接和行政违法行为监督案件模块，对刑事案件不起诉后提出需要行政处罚的检察意见的、其他检察部门在履行法律监督职责中发现行政违法行为监督线索的，以案件线索的形式通过全国检察业务应用系统移送到案管部门后分配到行政检察部门。行政检察部门通过线索受理、审查、立案、调查核实、提出监督意见等规范化

办案流程办理案件,增强监督的精准性。

(五) 完善升级检察监督与行政执法衔接信息共享平台

信息共享平台是开展行刑反向衔接与检察监督的数据基础。一方面,要激活现有"两法衔接"平台预设的巨大功能作用,就需要打破数据壁垒,实现数据共享。建议由党委政法委或司法行政机关协调各行政机关,统筹整合不同行政执法系统建立行政执法统一业务应用平台,为不同行政机关在该平台中设置不同行政执法子系统,共同将"两法衔接"平台打造为行政执法和司法办案的大数据池。另一方面,将全国检察业务应用系统与行政执法统一业务应用平台进行对接,避免行政执法数据二次录入、选择性录入等问题。不同行政机关的行政执法案件数据经系统抓取自动上传至行政执法统一业务系统进行备案,由司法行政机关和检察机关进行审查,对于涉嫌犯罪的,由检察机关通过全国检察业务应用系统将检察意见移送至行政执法统一业务应用平台,再由该平台分配至相应行政机关办理。当检察机关认为不起诉案件需要作出行政处罚的,可以通过全国检察业务应用系统将检察意见和相关案件信息移送至行政执法统一业务应用平台,最终实现办案数据的双向畅通。

(责任编辑:罗欣)

行刑反向衔接重点问题实证研究

——基于某基层检察院 161 件刑事不起诉案件样本

梁 云[*] 张英姿[**] 徐义刚[***] 张立新[****]

2023 年 7 月，最高检印发了《关于推进行刑双向衔接和行政违法行为监督 构建检察监督与行政执法衔接制度的意见》（以下简称《意见》），对加强行刑双向衔接工作提出明确要求，并规定由行政检察部门牵头负责行刑反向衔接工作。但长期以来，司法实践中对反向衔接的性质存在争议，在审查标准、审查强度、意见明确程度等问题上认识不一。本文以 2022 年以来某基层检察院刑事不起诉案件为样本，分析反向衔接工作中存在的理论和实践困惑，从厘清反向衔接性质入手，对行政处罚主体、处罚时效、单位犯罪与行政处罚对象的对应关系等问题进行实证分析，以期为行政检察部门发挥好反向衔接牵头作用提供借鉴。

---

[*] 江苏省南京市人民检察院党组成员、副检察长、二级高级检察官。
[**] 江苏省南京市人民检察院第六检察部主任、三级高级检察官。
[***] 江苏省南京市人民检察院第六检察部副主任、四级高级检察官。
[****] 江苏省南京市栖霞区人民检察院第五检察部四级检察官助理、全国检察机关行政检察业务标兵。

一、某基层院行刑反向衔接工作开展现状

根据最高检《关于推进行政执法与刑事司法衔接工作的规定》（以下简称《规定》）第8条第1款规定，人民检察院决定不起诉的案件，应当同时审查是否需要对被不起诉人给予行政处罚。对被不起诉人需要给予行政处罚的，经检察长批准，人民检察院应当向同级有关主管机关提出检察意见。2022年，某基层院刑事检察部门共办理刑事不起诉案件161件，其中，向行政主管机关提出检察意见的案件有137件[①]，占比85.1%。

从绝对不起诉、相对不起诉、存疑不起诉三种不起诉类型来看，相对不起诉案件158件，占比98.1%，是反向衔接中的主要案件类型；存疑不起诉案件2件，占比1.3%；绝对不起诉案件1件，占比0.6%。

从刑事罪名来看，共涉及罪名22个，数量较多的案件包括，危险驾驶罪50件，占比31.1%；盗窃罪31件，占比19.3%；非法吸收公众存款罪19件，占比11.8%；诈骗罪12件，占比7.5%；虚开发票罪7件，占比4.3%；故意伤害罪6件，占比3.7%。另有帮助信息网络犯罪活动罪和非法捕捞水产品罪各5件，交通肇事罪4件，过失致人死亡罪、污染环境罪、寻衅滋事罪与掩饰、隐瞒犯罪所得、犯罪所得收益罪各3件，非法收购、运输、出售珍贵、濒危野生动物、珍贵、濒危野生动物制品罪2件，其余罪名案件各1件。

在提出检察意见的案件中，向公安机关提出的有154件，占比95.7%；向农业农村主管部门提出的有4件，占比2.5%；向生态环境主管部门、市场监督管理部门、税务部门各提出1件，分别占比0.6%。

---

① 数据源自全国检察业务应用系统2.0，文中案例亦取自系统内文书。

二、行刑反向衔接检察实践中的困惑

从某基层院的数据来看,向行政主管机关提出检察意见的案件占全部不起诉案件的85.1%,看似比例较大,但其中95.7%的案件是向公安机关提出的。与之对比,全部不起诉案件中与公安机关行政处罚权相关的罪名仅占比65.8%①,这说明,有很大一部分涉及其他行政主管机关的案件没有提出检察意见,或者本该向其他行政主管机关提出却向公安机关提出,存在检察意见对象错误。实践中,还有处罚时效是否超期判断不准,单位犯罪与单位、个人处罚的对应关系混乱等问题。归根结底,是对反向衔接的性质没有准确认识,导致检察意见诸要素的精准度不高。

(一)行刑反向衔接的性质认识难

行刑反向衔接是一种线索移送还是检察监督行为?实践中存在不同的看法。从字面上看,检察意见不同于检察建议。但反向衔接是否等同于纯粹的线索移送呢?从《行政处罚法》第27条"对依法不需要追究刑事责任或者免予刑事处罚,但应当给予行政处罚的,司法机关应当及时将案件移送有关行政机关"的规定看,作为司法机关的检察机关决定移送前,需要对行政处罚的必要性、可能性、处罚主体、处罚内容等进行实质判断,这样的审查和判断已经超出了一般线索移送行为的范畴。正因如此,明晰反向衔接的性质,对检察机关的审查标准、审查内容、意见明确程度等至关重要。

---

① 因危险驾驶罪、盗窃罪、诈骗罪、故意伤害罪、交通肇事罪、寻衅滋事罪等刑事罪名对应的行政处罚依据均为治安管理处罚法,享有行政处罚权的行政主管机关为公安机关,相关罪名占比65.8%。

(二) 行政主管机关"识别"难

判断向哪一个行政主管机关提出检察意见，是实践中的难点问题。向不具有处罚权的行政机关制发检察意见，特别是简单化地一律向移送审查起诉的公安机关制发检察意见，有悖行政法中职权法定和依法行政的要求。以某基层院办理的两件非法吸收公众存款罪反向衔接案为例，两件均为某基层检察院所在区公安局移送审查起诉的案件，其中一件作不起诉后，刑检部门直接向区公安局提出检察意见，而另一件中既向区公安局提出检察意见，也向区金融局提出检察意见。两起案件罪名相同，违法情形类似，行政处罚管辖相同，而检察意见对象单位却不同，反映出在识别判断行政处罚主管机关问题上，实践中的认识还比较模糊。

(三) 行政处罚时效判断难

向行政主管机关提出处罚意见的案件，应当是处于行政处罚追究时效[①]内的案件。将已经超过处罚时效而无法给予行政处罚的案件移送给行政主管机关，既不符合行政处罚的立法目的，也不利于统筹反向衔接与后续的行政违法行为监督。[②]《行政处罚法》第36条第1款规定，"违法行为在二年内未被发现的，不再给予行政处罚"，这是时效判断的一般规则。但何为"发现"？只有行政主管机关"立案"才算发现吗？如果案件本身就是行政主管机关向司法机

[①] 广义上的行政处罚时效可分为追究时效、裁决时效与执行时效，《行政处罚法》第36条规定的只是追究时效，又称追罚时效，即行政机关可以追究处罚责任的期限。参见杨伟东主编：《中华人民共和国行政处罚法理解与适用》，中国法制出版社2021年版，第117页。

[②] 若行政主管机关采纳检察意见作出行政处罚，则该处罚天然地具有程序违法性，即便处罚还存在事实认定和法律适用等方面的问题，检察机关进行监督都将陷于两难境地。

关移送涉嫌犯罪案件的正向衔接案件,是否属于行政主管机关早已发现?对于公安机关移送审查起诉案件,不起诉后又由公安机关作出行政处罚的,能否视为公安机关在刑事侦查时已经发现?此等问题亟须明确。

(四)个人罚、单位罚选择难

《刑法》第31条规定,"单位犯罪的,对单位判处罚金,并对其直接负责的主管人员和其他直接责任人员判处刑罚"。即在刑法中,单位犯罪实行双罚制,既追究单位刑事责任,也追究相关人员个人责任。而《治安管理处罚法》第18条规定,"单位违反治安管理的,对其直接负责的主管人员和其他直接责任人员依照本法的规定处罚。其他法律、行政法规对同一行为规定给予单位处罚的,依照其规定处罚"。也即,违反治安管理行政法律法规的,一般情况下只罚个人,不罚单位,实行单罚制。[①] 但治安罚以外,其他行政处罚中并不存在如此限制性的规定。所以,刑事处罚与行政处罚在处罚对象是单位还是个人问题上存在多种可能性和对应关系,单位犯罪在不起诉后,面临行政处罚的单位罚或个人罚的选择问题。

三、行刑反向衔接中的几个重要问题探析

针对反向衔接工作中存在的问题和实践困惑,着眼于提升行政检察工作质效,有必要对相关问题进行研究。

(一)反向衔接是一种特殊的线索移送

反向衔接的性质决定着行政检察部门在案件办理中的审查标准、

---

① 参见王宏君:《论单位违反治安管理行为》,载《中国人民公安大学学报(社会科学版)》2011年第4期。

审查强度、检察意见的明确程度等问题。实践中对行刑反向衔接的性质有两种认识：一种观点认为反向衔接是一种线索移送行为；另一种观点则认为反向衔接属于检察监督行为。

如果把反向衔接看作一种线索移送，那么审查中就会采取较低的审查标准，即仅从是否"可能"构成行政处罚来判断是否提出检察意见，将是否"可能"具有行政职权职责作为行政主管机关的认定标准。在检察意见书中，也只需要笼统阐释给予行政处罚的意见，而无须交代处罚的法律依据、处罚种类和幅度等问题。在某基层院的大部分检察意见书中都作"建议你局根据相关法律规定对某某作出相应的处罚"的表述，这是把反向衔接作为一种线索移送来看待和处理。

如果把反向衔接看作一种检察监督行为，审查中就会采用较高的审查标准。[①] 不单要审查是否构成行政处罚立案标准，还要审查是否构成处罚的作出标准；不单要明确"相关部门"负有处罚职权职责，还要明确到具体行政主管部门；检察意见中，不单要列明行政处罚的法律依据，还要给出适当的处罚种类和幅度意见。

要明晰反向衔接的性质，首先要明确其定位。行刑反向衔接是检察监督与行政执法衔接制度的一部分，解决的是不刑不罚、应移未移、应罚未罚问题，目的是实现行政处罚和刑事处罚依法对接。因此，反向衔接与正向衔接一样，本身不是一种监督行为，而是线索移送行为。但是，与一般的线索移送不同，反向衔接有自身特殊性：其一，反向衔接之所以由刑事检察部门移转至行政检察部门牵头负责，一个很重要的原因就在于行政检察部门在行政处罚这一问题上的判断比刑事检察部门更具专业性。如果仅是一般意义上的线

---

① 此时应参照《人民检察院检察建议工作规定》第 16 条的规定，对案件事实认定、法律适用等问题作出明确阐述。

索移送，无法体现出这种专业性。其二，《意见》明确要求"统筹考虑与行政违法行为监督的对接"。"统筹"二字意味着，检察意见书不能仅仅是笼统或描述性地提出处罚意见，而是要体现精准性。①当然，出于检察权的谦抑性和对行政自由裁量权的尊重，检察意见书中不宜对裁量类行政行为提出过于具体的意见。

因此，检察意见是一种特殊的线索移送，这种特殊性体现在检察意见与即将作出的行政处罚行为之间要存在适当的张力，即要在行政自由裁量范围外提出足够明确的处罚意见。当然，在行政检察部门承接这项工作的初期，意见可能相对简略，但随着工作的开展，特别是在罪名与处罚对应关系的类型化研究和实践深入之后，处罚意见应趋向具体和明确。

（二）检察意见对象是对被不起诉人具有直接处罚权的行政主体

《刑事诉讼法》第177条第3款规定，对被不起诉人需要给予行政处罚、处分或者需要没收其违法所得的，人民检察院应当提出检察意见，移送有关主管机关处理。"有关主管机关"应当理解为对被不起诉人具有直接处罚权的行政主体，即具有部门、地域、级别、事项管辖权的行政主体。这样的理解，符合刑事诉讼法的立法本意，也是《意见》"统筹反向衔接与行政违法行为监督"的应有之义。如果向一个不具有处罚权的行政主体提出检察意见，该主体客观上无法作出处罚，一旦作出即构成超越职权，形成逻辑悖论。而实践中向不具有部门管辖权的行政主体提出检察意见是常见

---

① 检察意见与检察建议的关系，类似于公益诉讼中诉前检察建议与公益诉讼起诉书的关系。按照最高检的要求，诉前检察建议要达到起诉书的标准，即一旦进入起诉环节，检察建议的建议对象、建议内容等可以直接转化为起诉书中的被告、诉讼请求等要素。

错误。

如前述某基层院 2022 年办理的两件非法吸收公众存款罪反向衔接案中,其中一件向区公安局提出检察意见,而另一件案件既向区公安局提出也向区金融局提出。这反映出办案人员对非法吸收公众存款罪对应的行政处罚法律依据不熟悉,进而不了解具有该处罚权的行政主体。根据相关法律规定,国务院银行业监督管理机构及其派出机构具有对非法吸收公众存款行为的行政处罚权①,检察意见书应该发给银行业监督管理机构。再如,某基层院 2022 年办理的祁某生产、销售有毒、有害食品罪刑事不起诉反向衔接案中,检察意见书中提出"建议你局依照《治安管理处罚法》有关规定对祁某作出行政处罚"。根据食品安全法的规定,县级以上人民政府食品安全监督管理部门具有对生产经营不符合法律、法规或者食品安全标准的食品行为的行政处罚职权,在县区一级,该职权属于市场监管局,检察机关应当向市场监管局提出检察意见。在部门管辖权问题上,还要注意集中行使行政处罚管辖权的行政机关和承接县级人民政府部门处罚权的乡镇政府、街道办事处。②

在地域和层级管辖问题需要注意的是,《规定》第 10 条与《意

---

① 《银行业监督管理法》第 44 条规定,"擅自设立银行业金融机构或者非法从事银行业金融机构的业务活动的,由国务院银行业监督管理机构予以取缔;构成犯罪的,依法追究刑事责任;尚不构成犯罪的,由国务院银行业监督管理机构没收违法所得,违法所得五十万元以上的,并处违法所得一倍以上五倍以下罚款;没有违法所得或者违法所得不足五十万元的,处五十万元以上二百万元以下罚款"。

② 根据 2021 年《行政处罚法》第 24 条第 1 款的规定,很多省级政府已经将部分县级政府部门的处罚权下放至乡镇和街道一级。譬如,江苏省连云港市连云区政府根据江苏省司法厅《关于连云港市在乡镇(街道)开展相对集中行政处罚权工作的复函》(苏司函〔2021〕14 号),制定了本区内乡镇、街道办处罚清单,参见连云区人民政府《关于调整乡街集中行使行政处罚权力清单的通知》,载连云区人民政府网,http://www.lianyun.gov.cn/lyq/tzgg/content/74b0ecde-493e-47f1-bb57-faba28f518d0.html,2023 年 8 月 30 日访问。

见》并不冲突，依然有效，即需要向上级有关单位提出检察意见的，应当层报其同级人民检察院决定并提出，或者由办理案件的人民检察院制作检察意见书后，报上级有关单位的同级人民检察院审核并转送。需要向下级有关单位提出检察意见的，应当指令对应的下级人民检察院提出。需要异地提出检察意见的，应当征求有关单位所在地同级人民检察院意见。意见不一致的，层报共同的上级人民检察院决定。

（三）应审慎判断是否超过处罚时效

符合处罚时效规定是行政处罚的必要条件之一，检察机关提出检察意见的案件，应当处于处罚时效之内。《行政处罚法》第36条第1款规定，"违法行为在二年内未被发现的，不再给予行政处罚；涉及公民生命健康安全、金融安全且有危害后果的，上述期限延长至五年。法律另有规定的除外"。但实践中对"发现"的理解不一，需要探讨。

1. "发现"的主体

对此没有明确的法律规定，实践中有广义说与狭义说。广义说认为发现的主体包括所有的公权机关，狭义说则认为仅限于具有特定案件处罚权的行政机关。司法部办公厅《关于对违法违纪律师行政处罚追诉时效有效问题的通知》（司发电〔2005〕1号）规定："经研究，并经全国人大常委会法工委批复同意，明确《行政处罚法》第29条规定的发现违法违纪行为的主体是处罚机关或有权处罚的机关，公安机关、检察机关、法院、纪检监察部门或者司法行政机关都是行使社会公权力的机关，对律师违法违纪行为的发现都具有《行政处罚法》规定的法律效力。"这是一种广义说观点。但是，这种观点与行政职权法定原则存在冲突。不具有特定案件处罚权的其他国家机关即便发现了案件线索，也无法进行处罚，其"发现"不具有终止处罚时效的合理性。因此，狭义说的观点更符合处罚时效稳定社会秩序和法的安定性的立法目的。[①]

2. "发现"的认定标准

实务中存在主观标准和客观标准两种观点。主观标准认为，行政机关知道或可能知道即为发现，哪怕是收到群众举报，都可以认为是"发现"。[②] 客观标准则认为，行政机关正式立案才能认定为"发现"。[③] 在治安管理处罚案件中，公安机关"发现"的标准通常以公安机关是否已经对违反治安管理行为予以"立案"为界分："对于已经立案的，应当认定为公安机关已经发现；对于没有立案的，不能认定为公安机关已经发现，即公安机关'没有发现'。"[④] 很明显，主观标准将"发现"的起算点前移，有利于行政机关作出处罚决定。但将"发现"的解释空间完全交由行政机关，行政机关可以借由这种便利而制造各种"主观知悉"，从而逃脱处罚时效的控制。[⑤] 因此，客观标准更具合理性，有助于社会公众形成对处罚时效的明确预期，也有助于法院司法审查和检察机关的精准监督。

当然，在客观标准之外，还有几种特殊情形需要讨论。第一种情形，不起诉案件本身就是行政执法机关向司法机关移送涉嫌犯罪案件的正向衔接案件。譬如，某基层院办理的南京某无损检测服务有限公司污染环境罪不起诉案，就是区生态环境局向区公安局移送的案件。此类正向衔接案件，在刑事司法机关调查处理之前，具有处罚权的行政执法机关客观上已经知悉案件线索，有的时候甚至已

---

① 参见杨小君：《行政处罚研究》，法律出版社2002年版，第239页。
② 参见吴高盛主编：《〈中华人民共和国行政处罚法〉释义及实用指南》，中国民主法制出版社2015年版，第83页。
③ 参见应松年：《行政处罚法教程》，法律出版社2012年版，第184页。
④ 参见梁凤云：《最高人民法院行政诉讼批复答复解释与应用（法律适用卷）》，中国法制出版社2011年版，第10页。
⑤ 参见胡梦瑶：《权力期间视角下行政处罚时效的适用》，载《华东政法大学学报》2023年第1期。

经立案查处。① 只不过由于案件符合刑事立案标准，需要移送刑事司法部门作刑事处理。但检察机关是否作出不起诉决定，对行政执法机关而言属于不可控因素，不应将刑事处理的时间计算在处罚时效内。原环境保护部、公安部、最高检联合制定的《环境保护行政执法与刑事司法衔接工作办法》（环环监〔2017〕17号）第16条明确规定，"涉嫌犯罪案件的移送办理期间，不计入行政处罚期限"。② 这一规定即可佐证上述观点。

第二种情形，具有行政处罚权的行政机关本身就是公安机关。这是反向衔接中的普遍现象，如《道路交通安全违法行为处理程序规定》第51条规定，处以吊销机动车驾驶证的，应当自违法行为人接受处理或者听证程序结束之日起7日内作出处罚决定，交通肇事构成犯罪的，应当在人民法院判决后及时作出处罚决定。此时公安机关扮演了双重角色，既是刑事案件中的侦查机关，又是具有处罚权的行政机关。如果坚持严格的客观标准，此类案件中绝大多数在刑事处理前都没有进行过行政立案，但不能否认公安机关在客观上知晓违法事实。所以，这类案件应当认定为公安机关在刑事处理前已经发现。③

---

① 譬如，《行政执法机关移送涉嫌犯罪案件的规定》第11条第2款规定，行政执法机关向公安机关移送涉嫌犯罪案件前已经作出的警告、责令停产停业、暂扣或者吊销许可证、暂扣或者吊销执照的行政处罚决定，不停止执行。

② 原环境保护部、公安部、最高人民检察院《环境保护行政执法与刑事司法衔接工作办法》，载中华人民共和国中央人民政府网站，https://www.gov.cn/gongbao/content/2017/content_5220919.htm，2023年8月30日访问。

③ 对此问题，亦可参见公安部《关于公安机关办理醉酒驾驶机动车犯罪案件的指导意见》第11条的规定，案件侦查终结后，对醉酒驾驶机动车犯罪事实清楚，证据确实、充分的，应当在案件移送人民检察院审查起诉前，依法吊销犯罪嫌疑人的机动车驾驶证。对其他道路交通违法行为应当依法给予行政处罚。案件移送审查起诉后，要及时了解掌握案件起诉和判决情况，收到法院的判决书或者有关的司法建议函后，应当及时归档。对检察机关决定不起诉或者法院判决无罪但醉酒驾驶机动车事实清楚，证据确实、充分的，应当依法给予行政处罚。

第三种情形，被不起诉人以外的第三人向行政机关投诉、举报的。这常常发生在治安行政案件中，举报人为被害人。如《公安机关办理行政案件程序规定》第 154 条第 3 款规定，被侵害人在违法行为追究时效内向公安机关控告，公安机关应当受理而不受理的，不受本条第 1 款追究时效的限制。之所以如此规定，是考虑到第三人举报这一介入因素，为了保护第三人的权益，可以在法的安定性之外进行利益衡量，以实现利益平衡。

因此，实践中对"发现"的界定应当以客观标准为主，同时考虑是否存在正向衔接、处罚机关为公安机关以及第三人向行政机关投诉举报等情况。在此之外，若存在充分的客观证据证明具有处罚权的行政机关确实曾经知晓违法事实，因为移送刑事处理等原因导致行政处理超过处罚时效的，时效宜从行政机关实际知晓之日起中断。

（四）厘清单位犯罪被不起诉人和被处罚人的对应关系

刑事不起诉案件中的被不起诉人是单位及相关责任人员个人的，行政处罚中被处罚人则不必然与被不起诉人相同。行政处罚中既存在单罚，也存在双罚[①]，检察意见书中应当准确认定处罚对象。单位犯罪被不起诉人和行政处罚被处罚人的对应关系可以类型化为以下几种模式：

1."刑事：单位＋个人"—"行政：单位＋个人"（被不起诉人是单位和个人，被处罚人也是单位和个人）

传统上，对单位违法的行政处罚一般直接针对单位作出，不涉及决定或作出违法行为的单位成员，即个人的行政法责任被单位吸收。但随着法治发展，生态环境、食品药品、公共安全等行政领域

---

① 参见喻少如：《论单位违法责任的处罚模式及其〈行政处罚法〉的完善》，载《南京社会科学》2017 年第 4 期。

已经引入双罚制来提升行政处罚的威慑力度。① 比如，《刑法》第150条规定，单位犯本节第140条至第148条规定之罪的，对单位判处罚金，并对其直接负责的主管人员和其他直接责任人员，依照各该条的规定处罚。据此，单位从事该法第143条规定的生产、销售不符合安全标准食品的行为，单位和相关个人均要承担刑事责任。而根据《食品安全法实施条例》第75条规定，"食品生产经营企业等单位有食品安全法规定的违法情形，除依照食品安全法的规定给予处罚外，有下列情形之一的，对单位的法定代表人、主要负责人、直接负责的主管人员和其他直接责任人员处以其上一年度从本单位取得收入的1倍以上10倍以下罚款……"在满足该条特别规定的情况下，对作为被不起诉人的单位和相关个人实行行政处罚双罚。此时，被不起诉人与被处罚人重合。②

2."刑事：单位＋个人"—"行政：单位"（被不起诉人是单位和个人，被处罚人是单位）

在行政实体法没有对行政处罚作出双罚制度安排的情况下，行政处罚只针对单位，个人的行政责任被单位吸收，如虚开发票行为。《刑法》第205条之一规定，"虚开本法第二百零五条规定以外的其他发票，情节严重的，处二年以下有期徒刑、拘役或者管制，并处罚金；情节特别严重的，处二年以上七年以下有期徒刑，并处罚金。单位犯前款罪的，对单位判处罚金，并对其直接负责的主管人员和其他直接责任人员，依照前款的规定处罚"。即虚开发票可

---

① 参见谭冰霖：《单位行政违法双罚制的规范建构》，载《法学》2020年第8期。

② 再如，《环境保护法》第63条规定，"企业事业单位和其他生产经营者有下列行为之一，尚不构成犯罪的，除依照有关法律法规规定予以处罚外，由县级以上人民政府环境保护主管部门或者其他有关部门将案件移送公安机关，对其直接负责的主管人员和其他直接责任人员，处十日以上十五日以下拘留；情节较轻的，处五日以上十日以下拘留……"这也是典型的行政双罚。

以构成单位犯罪。作为行政处罚依据的《发票管理办法》规定，违反本办法规定虚开发票的，由税务机关没收违法所得；虚开金额在1万元以下的，可以并处5万元以下的罚款；虚开金额超过1万元的，并处5万元以上50万元以下的罚款；构成犯罪的，依法追究刑事责任。因此，单位构成虚开发票罪的，对单位和相关人员刑事双罚，但不起诉后，只对单位行政单罚。

3."刑事：单位+个人"—"行政：个人"（被不起诉人是单位和个人，被处罚人是个人）

这一类的典型是违反治安管理的行为。比如，《刑法》第312条规定，"明知是犯罪所得及其产生的收益而予以窝藏、转移、收购、代为销售或者以其他方法掩饰、隐瞒的，处三年以下有期徒刑、拘役或者管制，并处或者单处罚金；情节严重的，处三年以上七年以下有期徒刑，并处罚金。单位犯前款罪的，对单位判处罚金，并对其直接负责的主管人员和其他直接责任人员，依照前款的规定处罚"。掩饰、隐瞒犯罪所得、犯罪所得收益罪可以构成单位犯罪，但治安行政领域则不同。《治安管理处罚法》第60条规定，"有下列行为之一的，处五日以上十日以下拘留，并处二百元以上五百元以下罚款：……（三）明知是赃物而窝藏、转移或者代为销售的……"对掩饰、隐瞒犯罪所得、犯罪所得收益的行政违法行为，只处罚个人，不处罚单位。

反向衔接作为一种特殊性质的线索移送行为，重在精准移送，即准确认定具有处罚权的行政主管机关和处罚对象，准确判断是否超过处罚时效，并在此基础上提出检察意见。行政检察部门应当在实践中不断提升反向衔接工作能力，发挥好牵头负责作用，进一步提升行政检察工作质效。

（责任编辑：马睿）

行刑反向衔接检察监督理论与机制研究

——以S省C市J区检察院工作情况为样本

何　娟[*]　罗关洪[**]　潘雅裙[***]　巫辅相[****]

2023年7月，最高人民检察院印发《关于推进行刑双向衔接和行政违法行为监督　构建检察监督与行政执法衔接制度的意见》（以下简称最高检《意见》），对各级检察机关统筹推进行刑反向衔接和行政违法行为监督作出规定，就检察机关作出不起诉决定后，提出给予被不起诉人行政处罚的检察意见，以及对于制发检察意见后发现的行政违法行为，开展行政违法行为监督工作予以了明确。本文以S省C市J区检察院工作情况为样本和切入点，聚焦行刑反向衔接实践中存在的争议问题，研究背后的法理问题，提出行刑反向衔接检察监督意见制发规则和工作机制构建建议。

一、S省C市J区检察院行刑反向衔接检察监督工作情况

2022年1月至2023年12月，J区检察院共作出不起诉案件652

---

[*] 四川省成都市人民检察院第七检察部主任。
[**] 四川省彭州市人民检察院副检察长。
[***] 四川省成都市金牛区人民检察院第四检察部主任。
[****] 四川省成都市郫都区人民检察院一级检察官。

件，针对不起诉案件制发的检察意见及检察建议情况见表1。

表1 制发检察意见及检察建议情况

不起诉案件类型	制发检察意见和检察建议数（件）
法定不起诉	0
存疑不起诉	2
酌定不起诉	165

可以看出，J区检察院制发检察意见和检察建议，仅占不起诉案件的25.6%，且集中在酌定不起诉案件。经分析，法定不起诉案件数量本身较少，而对于存疑不起诉案件，侦查机关尚有继续侦查的空间，稳妥起见，J区检察机关对存疑不起诉案件制发检察意见更为慎重。

制发的检察意见和检察建议，从内容上可分为四类。第一类是建议政务处分，占3.59%；第二类是建议没收违法所得，占12.57%；第三类是建议社会服务，占29.34%；第四类是建议行政处罚，占54.49%。涉政务处分类主要是有某种身份且一般是有固定单位的当事人，没收违法所得主要集中于经济类犯罪案件中对赃款的处理，社会志愿服务主要针对危险驾驶罪案件。

从罪名看，J区检察院发出的检察意见和检察建议占比最大的是盗窃罪，第二大类为帮助信息网络犯罪活动罪，第三大类主要为诈骗和故意毁坏财物两大涉财产类犯罪，第四大类为危害国家重点保护植物和非法捕捞水产品两大涉环境保护类犯罪，第五大类零散见于其他犯罪，包括非法拘禁、敲诈勒索、寻衅滋事及协助组织卖淫等罪名（见图1）。

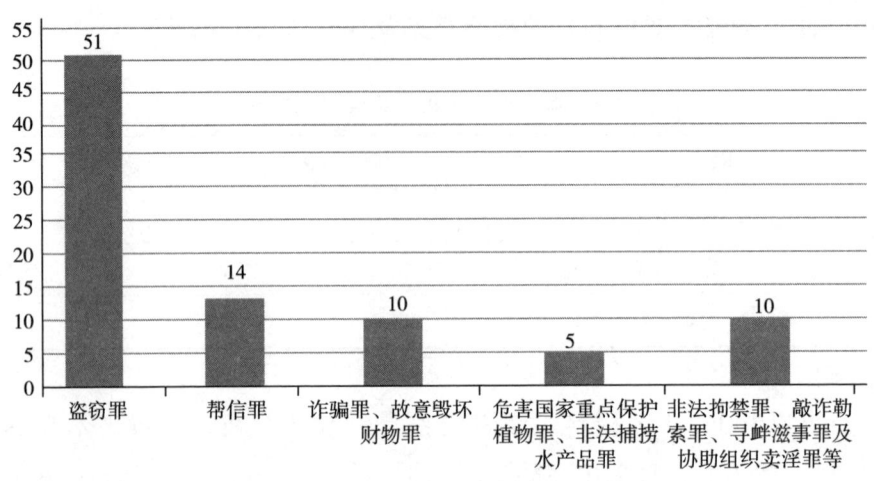

图1 J区检察院检察意见和检察建议所涉罪名分布

从行政主管机关回复情况看，有关行政主管机关回复采纳并作出行政处罚的74件，占83.15%；有关行政主管机关采纳但因客观原因尚未作出行政处罚案件为6件，占比6.74%，主要原因系被不起诉人失去联系或身处异地暂无法接受调查；另有尚在回复期内的案件9件，占比10.11%。

此外，J区检察院在办案中发现，大部分具有行政处罚权限的行政机关认为，除《道路交通安全法》第91条规定危险驾驶罪需要行刑双罚外，其他涉嫌犯罪的行政案件，需要检察机关制发检察意见才对被不起诉人予以行政处罚。

二、行刑反向衔接检察监督存在的问题及原因

（一）行刑反向衔接理念不强

长期以来，为了有效打击犯罪，行政主管机关、司法机关普遍重视行政执法向刑事司法的正向衔接，加之反向衔接有关法律法规

规定尚不明确，导致实践中行政执法人员尤其是司法人员反向衔接理念不强。实践中，有的行政主管部门将涉嫌犯罪的人员移送司法机关后，若司法机关没有追究行为人刑事责任，则该部门对后续是否应给予行政处罚往往不太关注。个别检察机关在作出不起诉处理决定后，因种种原因，将被不起诉人移交行政主管机关行政处罚的积极性不高。另外，在最高检《意见》出台前，对于应否将此类案件移交有关行政主管机关给予行政处罚，相关规定操作性不强，且检察机关重视程度不够，有时将给予被不起诉人行政处罚当成"额外"的工作，未能常态化移送行政处罚案件。如某副省级城市近3年来检察机关作出不起诉决定后移送行政处罚的案件占比不到10%。

（二）"需要给予行政处罚"的移送标准难以准确把握

根据刑事诉讼法有关规定，检察机关作出的不起诉决定包括法定不起诉、酌定不起诉、存疑不起诉和未成年人特别程序中附条件不起诉考验期满后作出的不起诉决定等。上述不起诉决定作出后是否需要给予行政处罚，主要分歧集中在存疑不起诉和附条件生效后的不起诉案件。在存疑不起诉案件中，有观点认为，存疑不起诉并非终局性处理，在刑案未了之前就给予行政处罚有违刑事优先原则。[①] 在附条件生效后的不起诉案件中，对作为未成年人的被不起诉人作行政处罚，是否会与"教育、感化、挽救"方针相悖，实践中亦有争议。

（三）内外部移送缺乏明确规定

在最高检《意见》印发后，反向衔接工作由行政检察部门牵头

---

① 林丹、毛静妮：《存疑不起诉仍需同步审查行政处罚必要性》，载《检察日报》2022年12月6日，第7版。

负责，但检察机关尚未建立统一规范运行的内外部移送工作机制。一方面，刑事检察部门内部移送不起诉案件，移送的案件材料范围不明确。另一方面，行政检察部门外部移送行政处罚案件，需要向有关行政主管机关移送不起诉决定书和检察意见书，应否附相关证据材料，刑事诉讼中收集的证据如何转化为行政处罚的证据等，也没有相应的细则规定。

（四）对有关行政主管机关后续行政案件处理开展行政违法行为监督存在障碍

检察机关向有关行政主管机关制发检察意见后，行政机关可能存在"处罚并回复、处罚不回复、不处罚但回复、不处罚不回复"情形，为确保行刑反向衔接取得实质性成效，检察机关应开展后续行政违法行为跟踪监督，但实践中，具体的操作标准和程序并不明确。

三、行刑反向衔接检察监督的法理基础

（一）依法治国理念

我国早已在1999年3月15日通过的《宪法》的第三个修正案中，将"依法治国"正式写入宪法。但长期以来，我国侧重于行刑正向衔接，忽视了刑事司法向行政执法的反向衔接，这有其特定的社会主义市场经济犯罪打击需求的背景。

2021年1月22日，行政处罚法全面修订，明确规定行刑反向衔接的要求。行刑反向衔接上升至法律规定，正是依法治国理念的体现。违反行政管理秩序的行为免受刑事责任追究时，国家仍然需要依照行政法律规范追究违法行为人的行政责任，否则行政法律规范将流于形式，丧失法治公信力。检察机关通过检察监督促进行刑

反向衔接，要立足于依法治国理念，全面审查违法行为人是否违反行政管理秩序以及是否需要追究行政责任。

（二）"不让违法者获益"原则

胡建淼将"不让违法者获益"原则表述为：在理性社会中，行为人实施的各种谋利活动，包括物质利益和非物质利益都需符合社会价值标准，且不违反社会共同认可的公正标准和良法时，行为人可以获益，否则不应该获取利益，即违法者不应获得物质或非物质的利益，这是法治正义性的基本要求。①

正如胡建淼指出的那样，这里的利益不仅包括物质利益，也包括心理、情感、观感、自由等非物质利益。尽管在非谋利活动中，行为人违反行政管理秩序的动因并非获取利益，但其因违法行为中逃脱行政处罚时，意味着其个人声誉、人身自由和财产等利益均未得到减损，其也无须承担行政处罚附加的额外义务，实质上系无成本的违反行政管理秩序，与从违法行为中获益并无本质区别。若违法行为人因同一违反行政管理秩序的行为免受刑罚处罚，不追究其相应的行政责任时，极易导致其从违反行政管理秩序等违法行为中获益。

因此，"不让违法者获益"系行刑反向衔接应当遵守的法律原则，亦是检察机关通过检察监督促进行刑反向衔接的法律原则，检察机关在判断是否需要行刑反向衔接时，应当遵循"不让违法者获益"原则，结合具体案件事实作出处理意见。

（三）权力分立与制衡理论

反向衔接工作中，检察机关通过检察监督促进刑事司法权转向行政执法权运行，系行使法律监督权的体现，其法理基础在于权力

---

① 胡建淼主编：《法律原则研究》，中国社会科学出版社2021年版。

分立与制衡。我国宪法制度框架内实行"权力机关之下分权—并行权力制约—专门法律监督—权力运作的均衡"①，对行刑反向衔接进行检察监督是必然的选择，有利于促进行政权的依法行使，以及统一正确实施国家法律。

在行刑反向衔接中，检察机关行使刑事司法权，行政机关行使行政执法权，检察机关同时还具有宪法规定的法律监督职能。行刑反向衔接线索系于检察机关依法履行审查起诉等刑事诉讼职责中发现，检察机关不仅应当依照《刑事诉讼法》第177条之规定通过检察意见的方式促进行刑反向衔接，还应当跟进后续行政执法情况，发现行政执法违反法律规定的，应当制发检察建议督促其纠正，通过检察意见和检察建议进一步有效衔接刑事司法和行政执法，督促行政机关依法行使职权，系权力分立与制衡的内在要求。

四、行刑反向衔接检察监督意见制发规则及机制构建

检察机关作为我国宪法规定的法律监督机关，其定位属性具有浓重的宪制色彩。法律监督首先是作为一个宪法层面的概念来表述，具体到实践中，则被称为检察监督。故对行刑反向衔接进行检察监督，本质上是对行刑反向衔接活动进行法律监督。然而长期以来，检察意见被视为无法律监督属性的工作提示，既弱化了其检察权职能，也忽视了其法律监督属性，因此，有必要厘清检察意见的法律监督属性。

（一）检察意见法律监督属性的厘清

实践中有些观点认为，根据《人民检察院组织法》第20条、第21条规定，检察监督的方式为提出抗诉、纠正意见和检察建议。

---

① 傅国云：《行政检察监督研究：从历史变迁到制度架构》，法律出版社2014年版。

从《刑事诉讼法》第 177 条对检察意见的规定来看，检察机关似仅针对需要给予行政处罚、处分、没收违法所得等事项提出工作提示和看法，并不涉及对行政机关违法行使职权或不行使职权的监督，因此，检察意见不具有法律监督属性。本文认为，给予被不起诉人行政处罚的检察意见具有法律监督属性，上述观点系对法律规定的误读。理由如下：

首先，检察意见具有检察权特征。《人民检察院组织法》第 20 条以"列举+兜底"的方式规定了检察机关的职权范围，其中，第 8 项明确规定了检察机关的职权还包括法律规定的其他职权，这里的法律当然包括刑事诉讼法，因此刑事诉讼法规定的检察意见属于检察机关应当行使职权的范畴，并非仅仅是工作提示，有关行政主管机关也有通知检察机关后续行政处理情况的法律义务。

其次，检察意见具有衔接刑事法律规范与行政法律规范、督促行政机关依法实施行政法律规范的作用，系法律监督在法规范衔接等应然层面的属性体现。统一正确的法律实施应当包括不同法规范的衔接运行，《行政处罚法》第 27 条明文规定违反行政管理秩序的行为人被免予追究刑事责任后，依法应当给予行政处罚的，司法机关应当及时将案件移送行政机关，系行政处罚程序基本法律对行刑反向衔接的明文规定，该条规定的司法机关包括侦查机关、检察机关和审判机关，具有行刑反向衔接领域原则性规定意涵。而《刑事诉讼法》第 177 条第 3 款，则属于特别针对检察机关提出检察意见促进行刑反向衔接的方式性规定。但上述两部法律均将是否实质启动行政处理程序的权力赋予了行政机关，且并未规定相应的法律后果，由此存在行政法律规范未能与刑事法律规范衔接进而统一正确实施的隐患。因此，检察机关提出给予被不起诉人行政处罚的检察意见，旨在督促行政机关根据相关行政法律规范追究被不起诉人的行政责任，防止行政机关肆意滥用裁量权不对被不起诉人予以行政处理，起着衔接行政处罚法和刑事诉讼法以统一正确实施的作用，系法律监督在法规范衔接等应然层面的属性体现。

最后，检察意见具有参与社会治理的作用，是法律监督在法规范实施等实然层面的属性体现。2019年《人民检察院检察建议工作规定》第2条明确规定，检察建议是人民检察院依法履行法律监督职责，参与社会治理，维护司法公正，促进依法行政，预防和减少违法犯罪，保护国家利益和社会公共利益，维护个人和组织合法权益，保障法律统一正确实施的重要方式。该条不仅明确检察建议系检察机关开展法律监督的方式，亦明确其包括参与社会治理的功能。我国经济社会发展进入新时代后，法律服务保障社会治理的功能得到空前广泛的关注和重视，本质上是强调回归法律对社会生活秩序、人的行为进行有序调整的法价值追求，法律监督作为法律运行和实施的重要保障，亦概莫能外。

根据2019年《人民检察院检察建议工作规定》第11条第5项以及第12条之规定，需要给予涉案人员行政处罚等事项属于社会治理范畴，对该类事项制发的检察建议，具有监督法规范得到统一遵守和实施的作用。具体到不起诉刑事案件中，需要给予被不起诉人行政处罚的，《刑事诉讼法》第177条第3款特别规定检察机关制发检察意见。虽未规定为检察建议，但仅是立法用语之不同，加之检察意见亦在检察权行使范围内，因此，检察意见与社会治理检察建议亦存在共通性。

综上所述，在行刑反向衔接中，检察意见并非单纯的工作提示，而是一种具有法律监督属性的检察监督方式。唯有明确这一点，才能将后续行政案件处理纳入法律监督视野，有机联结刑事检察与后续行政检察职责。

（二）检察意见制发规则

检察机关在具体开展行刑反向衔接工作中，是否需要提出给予被不起诉人行政处罚的检察意见，需要明确检察意见的适用规则。本文认为，应明确以下几个方面。

第一，检察意见原则上适用于被不起诉人被审查起诉的同一违反行政管理秩序的行为。基于职权法定原则，检察机关制发检察意见，须严格遵守《刑事诉讼法》第177条第3款之规定，即只能针对被不起诉人实施的同一个涉嫌构成犯罪的违反行政管理秩序行为。对于被不起诉人存在与案件相关的违法行为但未进入刑事司法程序的，检察机关能否制发检察意见，实践中存在不同认识。

第二，检察意见只涉及应否给予行政处罚的判断，而不涉及具体处罚种类、幅度的判断。基于检察权的谦抑性，以及尊重行政首次判断权的需要，检察机关不应提出给予被不起诉人具体行政处罚种类、幅度的意见。检察意见作为一种启动行政执法的程序性检察监督方式，其作用在于衔接刑事司法与行政执法，并不必然导致被不起诉人受到具体的行政处罚。被不起诉人应受何种行政处罚，属于行政权运行范畴。

第三，对受过刑事羁押的被不起诉人，行政机关仍然需要依法对其作出行政拘留等行政处罚决定。被不起诉人虽免予刑罚处罚，但其受到过刑事拘留或逮捕羁押的，在其违法行为符合行政拘留等处罚情形时，检察机关是否需要提出检察意见，实践中存有争议。结合公安部《关于刑事拘留时间可否折抵行政拘留时间问题的批复》的规定①，本文认为，被不起诉人受到行政处罚的影响，既包

---

① 公安部于2004年3月4日就安徽省公安厅关于刑事拘留时间已超过治安拘留期限不再给予治安拘留处罚有关问题的请示作出批复（公复字[2004]1号）：如果行为人依法被刑事拘留的行为与依法被行政拘留的行为系同一行为，公安机关在依法对其裁决行政拘留时，应当将其刑事拘留的时间折抵行政拘留时间。如果行为人依法被刑事拘留的时间已超过依法被裁决的行政拘留时间的，则其行政拘留不再执行，但必须将行政拘留裁决书送达被处罚人。

括执行行政处罚决定带来的实体权利义务的影响，也包括行政处罚决定书本身对其法律地位、后续同类涉嫌犯罪行为逮捕及入罪、量刑标准判断带来的影响。若被不起诉人因受刑事羁押而不对其作出行政拘留等处罚决定，在法律地位方面，将导致其免受行政法上的不利评价，无助于防止其再次实施同类违法行为。而在逮捕标准方面，是否作出行政拘留等处罚决定，则直接关乎行为人对后续实施同类违法行为被短期剥夺人身自由权等风险预判；入罪标准方面则主要涉及部分罪名，包括入罪数额标准降低50%的罪名①，降低入罪条件即只要因实施同种行为受过行政处罚，再实施类似行为即可入罪的罪名②，以及降低其他入罪条件的罪名③；量刑标准主要涉及

---

① 盗窃罪（一年内因盗窃被行政处罚一次以上）、抢夺罪（因抢夺或哄抢一年内被行政处罚一次以上）、敲诈勒索罪（一年内因敲诈勒索被行政处罚一次以上）、开设赌场罪（两年内因开设赌场被行政处罚一次以上）、非法经营罪（非法生产、销售食盐被行政处罚两次以上）。

② 诽谤罪（因诽谤被行政处罚两次以上），容留他人吸毒罪（因容留他人吸毒被行政处罚一次以上），非法种植毒品原植物罪（因非法种植毒品原植物受过一次以上行政处罚），虚报注册资本罪（两年内因虚报注册资本被行政处罚两次以上），虚假出资、抽逃出资罪（两年内因虚假出资、抽逃出资被行政处罚两次以上），虚假广告罪（两年内因虚假广告被行政处罚两次以上），非法经营罪（两年内因下列行为被行政处罚两次以上：非法销售或以销售为目的储存、运输烟花、爆竹，生产、销售"伪基站"，非法生产的、销售赌博机，生产、销售食盐，出版、印刷、复制、发行非法出版物，非法从事出版物的出版、印刷、复制、发行业务，非法经营国际电信业务或涉港澳台电信业务，从事其他非法经营活动），串通投标罪（两年内因串通投标被行政处罚两次以上），提供虚假证明文件罪（2年内因提供虚假证明文件被行政处罚两次以上），虚开增值税专用发票罪（5年内因虚开增值税专用发票被行政处罚两次以上），虚开发票罪（5年内因虚开发票被行政处罚两次以上），非法转让、倒卖土地使用权罪（因非法转让、倒卖土地使用权被行政处罚一次以上）。

③ 逃税罪（5年内因逃税被行政处罚2次以上，又逃税5万元以上，且占各税种应纳税总额10%以上）、寻衅滋事罪（因婚变、家庭、邻里、债务等纠纷，实施殴打、辱骂、恐吓或损毁、占用他人财物的行为，经有关部门批评制止或处理处罚后，继续实施前列行为，破坏社会秩序的）。

对后续同类违法犯罪行为人从重处罚①、直接符合法定刑升格条件②、认定为重点打击对象③，主要包括危险驾驶罪，生产、销售不符合安全标准的食品罪，生产、销售有毒、有害食品罪，开设赌场罪，非法经营罪。因此，若将刑事羁押作为行政拘留等处罚决定作出的阻却事由，将导致被不起诉人因上述影响的消灭而获益，违反"不让违法者获益"的基本法律原则，检察机关应当制发检察意见。

第四，无论何种类型的不起诉决定案件，只要涉嫌犯罪行为同时违反行政管理秩序，检察机关均有审查是否提出给予被不起诉人行政处罚检察意见的必要。检察机关的不起诉决定主要分为法定不起诉、酌定不起诉、存疑不起诉、附条件成就后的不起诉等类型。对于法定不起诉和酌定不起诉案件，被不起诉人违反行政管理秩序应受行政处罚的，检察机关制发检察意见，争议不大，但对于存疑不起诉和附条件成就后的不起诉案件，则不无争议。

笔者认为，对于存疑不起诉案件，基于行政案件与刑事案件对证据标准的要求不同，不能当然排除根据行政案件证据标准来认定被不起诉人违反行政管理秩序的证据，也就无法排除被不起诉人应受行政处罚的可能性，检察机关仍然有必要审查其是否应受行政处罚。虽然法律规定对存疑不起诉的案件，检察机关可以依据后续出现的新证据提起公诉，意味着司法机关实质未对案件作出终局性处理，但后续公诉只是出于打击犯罪的实体权利保护要求，并不意味

---

① 危险驾驶罪，如果曾经因为酒后驾驶机动车被行政处罚，再实施危险驾驶行为应当对其从重处罚。

② 受过行政处罚为法定刑升格条件。即因为类似行为曾经被行政处罚，再实施此类行为的，法定刑予以升格处罚，包括生产、销售不符合安全标准的食品罪，生产、销售有毒、有害食品罪，开设赌场罪。

③ 受过行政处罚后又实施类似行为的属于重点打击对象，对于曾经因为非法生产、销售、使用"伪基站"被予以行政处罚或刑罚处罚，再次实施生产、销售、使用"伪基站"设备的犯罪分子，应当作为打击重点并且予以严惩。

着存疑不起诉案件可因无新证据就能无限期处于程序上未结案状态，否则将导致司法资源的浪费和公信力受损。在后续公诉之前及时依法作出行政处罚决定，有利于恢复行政管理秩序，其与后续公诉后的刑罚处罚只存在同类责任上的竞合抵扣，不同类责任仍然应当并行不悖。

对于附条件成就后的不起诉决定案件，刑法规定的对未成年人的考验期，是为了给予未成年人免受刑事责任追究的机会，并不意味着其行政责任的免除。只有未成年人不满14周岁，才能不受行政处罚，除此之外，未成年人不应因其责任年龄问题免受行政处罚。对附条件成就后被作出不起诉决定的未成年人依法给予行政处罚，有利于使其全面认识其行为既存在行政违法又存在刑事不法，进而促进其全面遵守行政管理法律法规，实质达到教育挽救的目的，且相较于刑罚处罚，行政处罚对未成年人的成长道路并无实质性影响。

第五，制发检察意见应当以行政处罚法及具体行政实体法为依据，并同时审查是否存在行政处罚阻却情形。被不起诉人实施违反行政管理秩序的行为，是否应受行政处罚，取决于相应的行政实体法的具体规定，处罚程序上应遵循行政处罚法规定的基本原则和要求。除依法应当予以行政处罚的情形外，检察机关应当着重审查行政处罚时效以及是否存在不予处罚的事由。时效方面，由于行政处罚时效与刑事犯罪追诉时效不同，检察机关应当以违法行为实施后在法定期限内是否被行政执法机关发现或掌握相应的线索，具体期限取决于法律的规定，如治安管理行为处罚时效为6个月，其他一般案件为2年，特殊案件为5年；不予处罚事由方面，除责任承担年龄之外，主要审查在案证据是否能够证实被不起诉人不存在主观过错，若证据确实、充分，检察机关不应制发检察意见。

第六，制发检察意见应当以被不起诉人未因同一违法行为受到行政处罚为前提,但行政机关为维护公共利益对被不起诉人作出的不足以完全惩戒违法行为的临时性行政处罚除外。基于刑事优先及对公民基本权利提供最大范围的司法保护需要,原则上检察机关未作出不起诉决定之前,行政机关不宜对被不起诉人作出涉及经营及工作等权利的行为罚,若行政机关已作出行政处罚决定,检察机关不应制发检察意见。但实践中,为了保护公共利益和他人权益,行政机关可以在移送刑事案件之前先作出临时性行为罚和申诫罚,如警告、通报批评、责令停产停业、暂扣许可证、暂扣执照等行政处罚决定,等待司法结论出来后,再作出是否吊销许可证和执照等最终行政处罚决定。① 同理,若检察机关经审查在案证据,能够证明行政机关作出的上述临时性行为罚和申诫罚系为了防止公共利益和他人权益损失持续扩大,且已作出的行政处罚决定依法不能够完全评价和惩戒违法行为的,应当依法提出给予被不起诉人最终行政处罚的检察意见。

(三) 检察建议制发规则

检察机关提出给予被不起诉人行政处罚的检察意见,主要是启动行刑反向衔接程序,督促行政机关依法追究被不起诉人的行政责任。但实践中行政机关存在无正当理由不采纳检察意见,或名为采纳检察意见实为违法行政的可能。根据《中共中央关于加强新时代检察机关法律监督工作的意见》第 10 点②要求,以及《人民检察院

---

① 杨科雄:《行政责任与刑事责任竞合的处理》,载《人民司法·应用》2014年第 9 期。

② 《中共中央关于加强新时代检察机关法律监督工作的意见》第 10 点:"在履行法律监督职责中发现行政机关违法行使职权或者不行使职权的,可以依照法律规定制发检察建议等督促其纠正;在履行法律监督职责中开展行政争议实质性化解工作,促进案结事了。"

检察建议工作规定》第 9 条第 5 项①之规定，检察机关应当对行政机关的后续行政案件处理开展行政违法行为监督，制发检察建议督促其纠正。本文认为，后续行政违法行为监督检察建议应当遵循以下规则。

第一，行政机关收到检察意见书之日起 2 个月内，经检察机关后续跟进督促，无正当理由对被不起诉人不予行政立案的，或对已在行政执法程序先行行政立案但未恢复行政处理的，构成不履行法定职责，检察机关应当制发检察建议督促其纠正。在行刑反向衔接案件中，由于法律规定行为人违反行政管理秩序涉嫌犯罪的，行政机关应当及时移送刑事司法机关处理，由此就在程序上终结②或中止③了行政案件的处理。检察机关作出不起诉决定后，意味着行政机关移送的刑事案件已经有了司法定论，被不起诉人依法应受行政处罚的，行政机关应当自收到不起诉决定书之日起启动或恢复行政案件的处理。尤其检察机关提出给予被不起诉人行政处罚的检察意见后，说明行政案件应否启动或恢复已进入法律监督视野，行政机关不启动或恢复的，应当有充足的正当事由并符合法律规定，否则应认定其构成不履行法定职责。至于履行法定职责期间如何确定，本文认为，在无法律、法规、规章特别规定的情况下，结合行政管

---

① 《人民检察院检察建议工作规定》第 9 条第 5 项："检察院在履行对诉讼活动的法律监督职责中发现有关执法、司法机关具有下列情形之一的，可以向有关执法、司法机关提出纠正违法检察建议：……（五）诉讼活动中其他需要以检察建议形式纠正违法的情形。"

② 《行政处罚法》第 57 条第 1 款第 4 项："（四）违法行为涉嫌犯罪的，移送司法机关。"

③ 《公安机关办理行政案件程序规定》第 172 条第 1 款第 5 项："公安机关根据行政案件的不同情况分别作出下列处理决定：……（五）违法行为涉嫌构成犯罪的，转为刑事案件办理或者移送有权处理的主管机关、部门办理，无需撤销行政案件。公安机关已经作出行政处理决定的，应当附卷。"

理效率需求，应参照《行政诉讼法》第47条①之规定，确定行刑反向衔接下行政案件启动或恢复处理的期限为2个月，且应以行政机关收到检察意见书之日起计算履责期限。但需注意，检察机关在制发检察建议之前，应当积极跟进督促行政机关启动或恢复行政案件处理，确保检察建议的制发确有必要。

第二，行政机关对被不起诉人予以行政立案或恢复行政案件处理后，经检察机关后续跟进督促，无正当理由在法定期限内不作出行政处罚等行政处理决定的，构成不履行法定职责。行政机关虽然采纳检察建议对被不起人予以行政立案或恢复行政案件处理，但其迟迟未在法定期限内作出行政处罚或其他行政处理决定，亦属不履行法定职责情形。对此，检察机关经后续跟进督促，行政机关在法定期限内仍未作出行政处罚等行政处理决定，且无正当理由的，检察机关应当制发检察建议督促其纠正。

第三，行政机关对后续行政案件的处理决定存在违法情形，且行政案件利害关系人未在法定期限内提起行政诉讼，或行政案件利害关系人申请检察监督的，检察机关应当制发检察建议督促其纠正。行政机关对后续行政案件作出行政处罚等行政处理决定后，检察机关应当审查其是否符合法律规定，如审查行政处理决定是否存在可撤销、确认违法、无效等情形。需要注意的是，行政案件处理决定存在前述情形的，基于检察权的谦抑性，检察机关并不宜直接制发检察建议督促其纠正，还需等待行政处理决定的诉讼争议期间

---

① 《行政诉讼法》第47条："公民、法人或者其他组织申请行政机关履行保护其人身权、财产权等合法权益的法定职责，行政机关在接到申请之日起两个月内不履行的，公民、法人或者其他组织可以向人民法院提起诉讼。法律、法规对行政机关履行职责的期限另有规定的，从其规定。公民、法人或者其他组织在紧急情况下请求行政机关履行保护其人身权、财产权等合法权益的法定职责，行政机关不履行的，提起诉讼不受前款规定期限的限制。"

届满，且无利害关系人诉诸审判，否则将不当侵犯行政案件利害关系人的司法救济权，越界司法审判权。当然，若特殊情况下，行政案件利害关系人申请检察监督，选择法律监督途径解决，检察机关可以制发检察建议督促行政机关纠正。

第四，行政机关后续行政处罚决定合法，但未依法强制执行或申请执行的，或执行行为违反法律规定的，检察机关应当制发检察建议督促其纠正。为有效实现行刑反向衔接，检察机关还应对合法的行政处罚决定执行情况进行后续跟进审查。对无强制执行权的行政机关，行政相对人不履行行政处罚决定，经检察机关后续跟进督促，行政机关未在法定期限内申请人民法院强制执行的，或在申请强制执行过程中存在违法催告等情形的，应当制发检察建议督促其纠正；对有强制执行权的行政机关，检察机关应当积极跟进行政机关后续催告履行情况，经督促，行政机关仍未强制执行，检察机关应当制发检察建议督促其纠正。

（四）工作机制构建

最高检《意见》将行刑反向衔接工作统一规定由行政检察部门牵头负责，但该意见并未对具体的工作机制进行明确。为促进行刑反向衔接检察监督工作取得实质成效，需要构建相应的工作机制予以保障落实，补齐制度供给不足的短板。

1. 构建刑事不起诉案件移送机制

第一，提出初查意见。刑事检察部门对移送范围内的刑事案件，应当单独制作移送提出检察意见初步审查报告，就被不起诉人是否违反行政管理秩序以及应否受到行政处罚，提出初步审查意见，并摘录相应证据材料。

第二，明确移送材料。刑事检察部门提出移送初查意见后，各地检察机关可根据实际情况，确定需要移送行政检察部门审查的证据材料和相应卷宗。

2. 建立重大疑难复杂案件提前会商介入机制

对于社会影响较大、法律关系复杂、涉企合规等案件,刑事检察部门在作出不起诉决定前,可商行政检察部门介入审查犯罪嫌疑人所实施违反行政管理秩序的行为。行政检察部门经审查认为出于维护公共利益等需要,有关行政主管机关应当先行作出行政处罚而未作出的,应当及时制发纠正违法的检察建议督促其纠正,除此之外,应当等待刑事检察部门作出不起诉决定后依法制发检察意见,督促有关行政执法机关给予被不起诉人行政处罚。

3. 建立后续行政违法行为监督府检联动机制

行政处罚法和刑事诉讼法等法律对行刑衔接仍然只有原则性规定,各行政执法机关、司法机关内部、有关机关之间分别制定或共同会签的实施细则性质的文件是现行条件下不错的路径选择。[①] 检察机关与政府相关部门会签行刑反向衔接的工作文件,有助于形成府检良性互动,为检察意见落地落实以及后续行政违法行为监督打通制度上的壁垒。

(责任编辑:冯孝科)

---

① 鲁建武:《行刑双向衔接机制的推进与完善》,载《人民检察》2022 年第 9 期。

大数据赋能行政检察

行政强制隔离戒毒检察监督制度的构建与完善

周合星[*] 张珊珊[**]

禁毒是全社会的共同责任。当前，我国的禁毒工作实行政府统一领导，有关部门各负其责，社会广泛参与的工作机制。戒毒工作采取自愿戒毒、社区戒毒、强制隔离戒毒和社区康复等多种措施。其中，强制隔离戒毒是限制公民人身自由的行政强制措施。党的十八届四中全会《关于全面推进依法治国若干重大问题的决定》提出，"完善对涉及公民人身、财产权益的行政强制措施实行司法监督制度"。完善对强制隔离戒毒活动的司法监督制度，不仅有助于促进严格规范公正文明执法，切实维护公民的合法权益和戒治秩序，也是全面推进依法治国的应有之义。鉴于此，本文以行政强制隔离戒毒检察监督为主线展开探讨，以回答行政强制隔离戒毒检察

---

[*] 江苏省泰州市人民检察院党组书记、检察长，原江苏省人民检察院第六检察部主任。

[**] 江苏省人民检察院第六检察部检察官助理。

监督以何种方式、何种尺度开展才算是行之有效等问题。

一、强制隔离戒毒制度现状及存在问题

(一) 国外强制隔离戒毒制度概述

毒品问题是一个复杂的社会问题，毒品滥用是全世界的痼疾，许多国家和地区都十分重视并致力于加强戒毒方面的立法。虽然各国法律体系和风土人情不同，但采用强制隔离的方式对吸毒成瘾人员进行戒毒一度被公认为比较可行的方法。各国不同时期的政策，也反映出不同时期国家和社会对毒品和吸毒行为斗争的艰难复杂性。正如美国法官霍姆斯所言："法律是一面魔镜，从这面镜子里，我们不仅能看到我们自己的生活，而且能看到我们前人的生活。对法律的理性研究，在很大程度上，是对历史的研究。"①

以美国为例，美国惯以"公共安全观点"或"公共卫生观点"将成瘾者划分为"犯人"或"病人"，然而，高复吸率证明单纯采取刑罚措施或者医疗戒治手段不足以遏制毒品滥用与再犯问题。面对禁毒困境，美国建立了毒品法庭制度。毒品法庭在坚持强制性戒毒司法化的同时，引入"治疗式司法"理念，由法官带领多学科交叉的专业团队，整合司法、医疗、心理、社区等多方资源，对成瘾者实施个别化处遇措施，注重对成瘾者社会关系的修复，帮助成瘾者戒除毒瘾并回归社会。从本质上讲，毒品法庭是刑事司法的一种专项制度。一般而言，毒品法庭的运行程序可分为三个阶段，即筛选阶段、戒治与监控阶段、离开阶段。② 吸毒犯罪人员经批准可参

---

① ［美］伯纳德·施瓦茨：《美国法律史》，王军等译，法律出版社2011年版，第4页。
② 宋英辉、李瑾：《美国毒品法庭的透视与思考》，载《兰州学刊》2015年第12期。

加毒品法庭戒毒项目，由法庭评估、筛选可进入该程序的成瘾者，被告人律师、家属或检察官等可以向毒品法庭举荐候选人；戒治过程中，由专业戒治人员和司法人员组成治疗团队，法官综合戒治情况作出相应决定；成功戒治的参与者可获得减免刑罚，反之，则可能被恢复审判程序等。1989年，美国佛罗里达州创设了第一个毒品法庭，实践证明，毒品法庭不仅可以有效降低复吸率、修复家庭及社会关系，而且有利于节省司法成本，毒品法庭现已遍布美国各州。当前，澳大利亚等国家也采用毒品法庭制度。

其他国家和地区的许多有益做法或许能提供一些参考、经验，但如何完善我国的强制隔离戒毒制度，需要结合我国的具体实际，正如达玛什卡说的："改革的成败主要取决于新规则与某一特定国家管理模式所根植于其中的文化和制度背景的兼容性。因此，策划一场程序改革就像策划一场音乐会。法律规则好像是一个个音符，尽管它们当中的每一个都可能具有内在的艺术价值，但是这并不能保证一场音乐会的成功。完备的乐器、娴熟的演奏者以及音乐类型对听众的吸引力也是同等重要的必备条件。"[①]

（二）国内强制隔离戒毒制度发展历程

纵观我国强制隔离戒毒制度的发展历程，主要以禁毒法实施和劳动教养制度废止为分水岭，大致可分为三个阶段：

一是2008年禁毒法实施以前。根据1990年《全国人民代表大会常务委员会关于禁毒的决定》制定的1995年《强制戒毒办法》规定，"强制戒毒工作由公安机关主管"，强制戒毒所的设置"由县级以上人民政府公安机关提出方案"，对戒毒人员实施强制戒毒"由县级人

[①] ［美］米尔伊安·R.达玛什卡：《司法和国家权力的多种面孔——比较视野中的法律程序》，郑戈译，中国政法大学出版社2004年版，序言。

民政府公安机关决定","强制戒毒期限为 3 个月至 6 个月",对延长强制戒毒期限的戒毒人员"实际执行的强制戒毒期限连续计算不超过一年"。这个阶段,公安机关负责的强制戒毒和司法行政机关负责的劳动教养戒毒并存。强制戒毒所除对戒毒人员进行药物治疗、心理治疗和法治教育、道德教育外,可以组织戒毒人员参加适度的劳动。戒毒人员在强制戒毒期间的生活费和治疗费由本人或其家属承担。当时的戒毒制度注重生理脱毒。1979 年《国务院关于劳动教养的补充规定》明确,"人民检察院对劳动教养机关的活动实行监督";1982 年《劳动教养试行办法》规定,"劳动教养机关的活动,接受人民检察院的监督";1992 年《劳动教养管理工作执法细则》规定,"劳动教养机关的执法活动,受人民检察院的监督"。

二是禁毒法于 2008 年 6 月 1 日实施以后至 2013 年劳动教养制度废止以前。禁毒法规定,对吸毒成瘾人员的强制隔离戒毒决定由"县级以上人民政府公安机关作出","对被决定予以强制隔离戒毒的人员,由作出决定的公安机关送强制隔离戒毒场所执行","强制隔离戒毒场所的设置、管理体制和经费保障,由国务院规定","强制隔离戒毒的期限为二年","强制隔离戒毒的期限最长可以延长一年";2011 年《戒毒条例》规定,"被强制隔离戒毒的人员在公安机关的强制隔离戒毒场所执行强制隔离戒毒 3 个月至 6 个月后,转至司法行政部门的强制隔离戒毒场所继续执行强制隔离戒毒",即强制隔离戒毒决定由公安机关作出,强制隔离戒毒执行由公安机关和司法行政机关分段负责。原强制戒毒和劳动教养戒毒统一改革为强制隔离戒毒,司法行政机关的部分劳教所同时承担强制隔离戒毒的职能。自此,我国的戒毒工作不仅重视生理脱毒,也注重戒毒人员的身心康复和回归社会后续,如禁毒法规定的"强制隔离戒毒场所应当根据戒毒人员吸食、注射毒品的种类及成瘾程度等,对戒毒人员进行有针对性的生理、心理治疗和身体康复训练"。2008 年《人民检察院劳教检察办法》明确了人民检察院劳教检察的6项职责，为检察机关对劳动教养场所实施法律监督提供了依据和遵循，检察机关在各劳教场所设置驻所检察室，在维护劳教人员合法权益、促进劳教场所监管秩序稳定等方面发挥了积极作用。

三是2013年12月劳动教养制度废止至今。劳动教养制度废止后，原劳动教养场所职能由原来的劳动教养和强制隔离戒毒双重职能，转型为执行强制隔离戒毒的单一职能，各地检察机关驻劳教所的检察官办公室先后撤离。根据公安部发布的数据统计，2013年至2022年，全国共查获吸毒人员679万人次，决定强制隔离戒毒243.3万人次，责令社区戒毒社区康复217.4万人次。

（三）目前强制隔离戒毒制度存在的问题

我国禁毒法已施行15年，对于规范戒毒工作、帮助吸毒成瘾人员戒除毒瘾、保护公民身心健康、维护社会秩序等有着积极的现实意义和深远的历史意义，但依然存在有待完善之处。

1. 配套机制不完善

禁毒法和《戒毒条例》均对强制隔离戒毒人员的权益作出明确、详细规定，如禁毒法规定的"强制隔离戒毒场所管理人员不得体罚、虐待或者侮辱戒毒人员"，但对于如何接受司法监督、如何加强对公权力的制约，相关法律法规尚无具体规定，客观上造成强制隔离戒毒工作存在监督盲区、司法实践中的操作不尽相同等现象。又如根据禁毒法规定，"执行强制隔离戒毒一年后，经诊断评估，对于戒毒情况良好的戒毒人员，强制隔离戒毒场所可以提出提前解除强制隔离戒毒的意见，报强制隔离戒毒的决定机关批准"，实际工作中出现不少原批准机关由于各种原因批准不及时的现象；根据《戒毒条例》规定，"刑罚执行完毕时、解除强制性教育措施时或者释放时强制隔离戒毒尚未期满的，继续执行强制隔离戒毒"，但实践过程中，存在着因各种原因进而导致沟通配合衔接不畅的情况。

2. 治疗色彩不浓厚

随着劳动教养制度的废止，各地司法行政机关已经转变工作职能，设立戒毒管理局，原劳动教养场所绝大多数已转为行政强制隔离戒毒场所，原劳教场所的职能、任务、管理对象等都发生了改变。强制隔离制度是一种行政强制措施，而非行政处罚，从性质上看，更类似于强制医疗，而非劳动教养。戒毒工作属于专业性很强的工作，戒毒工作的顺利有效开展对专业化、科学化的治疗水平要求极高，治疗水平关乎戒毒效果，强制隔离戒毒不仅要注重生理治疗，同样需要注重心理治疗。我国《戒毒条例》规定，"强制隔离戒毒场所应当配备设施设备及必要的管理人员，依法为强制隔离戒毒人员提供科学规范的戒毒治疗、心理治疗、身体康复训练和卫生、道德、法制教育，开展职业技能培训"，但在落实过程中还存在一定阻力。行政强制隔离戒毒场所及其工作人员绝大部分都是原劳动教养所及其工作人员，这也导致转变后的强制隔离戒毒场所难免存在用劳动教养执法模式、管理经验管理强制隔离戒毒人员的情形。

3. 接受监督力度不够

所谓有权必有责、用权受监督、违法必追究，权力的规范运行，需要执法者的自我约束，也需要强而有力的外部监督。强制隔离戒毒是对吸毒成瘾人员作出的行政强制措施，是在强制隔离戒毒场所内进行的，与外界隔绝程度类似于看守所、监狱，场所的封闭性及工作的保密性，导致除了工作人员，其他国家机关、社会团体和组织以及公民无从知晓场所里的日常活动，外部监督难以渗透到具体执行活动中，如提前戒除戒毒或延长戒毒期限是否规范、是否存在体罚或虐待强制隔离戒毒人员、是否存在违规使用戒具等情况。如何保障强制隔离戒毒人员合法权益不受侵犯。行政机关内部监督难以保证中立性和透明性，如果没有有效的外部监督，就相当于强制隔离戒毒场所管理人员"既当运动员又当裁判员"，既不利于法律的统一正确实施，也不利于我国强制隔离戒毒工作的长远发展。目前我国的强制隔离戒毒制度还存在着内部监督不足、外部监督薄弱的情况。

二、行政强制隔离戒毒检察监督现状及存在问题

（一）行政强制隔离戒毒检察监督现状

当前，全国检察机关与司法行政机关正在试点司法行政强制隔离戒毒检察监督工作。

以 S 省为例，2022 年全省七个司法行政强制隔离戒毒所对应驻地的六个基层检察院，均已开展对司法行政强制隔离戒毒所检察监督试点工作。一方面，健全机制建设，强化制度保障。在充分调查研究的基础上，检察机关与司法行政机关印发了关于试点工作的实施办法，明确 S 省检察机关对全省所有司法行政强制隔离戒毒所开展检察监督试点工作。结合省内实际，对试点工作提出具体办法，包括建立联席会议制度、联络员制度等。试点检察院均已设立驻所检察官办公室，由行政检察部门指派 2 名检察人员定期到司法行政强制隔离戒毒所开展检察监督工作。另一方面，强化部门联动，完善协作配合。在检察机关"四大检察"全面协调充分发展的新格局中，考虑到强制隔离戒毒的性质属于行政强制措施，是一种行政执法行为，由行政检察部门开展监督更适合，故检察机关畅通内部线索移送渠道，统一归口至行政检察部门管理。刑检部门办理涉毒类刑事案件过程中，发现可能涉及行政机关处理涉毒案件时有不作为、乱作为线索的；执检部门在监督刑罚执行，特别是社区矫正过

程中，发现可能存在强制隔离戒毒检察监督线索的；控申部门受理涉毒类控告申诉线索的，均于7日内移送本院行政检察部门；案管部门每月定期向行政检察部门推送涉毒类案件信息，凝聚检察机关开展对行政强制隔离戒毒检察监督工作的内部合力。

（二）行政强制隔离戒毒检察监督存在的问题

行政强制隔离戒毒检察监督作为一项崭新的工作，还面临着诸多困难和挑战。

1. 法律依据不足

一方面，监督缺乏法律依据，监督手段刚性不足。检察机关虽然是宪法规定的国家法律监督机关，但对具体事项进行监督时，仍应有法律明确授权，如人民检察院组织法、刑事诉讼法、监狱法、《看守所条例》均对刑事执行检察监督有相应规定，且《人民检察院巡回检察工作规定》对规范监狱、看守所巡回检察工作作出具体规定，但对于强制隔离戒毒检察监督，人民检察院组织法、行政强制法、禁毒法、《戒毒条例》等法律法规目前尚无明确、具体规定。各地正在探索、试点，但操作模式不尽相同，且目前试点的领域集中于司法行政强制隔离戒毒阶段，鲜有对公安机关强制隔离戒毒阶段的检察监督。另一方面，司法行政强制隔离戒毒执法工作缺乏法律依据。当前，司法行政强制隔离戒毒工作的许多性质定位、工作规范尚未定型，客观上造成检察机关存在"如何监督""监督什么"的困惑，当前的试点工作"摸着石头过河"，对于"查什么""怎么查"，很多借鉴参考刑事执行部门对监狱、看守所的检察监督模式，但是强制隔离戒毒所与监狱、看守所又有所区别，所以可能会存在发现问题不全面、总结归纳问题不准确的现象。

2. 工作开展不平衡

在各地探索实践过程中，关于强制隔离戒毒检察监督的方式，有的以派驻方式进行检察监督，有的通过巡回检察方式进行监督，有的建立派驻与巡回检察相结合的方式，以派驻检察为基础，结合巡回检察的优势；关于强制隔离戒毒检察监督的范围，主要集中在试点对司法行政强制隔离戒毒所及其执法人员的执法活动进行法律监督，有的主要对在强制隔离戒毒人员刑罚执行完毕后未继续执行强制隔离戒毒决定的情形予以检察监督，也有的探索开展对公安机关强制隔离戒毒决定、变更及解除等强制隔离戒毒全流程进行检察监督。

3. 监督力量不足

强制隔离戒毒程序复杂、周期长，检察监督工作存在"点多、线长、面广"的特点。目前强制隔离戒毒检察监督工作主要由基层检察院行政检察部门负责，多数基层院的行政检察部门与民事检察部门、公益诉讼检察部门甚至控申部门是同一个部门，当前的试点工作普遍面临行政检察人员力量不足的问题，导致在强制隔离戒毒检察监督方面投入的精力不够充分，不足以全面掌握所内情况，存在监督不到位、监督力度不够等情况。

三、关于行政强制隔离戒毒检察监督制度的完善建议

（一）立法明确检察机关有权监督强制隔离戒毒执法

法律的生命力在于实施，法律的权威也在于实施。宪法规定，"中华人民共和国人民检察院是国家的法律监督机关"；人民警察法规定，"人民警察执行职务，依法接受人民检察院和行政监察机关的监督""公民或者组织对人民警察的违法、违纪行为，有权向人民警察机关或者人民检察院、行政监察机关检举、控告"；《中共中央关于全面推进依法治国若干重大问题的决定》提出"完善对涉及公民人身、财产权益的行政强制措施实行司法监督制度。检察机关

在履行职责中发现行政机关违法行使职权或者不行使职权的行为，应该督促其纠正"；《中共中央关于加强新时代检察机关法律监督工作的意见》提出"人民检察院是国家的法律监督机关"，检察机关"在履行法律监督职责中发现行政机关违法行使职权或者不行使职权的，可以依照法律规定制发检察建议等督促其纠正"等。以上均为人民检察院对包括行政强制措施在内的行政违法行为实施法律监督提供了制度遵循。行政强制隔离戒毒作为一种行政强制措施，是国家行政机关执法活动的重要组成部分，理应受到检察机关的监督，这既符合时代发展的需求，也有利于推进法治国家建设。为促进检察监督成为行政强制隔离戒毒活动的有力有效监督方式，建议在禁毒法中明确检察机关有权对公安机关和司法行政机关的强制隔离戒毒执法工作进行全过程监督。检察机关制定相关文件，进一步明确检察机关对强制隔离戒毒活动的法律监督职责、范围、方式和程序等，规范检察监督行为。

(二) 检察监督范围

目前，我国的强制隔离戒毒由公安机关和司法行政机关分段执行，检察监督范围不仅针对司法行政强制隔离戒毒所及其执法人员的执法活动进行法律监督，要重点开展对强制隔离戒毒人员出入所、所外就医、所内吸毒、所内死亡、提前解除或变更强制隔离戒毒措施、延长强制隔离戒毒期限等管理活动的检察监督，也要注意对公安机关在决定、变更强制隔离戒毒措施等重点环节的检察监督。通过制发纠正违法通知书、检察建议书等执法行为，降低日常执法风险，不断促进行政强制隔离戒毒执法规范化，充分保障戒毒人员的合法权益。不属于检察机关管辖的案件线索，移送有关机关处理。

(三) 检察监督方式

各地可以根据实际灵活运用派驻检察和巡回检察相结合的方式，拓宽检察机关对行政强制隔离戒毒执法活动监督的路径。

1. 派驻检察

派驻检察有助于日常监督，几十年的检察监督历程证明，派驻检察对于加强日常监督必不可少。在强制隔离戒毒所设立派驻检察官办公室，指派检察人员定期在强制隔离戒毒所开展检察监督工作，设置检察官信箱、告知戒毒人员权利义务及维权救济途径、检察机关的监督职能，及时受理控告、举报和申诉，甚至可以在派驻检察官办公室实现与强制隔离戒毒所执法信息网络联网，通过电脑查看强制隔离戒毒所监控录像，及时发现和纠正强制隔离戒毒执法中存在的问题，实现对强制隔离戒毒所检察监督的常态化、主动化。为扩大受众范围，还可以在检察机关网站、微信公众号等开设戒毒执法举报窗口。同时，为避免派驻检察人员被"同化"，应对派驻检察人员实行定期轮岗、责任考核，还可实行异地交流制度。

2. 巡回检察

巡回检察具有快速机动的特点，可以有效弥补派驻检察的不足。因戒毒工作是一项专业性非常高的工作，除了负责的部门条线干警，巡回检察组可邀请具有法医、会计等具有专门知识的干警参加，通过张贴巡回检察公告、与相关人员谈话、发放统计调查问卷、审查档案资料、复听复看录音录像等多种方式，对一定区域内的强制隔离戒毒所开展覆盖式巡回检察。此外，还需适时组织"回头看"，推动检察监督意见落地见效，防止整改不到位或者相关问题反弹。

3. 建立联席会议制度

检察机关加强与行政强制隔离戒毒所的沟通，可实行联席会议制度、联络员制度、信息共享制度等。如召开季度或年度联席会议，通报戒毒执法情况和检察监督情况，就规范戒毒执法、强化监督实效研究探讨，有效衔接戒毒执法工作与检察监督工作，共同及时推动行政强制隔离戒毒工作严格、规范、公正、文明开展。

4. 通过大数据赋能

研究建立检察机关与行政强制隔离戒毒信息共享平台，实时交换工作信息。强化数字赋能，融合智慧检察与智慧戒毒，打破孤立，联通一定区域内的数据资源，充分运用大数据赋能的效用和价值，探索强制隔离戒毒领域大数据法律监督模型，可挖掘应当作出强制隔离戒毒决定未作出、应当移送执行未移送、行政拘留违规代为执行强制隔离戒毒、强制隔离戒毒人员刑罚执行完毕后未继续执行强制隔离戒毒决定等监督线索，加强类案监督与专项治理。

（四）检察监督职能定位

1. 监督与支持并重

检察机关肩负着监督我国现行所有法律统一正确实施的重要职责。一方面，要依法监督。监是指从旁查看，督是指督促，监督就是查看并督促。强制隔离戒毒检察监督，正如前文所述，是指检察机关要立足工作职责，规范有序开展法律监督工作，促进强制隔离戒毒所公正文明执法、保障戒毒人员的合法权益，同时不干预强制隔离戒毒所的正常执法活动。另一方面，要支持配合。"法律监督不是你错我对的零和博弈，监督与被监督方目标一致、责任一致，目的都是把习近平法治思想贯彻落实好，把党的法治事业建设好，把人民的根本利益维护好。"检察机关和行政机关虽然职责分工不同，都有着共同的目标：以人民为中心，促进共建共治共享的社会治理格局建设。检察机关要始终秉持双赢多赢共赢的监督理念，优化监督方式，形成工作合力，促进强制隔离戒毒所坚持严格规范公正文明执法，提升戒毒执法公信力。

2. 促进社会治理

依法能动履职，通过开展对司法行政强制隔离戒毒检察监督，调查研究吸毒人员的家庭背景、朋友圈、学习生活环境等，深入剖析吸毒人员的吸毒原因，跟踪戒毒人员后续康复情况，不断加强深层次研究，为更好地解决实际问题提供理论支持，以"我管"促"都管"，彰显现代法治精神，促进完善对戒毒人员吸毒及复吸的溯源治理，不断推进国家治理体系和治理能力现代化。

（责任编辑：聂影）

行政争议实质性化解促进诉源治理大数据作用研究

周东曙[*] 刘 群[**] 程 刚[***] 赵建树[****]

检察机关开展行政争议实质性化解，是指检察机关在履行法律监督职责中，通过调查核实厘清基础事实和实质诉求，综合运用多种方式依法彻底化解行政争议。针对行政诉讼中存在的案件程序已终结但争议未实质化解和长期申诉等难题，最高人民检察院自2019年在全国部署开展实质化解行政争议专项活动，聚焦重点民生领域，持续深化做实行政争议实质性化解。2021年印发的《中共中央关于加强新时代检察机关法律监督工作的意见》，明确提出检察机关要全面深化行政检察监督，在履行法律监督职责中开展行政争议实质性化解工作，促进案结事了。随着人工智能的广泛应用，大数据凭借其强大的算法和数据分析能力在社会管理中发挥着日益重要的作用。检察机关作为法律监督机关，在开展行政争议实质性化解工作中通过有效利用大数据可以提升监督质效，促进诉源治理。

---

[*] 山西省晋中市人民检察院党组书记、检察长。
[**] 山西省晋中市人民检察院副检察长。
[***] 山西省晋中市人民检察院离退休科科长。
[****] 山西省晋中市人民检察院第五检察部检察官助理。

一、大数据视野下实质性化解行政争议的理论基础

(一)"实质性化解行政争议"提出的背景

1. 回应型司法：最大限度修复社会关系和恢复受损的个案正义

回应型司法模式，是指司法机关通过发挥能动性主动对当事人诉求所作出的回应和干预，通过平衡各方的诉讼能力来达到追求实质合理性与形式合理性、立法目的与案件结果的统一。回应型司法并不拘泥于僵硬地适用具体法律条文，而是综合运用法律原则及法律价值判断等对具体司法案件进行法律解读和释法，通过能动法律解释及类推等逻辑推理来回应社会需求并恢复法治秩序，寻求司法活动与实质性化解行政争议的最佳平衡点，从而达到法律效果和社会效果的统一。司法制度最根本的功能在于修正因为违法行为受到破坏的社会关系，其核心功能应是合理及时地解决行政争议，实现当事人权利义务的再分配从而修复受损的社会关系。[①] 回应型司法将诉讼各方的反馈作为裁判结果或监督效果考量的因素，具有相对的灵活性和变通性，并且不拘泥于教条的法律规则，强调监督过程的妥协与平衡，力求检察监督效果的实践理性和法律实施的社会效果。

2. 社会控制语境下的"和谐社会"："实质性化解行政争议"与"和谐社会"的关系

社会和谐程度往往与争议产生及化解的程度密切相关，由于现实社会中公私权利间的冲突和争议不可避免，如何进行和谐社会的构建涉及争议彻底化解的程度。司法活动不仅具有直接解决社会纠

---

① 张治宇：《合作论——从政治哲学、法哲学到行政法哲学》，法律出版社2017年版，第173页。

纷的功能，还可以通过公正的司法活动间接影响当事人之外的社会公众，正如哈特所主张的"外在法律"的观点。简言之，构建和谐社会离不开司法机关的有力保障。构建和谐社会是以权利保护的深度和广度作为前提，需要建立无遗漏的权利有效保护体系；而全面有效的公民权利保护体系是对和谐社会的有效回应。可以说，"和谐社会与法治社会并重"之目标要求司法能动以妥善解决行政争议，从而达到案结事了。①

（二）"实质性化解行政争议"的标准

检察机关实质性化解行政争议具有双重含义：一是司法作为公民权利救济的主要渠道，应从根本上彻底性解决行政争议进而达到案结事了；二是从司法的可承受性出发，强调检察机关在解决行政争议的过程中要实现公民权利的无遗漏保护和有限司法资源的最大价值。实质性化解行政争议语境下，检察机关在处理具体个案时不仅要关注法律规定，而且要考虑争议的实质性化解，要增强案件结果的可接受性。关于争议的解决有不同的主观面向，包括"化解和消除争议；实现合法权益与履行义务；法律或统治秩序的恢复；避免同类争议的重复出现"②。具体来说，行政案件终结后相对人与行政机关之间的争议得到"一次性"彻底解决，并且通过案件审查来明晰类似案件处理结果和界限，从而发挥法律调整功能，使当事人根据法院裁判结果自觉调整自己的权利义务。③

---

① 卞建林：《中国司法制度基础理论研究》，中国人民公安大学出版社2013年版，第199页。

② 顾培东：《社会冲突与诉讼机制》，法律出版社2004年版，第27—29页、第42页。

③ 江必新：《论实质法治主义背景下的司法审查》，载《法律科学》2011年第6期。

"实质性化解行政争议"具体包括以下标准：第一，解决争议的"妥当性"，是指检察机关解决争议的正当性和有效性，强化行政相对人实体权利救济的实效性。"妥当性"以保护行政相对人合法权益为最终目的，强调个案中检察机关要在"权利救济"与"权力监督"之间寻求最佳平衡。第二，解决争议的"效益性"，是指最大限度实现诉权利益，包括"诉讼效率"和"诉讼经济"两层内涵，强调争议解决的效率性和法益最大化效果，从而达到"帕累托最优"。第三，解决争议的"彻底性"，是指为实现检察监督实质公平和争议化解的有效性之目的，检察机关在处理行政争议时应尽力做到争议解决的一次性到位，避免程序空转和增加诉累，达到"实效性权利保护"。第四，解决争议的"回应性"，是指直接回应原告诉求实现"权利保护的有效性"。争议解决型程序的主导特征，即在于其是将程序行动的控制权、诉讼的启动、争议范围的确定交由当事人行使。① 换言之，通过实质性化解行政争议可以有效回应原告诉求，从而实现实质合法性。"实质性"最终是以权利救济为主要目的，强化行政检察回应诉求的力度。

（三）大数据在行政争议实质性化解中的作用及必要性

解决行政争议作为行政诉讼法立法目的之一，主要在于将行政相对人与行政机关的争议通过行政诉讼方式得到化解。目前检察机关化解行政争议主要有两种方式：一是通过行政检察监督方式，在监督办案中对有化解可能的案件采取提出抗诉、制发再审检察建议、检察建议等监督方式，公开听证、司法救助、检察和解等措施解决行政争议；二是在符合特定前提条件下，依托衔接机制介入行

---

① ［美］米尔伊安·R.达玛什卡：《司法和国家权力的多种面孔——比较视野中的法律程序》，郑戈译，中国政法大学出版社2004年版，第163页。

政争议，在信访，一、二审诉讼中，以提出建议、搭建对话平台等方式促成争议化解。大数据在这两种方式中均有独特价值，其作用主要表现在以下三个方面：一是拓展行政检察监督范围。当前，基层检察院行政检察通过大数据共享方式能够获取行政机关、人民法院数据，打破"信息壁垒""监督孤岛"，为检察机关开展监督提供案件线索。二是充分发挥穿透式监督效能。检察机关获取人民法院、行政机关相关数据后，通过信息比对、筛查，可以发现监督对象在履职中的违法行为，实现从个案监督到类案监督，促进人民法院、行政机关依法行使职权，维护法律统一正确实施。三是实现社会治理效能提升。加强诉源治理、推动矛盾纠纷源头化解，既是法治社会、法治政府建设的题中应有之义，也是检察机关的法定责任。大数据能够为监督办案提供充分的法治研究样本，检察机关在监督案件过程中通过深入挖掘发现执法司法机关一些源头性问题，向相关机关制发检察建议，促进系统治理、诉源治理，从而减少行政争议的发生。

二、大数据促进行政争议实质性化解的现实动因和监督现状

（一）"司法有限性"语境下法院审判不足

"司法有限原则"要求法院恪守司法权边界，在行使司法权时应该对司法审查的深度和广度进行限缩，案件审理要受制于我国司法系统和法官整体素质的限制，同时在案件审理的技术问题上保持戒慎，避免造成司法权的替代进而影响社会效率。法院的优势在于确定案件事实并将具体事实划归于法定要件之下。司法权的本质属性是判断权，司法审查最本质的功能和最基本的效果是要彻底解决争议，这是立法目的之应有之义和其存在的基本价值。但是法律规范的模糊性、滞后性以及司法审查有限原则导致法院解决争议的不

彻底性。另外，从审判权与诉权关系角度来看，一方面诉权制约着审判权，如果没有当事人通过行使诉权启动诉讼程序，则司法权的被动性导致审判权处于搁置状态；另一方面审判权制约诉权，法院通过行使司法审查来判断当事人起诉的适法性进而判断争议实体处理之可能性。换言之，"司法有限性原则"制约法院审判权行使的广度和深度。因此，检察机关开展实质性化解行政争议更多是弥补法院审判的不足。

（二）检察监督职责与风险社会的时代背景

行政争议能否得到实质性化解不仅关系到当事人权利有效救济，同时也关系到政府公信力。检察机关是解决行政争议的关键环节，并且检察机关开展行政争议化解工作是对"风险社会"时代语境和现实形态的回应。1986年德国社会学者乌尔里希·贝克在《风险社会》一书中首次提及"风险社会"概念，之后进一步完善为"风险社会理论"。[①] 目前我国已步入风险社会，按照贝克提出的风险社会理论，面对风险只能采取"漠视""否认""转型"等模式。当前当事人日益增长的司法需要与有限的司法资源之间存在着二元紧张关系。这在一定程度上会造成判决的不稳定性或者损伤既有判决的既判力，也面临着司法权能否能动、有效地回应社会需求等诸多质疑。纯粹由某一机关"单打独斗"来化解行政争议，显然不符合实际。从能动监督理念来看，检察机关实质性化解行政争议不仅是法律监督职能的应然之举，更是风险社会时代背景下营造法治环境的大势所趋。

---

① 武琳：《新媒体环境下的政府危机传播和舆论引导》，郑州大学2011年硕士学位论文。

（三）行政检察实质性化解行政争议的案例类型和特点

最高人民检察院自 2019 年部署开展专项活动以来，实质性化解行政争议已经作为常态化工作开展。2020 年最高人民检察院印发 12 件行政争议实质性化解典型案例。2021 年 2 月，最高人民检察院召开新闻发布会向社会发布 12 件实质性化解行政争议典型案例。2021 年 9 月，最高人民检察院发布以行政争议实质性化解为主题的第三十批指导性案例。

通过梳理最高人民检察院发布的前述实质化解行政争议相关案例，可以归纳出以下特点：

一是从涉及领域和行为类型看，主要包括工伤认定类 7 件、拆迁安置或补偿赔偿 7 件、社会保障类（涉养老保险、工伤保险）5 件、行政登记（涉土地登记、公司登记、婚姻登记）4 件、安全生产处罚 2 件。此外，涉国企住房安置、环保处理、林权保护、房屋改建各有 1 件。由此可见，涉民生领域的行政纠纷相对难以化解。

二是从化解方式看，所有案件基本都经过调查核实和释法说理，通过厘清案件事实、实质诉求与争议根源，根据个案情况采取多元方式进行针对性化解。其中，提出抗诉 5 件，促成和解 13 件；采取公开听证 9 件，领导包案或一体办案方式 8 件。

三是从诉源治理角度看，行政争议一般时间长、矛盾深、案情复杂，有些甚至历经仲裁、信访、复议、复核、诉讼等多项纠纷处理环节，仍得不到解决。经统计，经过仲裁程序 2 件，信访 7 件，复议程序 8 件，复核 1 件，行政诉讼程序 28 件，行政非诉执行 1 件，民事诉讼程序 2 件，检察监督程序 26 件。行政检察立足职能，延伸监督触角能动融入社会治理，针对违法行政行为或其他不当行为，向法院、行政机关或企业提出口头或书面检察建议 13 件，协调司法救助或社会救助 5 件，民事、行政争议一揽子化解 3 件，当事人撤回监督申请 11 件。

三、大数据赋能实质性化解行政争议的类型化监督路径

实质性化解行政争议与大数据技术相结合可以采取类型化监督的实践路径，从而实现大数据技术路径与行政争议案件的有机融合。

（一）征地拆迁领域数字行政检察监督

目前乡村振兴、城市"棚户区"建设、水利高铁航空枢纽等重大项目建设需要征收国有土地或者集体土地，对被征收房屋进行拆迁改造。在征收拆迁过程中，政府信息不公开、征收拆迁补偿不到位、补偿标准不统一，势必造成群众对政府征收拆迁活动的抵制，容易引发行政争议。检察机关作为法律监督机关，在开展行政检察监督工作中遇到上述征收拆迁行政争议，如何妥善化解此类行政争议确保国家重点项目建设，维护被拆迁人的合法权益，是检察机关践行"以人民为中心"发展思想的重要体现。

检察机关利用大数据实质性化解征收拆迁行政争议的数据来源有：一是政府信息网关于土地、房屋征收信息；二是行政复议机关、信访局平台数据；三是中国裁判文书网、人民法院审判信息平台涉及征收拆迁数据；四是检察业务应用系统、信访系统数据。检察机关开展征收拆迁行政争议实质性化解工作，主要以当事人向检察机关申请监督为突破口，加强与控告申诉部门的沟通协调，了解是否存在其他类案，确定存在相关类案后，利用中国裁判文书网或调取人民法院审判信息平台数据以"征收机关"为对象检索已生效裁判案例。随后，调取人民法院审判案卷，围绕征收拆迁争议焦点，审查人民法院审判活动是否存在违法情形，征收主体、征收行为及补偿标准、数额、项目是否合法。听取被征收主体的意见了解补偿意愿。如果征收行为违法，行政争议可以化解的，要采取抗诉、再审检察建议等方式促成调解化解争议，维护被征收主体的合法权益。如果行政行为不存在违法情形且补偿项目、数额合理合法的，要通过公开听证、司法救助等方式，做好被征收主体的释法说理工作，促使其主动撤回监督申请息诉罢访，保证政府拆迁工作顺利进行。

（二）环境保护领域数字行政检察监督

党的十八大以来，党中央对生态环境保护工作高度重视，要求坚决保护好生态环境，实现"绿水青山就是金山银山"的生态目标也是行政检察的应尽责任。当前，检察机关办理的涉环境保护领域行政生效裁判监督案件和行政审判违法程序监督案件较少，行政检察涉及较多的案件类型是行政非诉执行检察监督和行政违法行为检察监督，主要原因是行政机关对环境保护领域拥有刚性执法权，行政相对人一般不会、也不敢与行政机关对簿公堂，但行政相对人可能存在不执行行政处罚决定的情形，行政机关遂申请法院强制执行。还有行政机关执法过程中存在不作为、乱作为等违法情形，需要通过行政检察进行监督纠正。环境保护领域行政违法行为存在的主要问题有：一是行政机关滥用职权对行政相对人进行处罚；二是行政执法程序严重违法，如未听取当事人的陈述申辩，立案即作出处罚决定等；三是行政相对人涉嫌违法犯罪，行政机关以罚代刑；四是行政机关对破坏生态环境的行政相对人选择性执法；五是行政机关未在法定期限内或者超期申请法院强制执行；六是人民法院裁定由行政机关执行，行政机关怠于履行职责，也不申请复议。

检察机关运用大数据开展涉环境保护领域行政检察监督的数据来源如下：一是行政处罚案件信息，该信息来源于"信用中国"网或行政机关执法信息平台数据；二是行政执法与刑事司法衔接共享平台数据；三是人民法院审判信息平台或中国裁判文书网、中国执行信息网数据；四是检察业务应用系统数据。

（三）行政处罚领域数字行政检察监督

行政处罚是行政执法的核心和重点。2021年行政处罚法明确界定了行政处罚的内涵，进一步完善了行政处罚的相关内容，对行政机关执法活动提出更高要求。检察机关要通过对行政处罚的检察监督，助推法治政府建设。检察机关对行政处罚领域的行政检察监督涉及行政检察的所有案件类型，检察机关在监督中要坚持上下一体、各有侧重的原则，省、市检察机关通过监督生效裁判案件发挥作用，县级检察机关要通过行政非诉执行案件、行政违法行为案件行使监督权，开展行政争议实质性化解工作，妥善化解行政争议。行政处罚领域违法行为涉及行政机关众多，处罚种类各不相同，检察机关要突出重点，着力在影响群众公平正义、安全、环境等方面行使职权。

检察机关运用大数据开展行政处罚领域行政争议实质性化解工作的数据来源如下：一是行政机关行政处罚信息；二是行政复议机关复议案件数据；三是人民法院审判执行数据或中国裁判文书网信息；四是检察业务应用系统数据；五是特定行政机关掌握的数据，如市场主体登记信息、税务局缴纳税款信息等。检察机关善于在办理个案中发现社会治理隐患苗头，通过"大数据赋能+智慧检察"手段，打通执法与监督的数据壁垒，完善社会治理。以市场主体违法"简易注销"为例，检察机关在办理行政非诉执行案件过程中，通过调取人民法院终结本次执行案件数据，挖掘无履行能力的市场主体名单，将名单与市场监督管理部门"简易注销"名单比对、筛查，发现名单重合的，证明市场主体违法"简易注销"，向行政机关提出检察建议变更、追加被执行人继续申请法院强制执行。在法院执行过程中，强化检法的沟通互动，共同做好行政争议实质性化解工作，确保行政争议得到妥善解决。

四、大数据助力实质性化解行政争议的完善路径

（一）大数据赋能行政争议实质性化解的原则

检察机关充分利用大数据技术促进行政争议实质性化解工作应遵循合法、自愿的基本原则，即运用大数据手段必须首先遵循相关法律法规，不可越界。运用大数据手段所采集的数据必须合法合规，严格遵守个人信息保护法、数据安全法、网络安全法等法律法规对数据采集、传输和保存的相关规定；运用大数据技术手段促进行政争议实质性化解还必须符合当事人的真实意愿，不可突破公权力边界，肆意扩大争议涉及的范围。除遵循合法、自愿这两条基本原则外，运用大数据技术促进行政争议实质性化解还应当遵循以下三条具体工作原则：

一是效率原则。运用大数据技术手段应当注重解决问题的效率，充分体现行政检察穿透式监督的工作要求，在技术手段运用、监督模型建立和数据比对筛查等方面能够充分体现大数据技术手段的高效准确、化繁为简，充分释放检察机关的监督动力，发挥检察官的办案效能，提升类案办理的筛查效率。

二是客观中立原则。运用大数据技术手段，必须秉持检察机关客观中立的司法地位。检察机关在促进行政争议实质性化解的工作中，依托大数据技术构建客观中立的法律监督模型，以客观的数据为依据和基础，不带主观偏见地对所筛查出的类案进行分析，从而能够直击案件本质，准确找到行政争议的矛盾点和诉求点，为有效促进争议的实质性化解提供有利条件。

三是衡平原则。对显失公正的相关行政争议案件，检察机关运

用大数据技术手段，力求找到可能被忽视的有利于弱势方当事人实体和程序层面的证据，以显著提升制发检察建议的说理依据和效果，维护行政相对人的合法权益。

（二）大数据检察监督层层推进"个案监督—类案监督—诉源治理"

大数据检察监督要完善执法司法信息共享机制，充分运用大数据技术推进跨部门协同办案。大数据检察监督的核心，就是推动检察监督从个案到类案向社会治理延伸，促进国家治理和法治体系建设。具体来说，检察机关在办理个案中挖掘出带有普遍性、规律性问题，进而归纳监督要点研发数据监督模型，通过大数据筛查总结类案监督线索，有针对性地提出检察建议促进社会治理。即大数据检察监督从个案监督到类案监督进而促进诉源治理。

1. 个案监督

第一，大数据为检察监督化解行政争议个案办理提供直接的辅助；第二，检察大数据为检察官提出检察建议提供支持与助力；第三，检察大数据推动相关智能型数字辅助工具作为检察办案的参考。

2. 类案监督

第一，检察机关利用大数据进行数据筛查、碰撞与关联比对，深入研判与挖掘案件线索，以推动同类型案件的监督办案。第二，通过数据二次应用、关联分析和融合应用，归纳创建大数据法律监督模型，促进检察机关法律监督办案模式创新。①

---

① 高景峰：《法律监督数字化智能化的改革图景》，载《中国刑事法杂志》2022年第5期。

3. 诉源治理

通过优化大数据法律监督模型，比对相关数据挖掘法律监督线索，针对行政检察参与诉源治理实践中存在的问题，通过大数据对诉源治理的参与范围、信息来源、方式方法等多方面提出完善建议。

（三）建构法律监督数据模型和完善应用系统

推进数字检察战略的重要环节之一就是建构大数据法律监督数据模型和完善应用系统。大数据法律监督模型建构，是指检察机关运用大数据等现代信息技术，通过数据分析、研判、挖掘，发现批量监督线索，开展类案监督，并聚焦类案背后的制度机制漏洞，从个案办理到类案治理，从个别解决到普遍整改，促进社会治理现代化的一种新型法律监督模式。监督模型按照构建方式可以细分为要素筛查、数据碰撞、关联分析、异常统计等几种模式。法律监督模型对于发现监督线索破解社会治理漏洞，实现类案监督和社会治理具有重要的推动作用。检察大数据应用系统在实践中包括程序辅助类应用系统、审查裁量辅助类应用系统、协作辅助类应用系统和诉源治理辅助类应用系统以及管理辅助类应用系统等几种类型。检察机关大数据法律监督模型相关应用系统的建设完善，需要整合内外部数据资源，统筹数据进出，分类分级管理，同时要做好数据风险防控，建立体系化安全防护。

（四）建设大数据法律监督平台

检察机关运用大数据思维，引领法律监督模式的重塑性变革，就是要从破解监督线索发现难、监督工作碎片化等最现实、最突出难题出发，坚持收集数据与调阅查询数据、碰撞分析数据相结合，开展大数据法律监督平台建设。大数据法律监督平台作为检察机关利用大数据、区块链等技术助力司法办案的综合应用平台，可以有效打破"数据壁垒"，实现跨部门大数据协同办案，推进公检法司等机关的信息共享，对法律监督对象、内容、方式、效果等进行数据收集、分析、研判、应用，实现法律监督的智能化、精准化、高效化。检察机关大数据法律监督平台建设的基础是海量数据，构建主题数据库和专题数据库，为后续模型搭建和分析研判提供基础支撑。检察机关建设大数据法律监督平台时为拓展数据来源，一方面，要发挥主观能动性，沟通协调相关部门，畅通数据来源渠道，同时也要挖掘利用好自有的数据资源，把监督需求与自有数据关联碰撞起来；另一方面，检察机关要积极通过批量办理类案监督，实质性化解行政争议。检察机关必须摒弃"先抓数据、再抓应用"的思想，坚持两手都要抓，争取做到以数据共享促进检察履职、以能动履职促进数据共享。

（责任编辑：张立新）

大数据赋能土地执法查处领域行政非诉执行监督的中山实践

马佳娜[*] 冯宝华[**]

近年来,广东省中山市检察机关在贯彻落实最高人民检察院(以下简称最高检)"土地执法查处领域行政非诉执行监督专项活动"中,深入实施数字检察战略,积极推进大数据与行政检察工作深度融合,针对实践中非法占地行政处罚案件中,普遍存在的退还土地、拆除违法建筑物"裁而不执"监督线索发现难的共性问题,构建土地违建执行监督模型。通过采集土地行政执法数据、司法裁判数据、卫星遥感监测数据进行筛查、碰撞、比对,有效挖掘人民法院裁定准予执行后,应强制执行退还土地、拆除违法建筑物而未执行完毕的监督线索开展监督。探索出一条以智能化数据处理,降低检察机关调查核实所需的人力、财力和时间成本,有效推动解决"退还土地"和"拆除违法建筑物"执行难问题的可行路径。

---

[*] 广东省中山市人民检察院第四检察部副主任、一级检察官。
[**] 广东省中山市第二市区人民检察院第四检察部三级检察官。

一、土地违建执行监督模型研发背景

模型来源于广东省中山市第二市区人民检察院（以下简称中山二区检）办理的一起土地执法查处领域行政非诉执行监督案件。2014年，自然资源部门对罗某非法占用农用地建设厂房行为作出行政处罚决定，责令罗某退还土地、限期拆除地上建筑物、恢复土地原状并处罚款。2015年，人民法院作出准予执行裁定，裁定由属地政府组织强制执行。但直到2019年，该院办理该案时，违法建筑物仍未被拆除，土地违法状态持续5年之久，行政处罚决定书、执行裁定书沦为一纸空文。

2020年，中山二区检以广东省人民检察院开展"自然资源领域行政非诉执行监督专项活动"为契机，深入走访调研，发现类似罗某的案件并非个例。由于土地执法查处领域案件的非诉执行，广东法院实行"裁执分离"模式，执行依据、执行裁定、执行实施分由不同主体履职，主体多元、机制不畅，导致"信息壁垒"。行政机关"一罚了之"，人民法院"一裁了之"，属地政府"消极执行""裁而不执"问题比较突出。与此同时，长期以来检察机关开展此类监督以个案办理为主，线索发现难、监督成效不明显。

为进一步拓展案源、挖掘监督线索、强化类案监督，在广东省中山市人民检察院（以下简称中山市检察院）的指导下，中山二区检通过整合行政执法数据、司法裁判数据和卫星遥感监测数据，探索研发"督促退还土地、拆除经营性违法建筑物行政非诉执行监督模型"，挖掘非法占地行政处罚案件中可能存在的退还土地、拆除违法建筑物"裁而不执"监督线索。

2021年，最高检在全国部署开展"土地执法查处领域行政非诉执行监督专项活动"。为深入贯彻落实最高检工作要求，中山市检察院进一步打磨升级该模型后推广至全市应用。全市检察机关通过应用该模型，在推动"土地执法查处领域行政非诉执行监督专项活动"中，有效筛查出一批退还土地、拆除违法建筑物"裁而不执"监督线索。

二、土地违建执行监督模型的研发思路

（一）模型的数据来源及特征要素

1. 模型监督情形

本模型主要针对未依法强制执行"退还土地"和"拆除违法建筑物"两种违法情形进行监督。

2. 模型数据来源

本模型需采集三类数据：（1）土地执法查处领域行政处罚案件信息，来源于广东省行政执法信息公示平台或自然资源主管部门。（2）人民法院土地执法查处类行政非诉执行案件信息，来源于中国裁判文书网。（3）卫星遥感监测数据，来源于国家地理信息公共服务平台、第三方路网平台或自然资源部门。以上三类数据基本都可以在公开平台获取。

3. 数据分析关键信息

本模型数据分析主要关注三类信息：（1）处罚内容。关注行政处罚事项是否包括退还土地、拆除违法建筑物。（2）裁判结果。关注法院行政裁定书的裁判结果是否裁定准予执行。（3）图像信息。关注土地上是否有建筑物。

（二）模型的构建步骤

1. 数据筛查

首先，在广东省行政执法信息公示平台上以"非法占用土地"为关键词进行检索，从11382份行政处罚决定书中，筛选出中山相关处罚文书1600余份；再以"退还""拆除"为关键词筛选，获取数据1090条，提取"当事人姓名""处罚决定文号"信息，形成土地违建行政执法基础数据库。其次，在中国裁判文书网检索"行政非诉审查"，以"土地""准予执行"为关键词，从103006份裁定书中筛选出准予执行裁定4062份，同样提取"当事人姓名"和"处罚决定文号"信息，形成土地违建裁判基础数据库。

2. 数据碰撞

以两个数据库的"处罚决定文号"为对比项，利用表格函数工具一键碰撞出重叠数据635条，即行政机关已作出处罚决定、人民法院也裁定准予执行的案件。

3. 比对识别

实践中，从行政机关作出处罚，到属地政府组织实施强制执行，时间跨度长，违法占地状态可能发生变化，中山市检察机关经研究发现，可以调取卫星遥感监测数据进行比对。于是向自然资源部门批量调取案涉土地坐标，编辑"批处理命令"，在国家地理信息平台上自动查询并获取实时影像，智能识别是否存在地上建筑物，从而快速生成"裁而不执"案件列表。对上述635条重叠数据比对后，依职权立案515件。

通过数据筛查、碰撞和比对，中山市检察机关很快在推动土地执法查处领域行政非诉执行监督专项中，有效拓展了案源、发现了监督线索、加强了类案监督。

（三）模型的思维导图

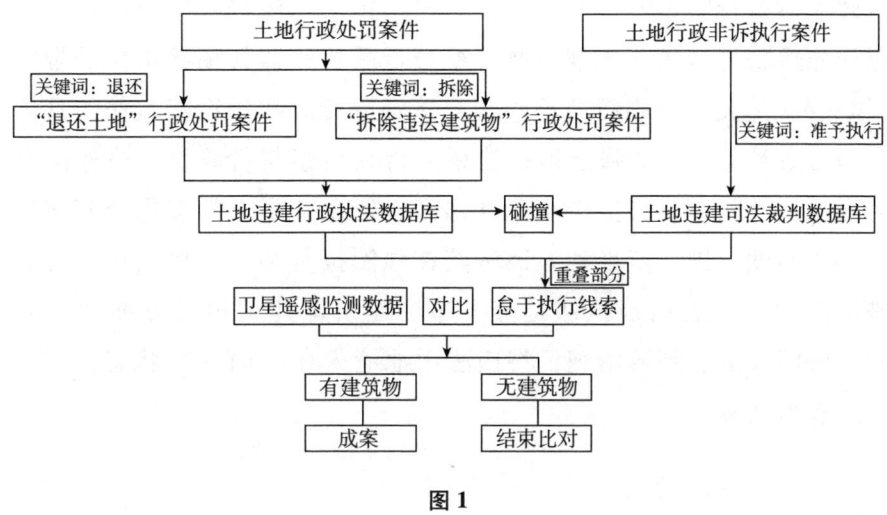

图1

三、土地违建执行监督模型的社会治理成效及推广价值

（一）社会治理成效

1. 在案件办理方面

针对上述515件土地违建执行领域"裁而不执"案件，中山市检察机关经向人民法院发出督促强制执行检察建议和向属地政府发出落实法院执行裁定检察建议，推动退还土地33.7万平方米，拆除违法建筑物29.65万平方米，恢复耕地7.26万平方米，恢复永久基本农田1.69万平方米。中山市检察机关办理的3个案件分别获评最高检"土地执法查处领域行政非诉执行监督专项活动"优秀案件、广东省检察机关十大行政非诉执行监督典型案例，相关办案经验被《检察日报》报道。中山市检察院在土地执法查处领域行政非诉执行监督专项活动中被广东省人民检察院评为"优秀组织单位"。

2. 在机制建设方面

在监督的同时，中山市检察院为进一步推动土地执法查处领域行政非诉执行监督专项活动，分别与中山市司法局、中山市自然资源局先后联签《关于加强行政检察与行政执法监督衔接工作的规定（试行）》《关于加强行政检察与自然资源行政执法衔接工作的具体实施方案》《关于加强土地执法领域行政检察与行政执法协作配合的意见》等机制，建立健全案件移送、信息共享、常态化会商和执行协作制度，进一步推动人民法院在强制执行和行政机关在农村宅基地监管、违法用地执法巡查、违法建筑即建即拆等方面建章立制、协同共治、溯源治理，将违法用地消灭在"萌芽"状态，实现双赢多赢共赢。

（二）推广价值

本模型应用普适、建模简易，可以高效解决全国各地普遍存在的"裁而不执"监督线索发现难的共性问题。此外，该模型还可通过模型拓展筛选人民法院"违法行政裁定"、行政机关"违法行政处罚"或"怠于申请执行"等线索开展监督，应用前景广阔。2023年10月，该模型在全国检察机关大数据法律监督模型竞赛中荣获全国一等奖，目前已上线最高检大数据法律监督模型平台推广全国检察机关应用。

（责任编辑：朱荣力）

行政法律适用

行刑反向衔接中刑事拘留期限折抵行政拘留期限若干问题研究

杨艳珍*

行刑反向衔接是指检察机关刑事检察部门作出不起诉决定后，认为需要对被不起诉人给予行政处罚的，由行政检察部门审查并提出检察意见，移送有关行政主管机关进行处理，并由行政检察部门对检察意见落实情况及行政机关的执法情况进行跟踪督促，解决"不刑不罚"问题，是一种特殊的线索移送。行政检察部门在对被不起诉人提出需要给予行政处罚的检察意见过程中，会涉及刑事拘留与行政拘留的期限折抵问题。笔者以实务中两个具体案例抛砖引玉，通过分析研究，以期为行刑反向衔接中刑事拘留与行政拘留期限折抵问题的解决提供有益的参考。

一、行刑反向衔接中拘留期限折抵的案例

案例一：张某故意伤害案。张某因与孙某发生口角互相打斗，张某将孙某手臂打伤。经司法鉴定，孙某为轻伤。张某因涉嫌故意伤害罪，被公安机关刑事拘留3日后被取保候审。该案移送审查起诉，检察机关认为张某认罪态度好，是初犯、偶犯，且已积极对受

---

* 贵州省凯里市人民检察院检委会专职委员、第四检察部主任，一级检察官。

害人孙某进行经济赔偿取得谅解，遂对张某作出不起诉决定。根据《治安管理处罚法》第 43 条的规定，张某的行为符合行政拘留 10 日的情形。行政检察部门如何提出检察意见，公安机关又如何来执行？

案例二：李某盗窃案。李某因涉嫌盗窃罪被公安机关刑事拘留，羁押 30 日。公安机关移送检察机关审查起诉，刑事检察部门经审查，认为李某盗窃的黄金饰品的价值刚达到刑事追诉标准，且认罪态度好，赔偿了受害人的损失，退回销赃所得，无犯罪前科，遂对李某作出不起诉决定。根据治安管理处罚法的规定，李某可能要承担行政拘留 15 日的行政处罚。检察机关行政检察部门是否还需要对被不起诉人李某提出需要给予行政处罚的检察意见？

以上两个案例是行刑反向衔接中，刑事拘留与行政拘留期限折抵的两种情形。刑事拘留与行政拘留期限能否进行折抵？依据是什么？如何把握刑事拘留与行政拘留期限的折抵限度？这些问题成为行刑反向衔接中检察机关和行政主管机关要解决的重要难题。

二、行刑反向衔接中的刑事拘留与行政拘留

（一）刑事拘留与行政拘留的定义

刑事拘留，是指侦查机关在刑事侦查活动中，对犯罪嫌疑人采取的临时羁押措施。根据《刑事诉讼法》第六章的规定，刑事拘留属于刑事强制措施。刑事拘留的最长期限为 37 天。在刑事拘留期间，侦查机关应对犯罪嫌疑人或被告人进行讯问，收集证据，以确定是否符合逮捕条件。行政拘留，是指公安机关对于违反治安管理行为的人员，采取的在一定期限内限制当事人人身自由的行政处罚措施。根据《行政处罚法》第 9 条的规定，行政拘留属于行政处罚的种类之一。行政拘留的期限最长为 15 天。

（二）行刑反向衔接中刑事拘留与行政拘留的联系

从上述两件案例可以看出，在行刑反向衔接中，均是公安机关在侦查阶段先对当事人采取了刑事拘留措施，公安机关移送审查起诉后，检察机关经审查作出了不起诉决定，但认为需要给予被不起诉人行政处罚，遂提出检察意见移送公安机关再进行行政处罚。依照法律规定，被不起诉人应当承担行政拘留的行政责任，此时产生了刑事拘留期限与行政拘留期限折抵的问题。

（三）行刑反向衔接中刑事拘留期限与行政拘留期限折抵的必要性

从法律制裁的严重程度来分析，刑事拘留的严重程度比行政拘留的严重程度要强得多。因为刑事拘留意味着可能要承担刑事责任，羁押期限最长可达 37 天；而行政拘留是行政法上对违法行为的结论性处罚，期限最长是 15 天，合并执行最长也不超过 20 天。刑事拘留与行政拘留虽然依据的法律规定不同，但都涉及当事人的人身权利，都是对人身自由的强制性限制。限制人身自由的法律后果都是不可撤销的，所以不管是刑事拘留还是行政拘留，都要谨慎运用。对当事人采取刑事拘留措施，相当于法律已经对当事人的行为作出了一定的初评，并且以当事人的自由为代价。[①] 当事人被不起诉后，因同一行为还需要承担行政拘留责任，仍然是以当事人的自由为代价。故，在行刑反向衔接中，将刑事拘留期限折抵行政拘留期限是十分有必要的。

---

① 杨传强：《刑事拘留时间抵偿行政拘留时间的必要性》，载《山西省政法管理干部学院学报》2012 年第 1 期。

三、刑事拘留与行政拘留期限折抵的法律依据

《治安管理处罚法》第 92 条规定："对决定给予行政拘留处罚的人，在处罚前已经采取强制措施限制人身自由的时间，应当折抵。限制人身自由一日，折抵行政拘留一日。"但是，在实践中，对于该法律条文的理解还存在争议。

第一种观点认为，《治安管理处罚法》第 92 条中的"强制措施"不包含限制人身自由的刑事强制措施，不能将该法律条文作为将刑事拘留期限折抵行政拘留期限的法律依据。理由为，《治安管理处罚法》第 3 条规定"治安管理处罚的程序，适用本法的规定；本法没有规定的，适用《中华人民共和国行政处罚法》的有关规定"。《行政强制法》第 9 条规定，"限制公民人身自由"是行政强制措施的种类之一。《行政处罚法》第 10 条第 2 款规定"限制人身自由的行政处罚，只能由法律设定"。除了治安管理处罚法之外，其他的法律也可以设定限制人身自由的行政处罚。故从行政法律的立法原意上看，《治安管理处罚法》第 92 条中规定的"强制措施"只包括限制人身自由的行政强制措施，不包括限制人身自由的刑事强制措施。

第二种观点认为，《治安管理处罚法》第 92 条规定的"强制措施"包含了限制人身自由的刑事强制措施，可以作为刑事拘留期限折抵行政拘留期限的法律依据。《治安管理处罚条例》（2006 年废止）对拘留期限折抵问题没有规定。但实践中存在行为人因同一行为被依法刑事拘留后因其行为不构成犯罪而需行政拘留的，其刑事拘留时间可否折抵行政拘留时间的问题。1997 年江西省公安厅就该问题请示了公安部，公安部于 1997 年 12 月 25 日作出了公复字〔1997〕9 号批复，答复应当折抵。在执行过程出现了刑事拘留的时间因超过行政拘留期限而不再进行行政处罚导致当事人违法经历空白的情况，公安部于 2004 年 3 月 4 日废止了公复字〔1997〕9 号批复，重新作出了公复

字〔2004〕1号《关于刑事拘留时间可否折抵行政拘留时间问题的批复》:"如果行为人依法被刑事拘留的行为与依法被行政拘留的行为系同一行为,公安机关在依法对其裁决行政拘留时,应当将其刑事拘留的时间折抵行政拘留时间。如果行为人依法被刑事拘留的时间已超过依法被裁决的行政拘留时间的,则其行政拘留不再执行,但必须将行政拘留裁决书送达被处罚人。"治安管理处罚法是在吸收治安管理处罚的大量有益实践经验的基础上制定的,公复字〔2004〕1号批复的内容亦包括在吸收借鉴范围内,所以才产生了第92条的规定内容,所以《治安管理处罚法》第92条规定的"强制措施"不是专指行政强制措施,而是泛指限制人身自由的各项强制措施,亦包括限制人身自由的刑事强制措施。

笔者赞同第二种观点。公安部公复字〔2004〕1号批复不是针对已废止的《治安管理处罚条例》中的具体规定进行的解答,而是对公安执法实务问题的解答,所以至今未被废止。该批复明确对被刑事拘留的违法行为人未构成犯罪的,刑事拘留期限可以折抵行政拘留期限,实质就是避免违法行为人被重复限制人身自由,充分体现了法律的公平性。尽管刑事拘留与行政拘留的执行场所不同,二者要实现的目的也不同,但是对于违法行为人来说,二者都属于限制人身自由的强制措施,对当事人产生的法律震慑效果是一样的。在目前法律法规规定不明确的情况下,公复字〔2004〕1号批复可以作为检察机关在办理行刑反向衔接案件中解决刑事拘留期限折抵行政拘留期限问题的依据。所以,《治安管理处罚法》第92条规定的"强制措施"应当包括刑事拘留,可以作为行刑反向衔接案件中刑事拘留期限折抵行政拘留期限的法律依据。

四、刑事拘留期限折抵行政拘留期限的具体问题

在司法实践中,除了寻找法律依据之外,行刑反向衔接案件中

刑事拘留期限折抵行政拘留期限还存在很多具体操作的问题。笔者结合办案情况，对刑事拘留期限折抵行政拘留期限的折抵原则、折抵期限、折抵主体、折抵情形等提出解决思路。

（一）折抵原则

刑事拘留期限折抵行政拘留期限是否可以随意折抵呢？笔者认为，行刑反向衔接案件办理中，刑事拘留期限折抵行政拘留期限应遵循以下原则，确保折抵的严谨性和规范性：（1）有利于当事人的原则。即将能够折抵的刑事拘留期限都计算在可以折抵行政拘留的期限内。（2）基于同一违法行为折抵的原则。即将刑事拘留期限与行政拘留期限进行折抵，必须是基于同一违法行为。（3）根据治安管理处罚法的规定，刑事拘留1日可折抵行政拘留1日。

（二）折抵主体

刑事拘留期限折抵行政拘留期限，是由检察机关在行刑反向衔接案件办理过程中进行折抵，还是由行政机关在作出行政处罚决定后进行折抵？笔者认为，刑事拘留期限折抵行政拘留期限的决定主体应当是行政机关。根据《行政处罚法》第2条的规定"行政处罚是指行政机关依法对违反行政管理秩序的公民、法人或者其他组织，以减损权益或者增加义务的方式予以惩戒的行为。"行政处罚只能由行政机关作出。根据最高人民检察院《关于推进行刑双向衔接和行政违法行为监督构建检察监督与行政执法衔接制度的意见》的规定，检察机关对被不起诉人给予行政处罚的提出检察意见，移送行政主管机关处理。需要对被不起诉人给予何种行政处罚、处罚的幅度等应由行政机关依法决定；检察机关从法律监督的角度，就行政机关决定的行政处罚种类、处罚的幅度是否正确进行监督。只有行政机关确定对被不起诉人应当给予行政拘留的行政处罚时，才存在用刑事拘留期限进行折抵的情况，所以，检察机关在行刑反向衔接案件办理过程中，只对是否需要给予行政处罚进行审查，需要给予行政处罚的，就提出检察意见，不能直接将刑事拘留期限折抵行政拘留期限，但可作为判断行政机关执法是否正确的重要依据之一。

（三）折抵情形

引题的两件案例分别代表了刑事拘留期限折抵行政拘留期限的两种具体情形。在上述论点均成立的情况下，引题的两件案例的问题迎刃而解。第一，刑事拘留期限不足以完全折抵行政拘留期限。案例一中，张某被决定不起诉后，还要被处以行政拘留10日的行政处罚。张某因同一违法行为已经被刑事拘留3日，按照刑事拘留1日折抵行政拘留1日进行期限折抵后，张某还要被行政拘留7日。该案中，检察机关行政检察部门应当向公安机关提出基于行政处罚的检察意见，由公安机关作出行政拘留10日的行政处罚决定，行政处罚决定书中应当载明已经折抵的期限和实际执行行政拘留的期限。第二，刑事拘留期限折抵行政拘留期限还有剩余。案例二中，李某被决定不起诉后，按照治安管理处罚法的规定，李某盗窃的情节较重，可以处行政拘留15日。李某已经被刑事拘留30日，按照刑事拘留1日折抵行政拘留1日进行期限折抵后，行政拘留15日全部被折抵，刑事拘留期限还有剩余。此种情形，检察机关仍然要向公安机关提出需要向李某给予行政处罚的检察意见，公安机关也仍然需要对李某作出行政处罚决定，并将行政处罚决定书送达李某，让李某留下违法行为记录，警示其今后不再犯。因刑事拘留期限完全折抵了行政拘留期限，行政拘留可不再执行，但应当在行政处罚决定书中明确。

（责任编辑：马睿）

疑难案件剖析

某汽车驾驶员培训公司占用土地争议申请行政检察监督案评析

——非法占用土地与非法转让土地的行政处罚辨别

孙 玲[*]

【基本案情】

2005年11月12日,某市某区河务局取得涉案地块国有土地使用权证,载明地类为水工建筑用地,使用权类型为划拨。2016年1月1日,某汽车驾驶员培训公司与该区河务局签订合同,租赁涉案地块建设驾校训练场。2017年10月30日,某市自然资源局(原国土资源局)对某汽车驾驶员培训公司作出〔2017〕01号行政处罚决定,认为某汽车驾驶员培训公司未经批准擅自占用土地(水工建筑)面积10.7899万平方米建设驾校训练场,违反《土地管理法》[①]第54条规定,依据《土地管理法》第76条和《土地管理法实施条例》[②]第42条规定,作出责令退还占用土地及并处非法占用土地按每平方米罚款15元共计161.8485万元罚款的处罚决定。某汽车驾

---

[*] 最高人民检察院第七检察厅三级高级检察官。
[①] 土地管理法于2019年第三次修正,本案中适用的具体条款均为2004年修正版。
[②] 《土地管理法实施条例》于2021年第三次修订,本案中适用的具体条款均为2014年修订版。

驶员培训公司不服向市政府申请复议，市政府复议维持了行政处罚决定。2018年1月10日，某汽车驾驶员培训公司以市自然资源局、市政府为被告提起行政诉讼，请求法院判令撤销被诉复议决定和行政处罚决定。

【裁判结果和检察机关履职情况】

一审判决认为，在河道管理范围内建设建筑物、构筑物等行为，处罚权属于县级以上政府水行政主管部门和河流流域管理机构。市自然资源局依据《土地管理法》第76条所作处罚属于超越职权、适用法律错误，判决撤销被诉行政处罚决定及行政复议决定。市自然资源局不服一审判决，提起上诉。

二审判决认为，某汽车驾驶员培训公司使用涉案河道滩地进行建设的行为未经国土部门批准，不符合法律规定，水利部门以及土地管理部门均可依法予以处理。市自然资源局作出涉案行政处罚并无不当，市政府作出的行政复议也符合法定程序。判决撤销一审判决、驳回某汽车驾驶员培训公司的诉讼请求。某汽车驾驶员培训公司不服二审判决，申请再审。法院裁定驳回某汽车驾驶员培训公司的再审申请。某汽车驾驶员培训公司遂向检察机关申请监督。

检察机关受理申请监督后，通过实地查看土地现状、调取相关执法卷宗及审判卷宗、听取双方当事人意见等方式全面审查案件。经查明：第一，某汽车驾驶员培训公司就涉案土地性质向市自然资源局申请信息公开。市自然资源局2017年5月23日出具《政府信息公开告知书》回复：涉案土地于2005年办理国有土地使用权登记时地类为水工建筑用地，后2007年7月第二次全国土地调查，变更涉案土地地类为耕地。第二，该省自然资源厅（原省国土资源厅）于2017年6月发布5起案件挂牌督办的通知，附件载明某汽车驾驶员培训公司违法占用集体土地建设驾考训练场，占地面积157

亩、地类为耕地，不符合土地利用总体规划。第三，市自然资源局于2017年12月11日对区河务局作出〔2017〕02号行政处罚决定，就区河务局未经批准擅自将案涉土地转让给某汽车驾驶员培训公司的行为，依据《土地管理法》第73条和《土地管理法实施条例》第38条规定，决定没收区河务局非法所得30000元，并处以9000元的罚款。

市检察院认为，生效判决认定事实的主要证明不足且适用法律确有错误，提请省检察院抗诉。省检察院审查后依法向山东省高级人民法院提出抗诉。山东省高级人民法院采纳检察机关抗诉意见，作出再审行政判决，撤销一、二审行政判决，撤销被诉行政处罚决定与复议决定。

【争议焦点】

本案审查重点是市自然资源局对某汽车驾驶员培训公司所作〔2017〕01号行政处罚决定事实认定是否正确，适用法律是否合法正当。

争议问题一：关于涉案土地性质应确认为水工建筑用地还是耕地。本案中，区河务局的国有土地使用权证显示涉案土地为水工建筑用地。而某汽车驾驶员培训公司就涉案土地性质向市自然资源局申请信息公开，市自然资源局出具《政府信息公开告知书》回复：涉案土地在2007年7月第二次全国土地调查后，变更土地地类为耕地。同时省自然资源厅案件挂牌督办通知的附件载明某汽车驾驶员培训公司违法占用集体土地、地类为耕地。因此，本案土地性质存在是耕地还是水工建筑用地的争议。对此，某汽车驾驶员培训公司作为行政处罚相对人，认为土地管理部门将涉案国有土地定性为耕地，是引起涉案处罚的根源。同时，涉案土地性质也关系到处罚主体问题是水利部门还是土地管理部门。

争议问题二：关于被诉行政处罚应当适用《土地管理法》第76条还是第73条。土地管理法规定了未经批准占用、采取欺骗手段骗取批准占用、超过批准数量占用三种非法占用土地的情形和相应责任后果。① 《土地管理法》第73条规定买卖或非法转让土地的违法情形和相应责任后果，并进一步区分建设使用土地是否违反土地利用总体规划。② 关于该争议问题有两种意见：一种意见认为，第76条的处罚客体是非法占用土地的违法行为，其前提土地仍为国家使用权为国家或集体所有，尚未经出让；用地主体取得国有或集体土地使用权后违反法律规定的条件或程序再次转让的行为应适用第73条进行处罚。另一种意见认为，无论是没有依法取得国有或集体土地使用权的土地而占有使用的，还是将已经依法取得国有或集体土地使用权的土地非法转让给他人而占有使用的，对土地使用人均可以适用第76条非法占用土地的条款进行处罚，而第73条非法转让土地的条款仅适用于对非法转让土地的出让人进行处罚。

---

① 参见《土地管理法》第76条规定：未经批准或者采取欺骗手段骗取批准，非法占用土地的，由县级以上人民政府土地行政主管部门责令退还非法占用的土地，对违反土地利用总体规划擅自将农用地改为建设用地的，限期拆除在非法占用的土地上新建的建筑物和其他设施，恢复土地原状，对符合土地利用总体规划的，没收在非法占用的土地上新建的建筑物和其他设施，可以并处罚款；对非法占用土地单位的直接负责的主管人员和其他直接责任人员，依法给予行政处分；构成犯罪的，依法追究刑事责任。超过批准的数量占用土地，多占的土地以非法占用土地论处。

② 参见《土地管理法》第73条规定：买卖或者以其他形式非法转让土地的，由县级以上人民政府土地行政主管部门没收违法所得；对违反土地利用总体规划擅自将农用地改为建设用地的，限期拆除在非法转让的土地上新建的建筑物和其他设施，恢复土地原状；对符合土地利用总体规划的，没收在非法转让的土地上新建的建筑物和其他设施，可以并处罚款；对直接负责的主管人员和其他直接责任人员，依法给予行政处分；构成犯罪的，依法追究刑事责任。

【案件评析】

关于争议问题一，笔者认为涉案土地性质应当确认为水工建筑用地，理由是：第一，涉案土地性质影响被诉行政处罚的法律适用。违法行为是承担法律责任的前提和基础。行政处罚法规定行政处罚的实施必须以事实为依据，与违法行为的事实、性质、情节以及社会危害程度相当。[①] 认定涉案土地性质是案件事实的重要内容，也是判定行为是否违法、违法性质、情节、危害程度的重要方面。本案土地是耕地还是国有土地，是否为已划拨区河务局的水工建筑用地，是行政处罚正确适用法律的重要基础和前提，直接影响行政处罚依据和结果，影响相对人对行政机关执法的认同。第二，涉案土地性质应以国有土地使用权证记载为准，属于河道管理范围内的水工建筑用地。根据《土地调查条例》第28条规定："土地调查成果应当严格管理和规范使用，不作为依照其他法律、行政法规对调查对象实施行政处罚的依据，不作为划分部门职责分工和管理范围的依据。"据此，在涉案国有土地使用权证真实且并未变更的情况下，2007年第二次全国土地调查结果不能作为行政处罚依据，涉案土地性质仍应以国有土地使用权记载为准，是河道管理范围内的水工建筑用地，水利部门和土地管理部门均可进行处理，二审判决对此所作认定并无不当。

关于争议问题二，笔者认为本案中行政处罚应当适用《土地管理法》第73条，理由有三：

其一，从关涉条款的内容及所保护的法益上看，本案中行政处罚应当适用《土地管理法》第73条。《土地管理法》第76条规制的是非法侵占土地，包括未经批准占用、采取欺骗手段骗取批准占

---

① 参见《行政处罚法》（2017年修正）第4条。

用、超过批准数量占用三种非法占用土地的情形和相应责任后果。可以看出该条款旨在维护任何建设单位或个人占用国有或集体土地进行建设应当经依法批准并符合土地利用总体规划的土地管理秩序，其前提是土地仍属于国家或者集体所有。而该法第73条规制的是非法转让土地，包括买卖或者其他非法转让土地的违法情形和相应责任后果，并进一步区分建设使用土地是否违反土地利用总体规划。可以看出该条款重在维护土地使用权应合法流转的立法目的，其前提是土地转让方已经合法取得土地使用权。①本案中，某汽车驾驶员培训公司是以与区河务局签订租赁合同的方式，通过转让取得涉案土地建设驾校训练场。而土地转让方区河务局作为涉案地块土地使用证上记载的土地使用权人，已经合法取得涉案土地使用权。因此，相对于非法侵占土地来说，本案更符合非法转让土地的情形，从条款内容及所保护的法益上看，本案中行政处罚应当适用《土地管理法》第73条。

其二，从相关条款的结合适用上看，本案中行政处罚应当适用《土地管理法》第73条。本案行政处罚适用《土地管理法》第76条处罚，即土地未经合法取得，仍属于国家或者集体所有的非法侵占情形，则同时本案处罚决定中关联适用的条款是《土地管理法》第54条。该条规定："建设单位使用国有土地，应当以出让等有偿使用方式取得；但是，下列建设用地，经县级以上人民政府依法批准，可以以划拨方式取得：……"即规定国有建设用地可以依法出让或者划拨两种方式合法取得。而因本案区河务局合法取得涉案国有土地在先，某汽车驾驶员培训公司以租赁合同方式取得涉案土地进行建设使用在后，客观上不存在某汽车驾驶员培训公司依据第54

---

① 参见周某祥诉某县国土资源局国土资源行政处罚一案，安徽省高级人民法院（2017）皖行再2号行政判决书的裁判观点。

条以出让或者划拨方式取得涉案土地的可能性。相对而言，如果涉案行政处罚适用《土地管理法》第73条，即土地已经土地转让方合法取得，在二次流转中是否合法的情形，则本案可以同时关联适用的条款为《城镇国有土地使用权出让和转让暂行条例》第44条、第45条第1款。该条例第44条规定："划拨土地使用权，除本条例第45条规定的情况外，不得转让、出租、抵押。"第45条第1款规定："符合下列条件的，经市、县人民政府土地管理部门和房产管理部门批准，其划拨土地使用权和地上建筑物、其他附着物所有权可以转让、出租、抵押……"即取得划拨土地使用权后，土地使用权人在符合法定条件并履行法定程序的情况下，可以二次流转。本案中，区河务局以签订合同的方式将涉案水工建设用地出租给某汽车驾驶员培训公司建设驾校训练场，未经批准且改变土地使用用途，符合违反划拨用地应依法转让之上述规定的情形。因此，从关联条款适用的角度看，涉案违法情形应该适用《城镇国有土地使用权出让和转让暂行条例》第44条、第45条第1款及《土地管理法》第73条，而不是《土地管理法》第54条及第76条。

其三，从处罚公正及过罚相当原则看，本案中行政处罚应当适用《土地管理法》第73条。如果本案中行政处罚适用《土地管理法》第76条，对应《土地管理法实施条例》第42条的规定，罚款额为非法占用土地每平方米30元以下。因而针对某汽车驾驶员培训公司的处罚结果是退还占用土地10.7899万平方米、并处罚款数额是非法占用土地每平方米15元共计161.8485万元。如果适用《土地管理法》第73条，对应《土地管理法实施条例》第38条的规定，罚款额为非法所得的50%以下。因而针对区河务局的处罚结果是没收非法所得30000元，并处罚款数额是9000元。首先，处罚公正是行政处罚法明确规定的基本原则，公平公正也是法治社会的核心价值观之一。对于涉案土地转让的双方当事人，处罚依据不同，罚款数额相差巨大，有悖处罚公正。其次，比例原则是行政法的重要原则，也是行政合理性原则的重要内容。比例原则的基本含义是指行政机关实施行政行为应兼顾行政目标的实现和保护相对人权益，采取适当手段以使对行政相对人权益的不利影响限制在尽可能小的范围和限度内，保持二者处于适度的比例。① 过罚相当原则是合理行政中比例原则在行政处罚法中的体现，用于约束行政处罚裁量权，规定实施行政处罚必须以事实为依据，与违法行为的事实、性质、情节以及社会危害程度相当。而按照常理推断，政府较相对人而言应当更为熟悉相关法律法规，相对人基于对公权力信赖而作出一定行为。从本案违法事实和情节看，区河务局作为具有公信力的一方，对于未经审批即出租涉案土地使用权的行为应承担一定的责任。而从处罚结果看，某汽车驾驶员培训公司被并处的罚款金额远高于区河务局，亦有悖于过罚相当的比例原则。因此，从处罚公正及过罚相当原则看，本案中行政处罚应当适用《土地管理法》第73条。

综上分析，笔者认为，土地管理法的目的在于保护、开发土地资源，合理利用土地，切实保护耕地，促进社会经济的可持续发展。土地行政机关应当准确认定土地性质、土地使用权流转状况等情节，结合土地管理法相关规定的具体内容、所保护法益以及行政法基本原则进行土地领域行政执法。

（责任编辑：罗欣）

---

① 参见姜明安主编：《行政法与行政诉讼法》，北京大学出版社2019年版，第76页。

柴某诉某区政府撤销行政批复案评析

——优化生效裁判羁束类行政案件监督方式探讨

范 懿[*]

【基本案情】

2008年2月4日,天津市某区启动农村城市化建设。该区下辖各街镇陆续组织辖区村级组织与农户协商签订安置补偿协议。对于未签约村民,由各村级组织报请有批准权的一级政府批准村级组织收回村民宅基地。2019年12月底,该区政府下辖的某镇政府陆续收到该镇A村、B村、C村、D村、E村提交的《村级组织收回未签约住户村集体土地(宅基地)使用权的请示》。2020年1月1日,土地管理法(2019年修正)开始实施。该法第62条第4款将农村村民住宅用地批准权,由原"经乡(镇)人民政府审核,由县级人民政府批准"的规定,变更为"由乡(镇)人民政府审核批准"。2020年4月3日,该镇政府仍然按照修订前的土地管理法(2004年修正)规定的批准程序,向区政府报请批准该镇上述5个村级组织的请示。2020年5月22日,该区政府根据该镇政府的请示,作出《关于某镇A村、B村、C村、D村、E村村级组织收回未签约住户村集体土地(宅基地)使用权的批复》(以下简称《批复》),

---

[*] 天津市人民检察院第六检察部四级高级检察官。

批准同意上述 5 个村级组织收回相关村民宅基地。5 个村级组织开始陆续收回未签约村民宅基地并拆除房屋。

2020 年 11 月 11 日，B 村未签约村民柴某向法院提起行政诉讼，要求撤销该《批复》。一审法院判决驳回柴某诉讼请求。2021 年 5 月 18 日，二审法院作出终审判决，驳回柴某上诉，维持原判。2021 年 5 月 7 日，A 村未签约村民陈某某亦向同一一审法院提起行政诉讼，要求撤销该《批复》。

【裁判结果和检察机关履职情况】

一审、二审法院均认为，本案陈某某所诉的《批复》与法院先前审理的另案柴某所诉《批复》为被告作出的同一行政行为，且法院已经在柴某案中对《批复》涉及的 5 个村的证据均进行了认证，已经对被诉《批复》的合法性进行了全面审查。两审法院均以本案陈某某所诉的《批复》已被柴某案的生效判决羁束为由，裁定驳回陈某某的起诉。陈某某申请再审，再审法院以原理由裁定驳回其再审申请。陈某某随后向检察机关申请生效行政裁判结果监督。检察机关以二次穿透式监督，查明区政府和镇政府作出《批复》的行政审批法律问题，深入向区政府和镇政府释法说理，促使区政府督促镇政府与陈某某达成安置协议，实现了行政争议实质化解。最终，陈某某撤回了监督申请，该案终结审查。检察机关就发现的法律问题，向区政府制发《法律风险提示函》警示区政府做好相关法律适用排查工作，杜绝类似问题发生。

【争议焦点】

检察机关监督法院以生效裁判羁束为由裁定驳回起诉的行政案件，其争议焦点不是在于是否有"形式羁束"情形即存在同一标的的前诉生效裁判，而是在于是否有"实质羁束"情形即存在正确的生效前诉裁判羁束本诉。只有存在实质羁束情形，法院的裁定才属于正确的裁判。

【案件评析】

（一）生效裁判羁束类行政案件的监督困境

1. 生效裁判羁束类行政案件的特点

该类行政案件一般指的是人民法院根据最高人民法院《关于适用〈中华人民共和国行政诉讼法〉的解释》（以下简称《适用解释》）第69条第1款第9项规定的，发现本诉的被诉行政行为与前诉的一致，就以诉讼标的已为生效裁判或者调解书所羁束为由，作出驳回起诉裁定[①]的行政类案。在审判实践中，从维护既判力的角度，法院一般只要查明存在生效的前诉与本诉的被诉行政行为一致，对本诉就会按照生效裁判羁束类行政案件予以处理，可以不经开庭径行[②]裁定驳回起诉。法院对于前诉是否正确，既不审查也不关注。

本案陈某某申请监督的行政案件就属于此类行政案件。本案中，行政检察部门通过审阅两审法院卷宗发现，一审法院于2021年8月31日开庭发现被诉行政行为已在该院前诉审理过且前诉判决已经生效，随即在开庭后的4个工作日，即9月6日就作出一审驳回起诉裁定。

从生效裁判羁束类行政案件本身特性看，此类案件具有其他行政案件不具备的三大特点：一是本诉查明事实单一，仅围绕本诉与前诉

[①] 《适用解释》第69条第1款第9项："有下列情形之一，已经立案的，应当裁定驳回起诉：……（九）诉讼标的已为生效裁判或者调解书所羁束的。"

[②] 《适用解释》第69条第3款："人民法院经过阅卷、调查或者询问当事人，认为不需要开庭审理的，可以径行裁定驳回起诉。"

的被诉行政行为一致且前诉已经生效这一"形式羁束"情形进行程序审查，对被诉行政行为的合法性不作实体审理；二是本诉的法律适用简化，只要存在羁束事实就适用《适用解释》的上述规定，而不论是否"实质羁束"；三是本诉受前诉既判力影响直接，被诉行政行为的一致性使得前诉生效裁判的既判力直接作用于本诉。

2. 生效裁判羁束类行政案件的特点引发的监督困境

在检察监督实践中，生效裁判羁束类行政案件的三大特点，容易导致检察机关对此类案件的监督缺乏监督角度，极易沿用法院审判思维和适用的法律，仅仅从形式上审查是否存在同一诉讼标的的前诉且前诉已经生效，若存在则认为前诉可以羁束本诉，本诉审判结果正确。生效裁判羁束类行政案件的三大特点，还导致行政机关在此类案件的检察监督中，对监督结果较为自信，配合检察机关化解行政争议的积极性不高。因此，在生效裁判羁束类行政案件的监督中，存在着行政裁判结果监督囿于形式，涉案行政违法行为监督缺乏抓手，实质性化解行政争议较难推进，检察监督的职能未能有效发挥等监督困境。

本案中，两审法院正是根据《适用解释》的上述规定，以陈某某起诉的《批复》被前诉柴某的生效裁判效力羁束为由，裁定驳回陈某某的起诉。即便客观上陈某某被收回宅基地后一直未得到应有的安置补偿，存在应予以保护的合法安置利益，但是在法院审理阶段因本诉受到前诉羁束的影响而一直未得到实质化解。进入检察监督阶段，两审法院的驳回起诉裁定赋予了区政府和镇政府对行政行为合法性的强烈信心，而且5个村的其他几千户村民或者已经签订协议或者在区政府作出被诉《批复》后陆续也签订了协议。就本诉陈某某的安置需要，不论区政府还是镇政府虽然都认可本诉具有实质化解行政争议的必要性，但行动上仍缺乏配合检察机关化解行政争议的主动性。检察机关化解行政争议工作一度推进困难。

（二）生效裁判羁束类行政案件监督困境的法律分析

1. 法检对生效裁判羁束类行政案件的法律评判角度不同

对审判机关而言，生效裁判羁束本意是法院为提升审判效率、避免有限司法资源重复使用而设立的裁判理由。从《适用解释》的规定上，法院在本诉中仅需形式审查被诉行政行为在前诉与本诉中是否相同即可，对前诉审判结果不作实质审查。况且，前诉有可能是二审法院作出的生效判决。本诉的一审法院无权对二审法院判决的正确与否进行审查。因此，在法律评判上，法院对生效裁判羁束类行政案件的审理，仅作被诉行政行为是否前后一致的程序性审理，对于被诉行政行为的合法性不作实体法律评判。

对检察机关而言，行政检察部门对各类生效行政裁判的监督都是实质审查监督，都要依据《行政诉讼法》第91条及《人民检察院行政诉讼监督规则》第82条至第87条的规定，审查生效行政裁判是否正确。对于生效裁判羁束类行政案件，本诉的正确与否受到前诉合法性的影响。在前诉未经检察机关监督审查前，前诉正确与否尚未确定。因此，检察机关有必要审查前诉的合法性。

2. 法检对行政行为合法性的审查广度不同

对审判机关而言，行政行为的合法性审查强调"时间点"的即时性。行政行为只要符合其作出时的法律依据、具有当时正确的证据佐证，法院就可以认定其合法性。在生效裁判羁束类行政案件中，即便法院在本诉中审查被诉行政行为的合法性，也是依据前诉当时的证据和依据进行审查，所以为了节约司法资源，法院在本诉中不会重复审查证据及依据，也不会对被诉行政行为在本诉时的法律适用进行审查，只审查是不是同一被诉行政行为。

对检察机关而言，行政行为的合法性审查强调"时间段"的持续性。行政行为不仅在被诉时应当具有合法性，还应当符合检察监督时的法律依据、不能被检察监督环节的新证据予以推翻。在生效裁判羁束类行政案件中，行政行为的合法性不因法院后续作出的以生效裁判羁束为由的裁定而不断得到延续。检察机关要根据监督审查时的证据、依据审查被诉行政行为的持续合法性。

3. 法检对生效裁判羁束类行政案件原告合法权益的保护力度不同

对审判机关而言，前述法律评判角度的形式性和对行政行为的审查即时性，共同决定了法院在生效裁判羁束类行政案件中，不会对本诉原告的诉求、证据、依据等前诉未出现而本诉出现的情况进行审理。所以，就原告的感受而言，法院仅审查了原告的诉权而未保护其胜诉权。

对检察机关而言，前述法律评判角度的实质性和对行政行为持续合法性的审查，共同决定了检察机关对生效裁判羁束类行政案件的监督，既要审查法院驳回起诉是否正确以保护原告诉权，又要审查被诉行政行为是否合法以保护原告胜诉权，是对原告诉讼权益的全面保护。

综合上述分析，对前诉的合法性审查和对前诉的被诉行政行为的合法性审查，都是检察机关监督生效裁判羁束类行政案件的应有之义。检察机关若仅围绕本诉开展监督就不会触及实质争议焦点，缺乏监督持续性，忽略申请人的实质合法权益，容易形成在法院程序审查之外的另一道检察监督"程序旋转门"。

（三）以二次穿透式监督破解监督困境

为破解对生效裁判羁束类行政案件的监督困境，全面履行对本诉、前诉及其被诉行政行为合法性的审查需要，检察机关应当在监督本诉的同时实施二次穿透式监督。第一步，先穿透至前诉开展监督，调查前诉在审判结果、审理过程、审判人员等方面是否存在违法问题，以对前诉的主动调查推进对本诉的监督进展。第二步，穿透至前诉和本诉中的被诉行政行为开展监督，调查被诉行政行为在主体资格和法定职权、履行程序、认定事实、法律适用等方面的合法性问题以及合理性问题,以对被诉行政行为的监督推进对前诉合法性的监督,进而共同推进对本诉的监督进展。通过二次穿透式监督,检察机关才能抓准行政争议实质焦点,才能实现从行政争议根源上实施行政诉讼法律监督、获得行政违法行为监督抓手、促进行政争议实质化解,从而破解生效裁判羁束类行政案件的监督困境。

本案中,行政检察部门创新实施二次穿透式监督,第一步,穿透至先前尚未被申请监督的柴某行政生效裁判案件;第二步,穿透至被诉行政行为的监督。通过二次穿透式监督,检察机关发现,根据 2020 年 1 月 1 日实施的《土地管理法》第 62 条第 4 款,收回村民宅基地的有权批准机关从区县人民政府下沉至乡镇人民政府。①在羁束本诉的前诉行政生效裁判中,法院混淆了新旧土地管理法对区县政府和镇政府批准权的法律规定;被诉的《批复》不应由区政府作出而应由镇政府自行批准决定。涉案的镇政府不应向区政府请示,区政府也不应接受镇政府的请示。检察机关调查核实、释法说理,最终推动陈某某与镇政府达成安置补偿一致意见,撤回监督申请,实质性化解行政争议。

(四)妥善采取监督方式提升行政违法行为监督效果

二次穿透式监督在破解本诉生效行政裁判羁束行政案件的监督困境同时,对于发现的行政违法行为问题,检察机关应当妥善采取监督方式提升监督效果。

---

① 《土地管理法》(2004 年修正)第 62 条第 3 款规定:"农村村民住宅用地,经乡(镇)人民政府审核,由县级人民政府批准;其中,涉及占用农用地的,依照本法第四十四条的规定办理审批手续。"《土地管理法》(2019 年修正)第 62 条第 4 款规定:"农村村民住宅用地,由乡(镇)人民政府审核批准;其中,涉及占用农用地的,依照本法第四十四条的规定办理审批手续。"新法将审批权由县级人民政府下沉至乡镇人民政府。

本案中，检察机关考虑到行政机关已经配合实现行政争议的实质性化解，且被诉行政行为影响的村民中仅有柴某一户尚在解决中。行政管理法律关系中仍需要纠正的法律问题与其他村民已经签约的社会稳定状态之间存在着如何妥善采取监督方式的平衡问题，需要检察机关充分考量监督手段的适当性。

　　传统的监督手段都有其相对固定的适用情形，也限制了传统监督手段在本案中的适用。第一，抗诉或再审检察建议，主要针对的是法院生效行政裁判，通过对生效行政裁判的直接监督，间接实现对行政违法行为的监督。本案被申请监督的本诉裁定，以审判机关的视角，形式上完全符合《适用解释》的规定。结合前述分析的法检在法律评判角度和行政行为合法性审查广度上的差异，即便本案采用抗诉或再审检察建议的方式，法院再审改判的概率也极低，无法实现对行政违法行为的监督。第二，纠正违法的检察建议，虽然可以指出行政机关存在的法律适用问题，但是需要行政机关依法整改并回复检察机关。若行政机关依法整改，则先前依据该被诉行政行为所签订的安置协议的合法性就受到质疑，已经稳定的几千户村民的安置补偿状态也受到影响。因而，本案的社会稳定性决定了纠正违法的检察建议不适宜。第三，改进管理、完善治理的检察建议，主要适用于当事人以外的行业主管部门或当事人自身的管理机制问题，无法适用于本案被诉行政机关存在的法律适用问题。

　　最终，考虑到本案已经化解行政争议且存在几千户村民已经签约的社会稳定状态等因素，检察机关创新采用法律风险提示函这种柔性监督方式。一方面，函稿本身属于机关单位之间的常见公文方式，检察机关采用法律风险提示函符合其国家法律监督机关的职权定位。法律风险提示函可以载明检察机关发现的被诉行政行为的法律问题，预判可能引发的法律风险，提示行政机关予以重视。另一方面，法律风险提示函属于通知性的公文，仅提出警示不要求按期回复或整改，不同于具有明显监督性质的检察建议书，可以降低行政机关接收检察机关文书的法治考核顾虑，也可以避免行政机关认为化解行政争议后仍被检察机关采取监督措施而产生抵触意见，更有利于行政机关妥善接受检察机关的法律意见消弭法律风险；再一方面，法律风险提示函没有否定被诉行政行为的合法性，不影响先前已经签订了几千份安置协议的法律效力，对社会稳定不产生实际影响。因此，将法律风险提示函适用于已经化解行政争议但仍存在一定法律问题的案件中，可以有效发挥检察机关的法律监督职能，也可以有效提升法律监督方式的妥善性和适当性。

（五）创新实质化解方式的法律监督保障

行政争议达成化解意向后，如何确保化解结果落到实处，一直是行政检察部门在化解工作中需要考量的实践问题。

本案中，为进一步确保化解的行政争议可以切实执行，检察机关在得知申请人在法院存在行政赔偿案件的信息后，建议申请人通过法院司法调解程序对已经达成的安置补偿意见予以确认，既可以通过司法调解确认程序赋予安置补偿意见的司法执行效力，也可以因行政调解书的生效而获得检察机关对行政调解书及其执行情况的法律监督保障。此种化解方式，将化解的行政争议仍保留在司法轨道上，避免当事人因执行协议的后续具体活动引发信访问题，也预留了检察机关对执行化解情况的法律监督途径，确保行政争议真正实质化解。

（责任编辑：刘浩）

优秀案例选登

案例一：北京市检察院督促市住建委核查处理公租房违规使用行政检察类案监督案

【关键词】

公租房　违规使用　数据赋能　检察建议　系统治理

【基本案情】

公租房即公共租赁住房，它是国家住房保障体系的重要组成部分，更是国家解决低收入住房困难群众的民生工程。北京市检察机关在行刑反向衔接工作中发现，部分违法犯罪分子将公租房这一保障低收入住房困难群众的民生工程作为黄赌毒等违法犯罪活动场所，严重破坏了公租房的公益性用途，违反了《公共租赁住房管理办法》（住房和城乡建设部令第11号）等相关规定。因数据壁垒等因素，主管部门难以进行有效监管。

针对上述情况，北京市人民检察院（以下简称北京市检）以"承租人在公租房内从事违法犯罪活动"需要退回公租房的规定为依据，以刑事司法履职中发现的承租人在公租房内从事犯罪活动为切入点，构建了"公租房违规使用大数据法律监督模型"，积极协调北京市住房和城乡建设委员会（以下简称市住建委）、规划和自然资源委员会和公安机关等部门，依托大数据资源对本市公租房领域存在的违规使用问题进行了筛查、分析。经过分类、调查核实，发现公租房主管部门在行政管理过程中，对"承租人在公租房内从事违法犯罪活动""承租人承租公租房后将公租房闲置""承租人在租赁期内承购其他保障性住房或在租赁期内获得其他住房""承租人在不符合申请条件的情况下承租了公租房""承租人违规转租公租房"等多种违规情形存在监管不力、不依法监管等问题，导致大量的公租房被违规占用，严重影响了国有住房资源的公正配置。北京市检在与市住建委充分沟通基础上，针对发现的问题制发了行政检察类案《检察建议书》，获得回函采纳。

为推动检察建议的落地落实，确保监督成效，北京市检与市住建委会签了《关于做好违规使用公租房问题线索核查处理工作的通知》，下发到各区住建部门和检察机关。通过督促履职，截至2023年11月23日，全市共收回违规占用公租房558套，面积达2.6万余平方米，促进市值达11.73亿元的国有住房资源得到依规配置。此外，收回公租房欠缴租金71.29万元。

【检察机关履职情况】

线索发现。检察机关在办理行刑反向衔接案件中发现，作为国家解决低收入住房困难群众民生工程的公租房，在实际使用中被某些承租人作为黄赌毒等违法犯罪活动场所，破坏了公租房的公平配置、有效使用。按照《公共租赁住房管理办法》《北京市公共租赁住房申请、审核及配租管理办法》等规定，上述承租人不再符合公租房承租条件应当予以清退。调研发现，上述现象在全市范围内普遍存在，行政机关因数据壁垒等原因未进行有效监管。此外，还存在其他类型的公租房违规使用情形，严重破坏了公租房的公益性用途。

数据赋能。为解决以上问题，北京市检构建了公租房违规使用大数据法律监督模型，依托检察机关业务应用系统等数据库，运用逻辑规则，针对提炼出的监督点筛查违规线索。通过对151875条外部数据和172610条内部数据进行碰撞和筛查，发现本市违规使用公租房的问题线索信息4027条。经过进一步分类并开展调查核实，确定了2092条涉嫌违规使用公租房线索，并在此基础上形成了公租房违规使用类案。

类案监督。依据《人民检察院行政诉讼监督规则》《人民检察院行政检察类案监督工作指引（试行）》《公共租赁住房管理办法》《北京市公共租赁住房申请、审核及配租管理办法》等规定，经与市住建委充分沟通，北京市检制发了《检察建议书》，建议市住建委在公租房管理中强化制度落实、堵塞管理漏洞、建立信息共享机制。市住建委回函采纳检察建议，并从四个方面提出整改措施：（1）建立常态化的公租房监督检查机制；（2）完善公租房退出行政处理程序，加强公租房退出管理；（3）研究完善信息比对核查机制，加强承租家庭动态监管；（4）加大使用监管政策宣传力度。

联动履职。为确保检察建议的落地见效，避免"一发了之"，北京市检在制发检察建议后，与市住建委会签下发了《关于做好违规使用公租房问题线索核查处理工作的通知》（京建发〔2023〕166号），从线索移交、现场核查、依法处理、建立台账、加强监管等5个方面提出了明确要求。市住建委组织召开全市各区住建部门、保障房平台进行解读，专题部署核查处理工作，要求做到逐一入户、逐一核查、逐一建档，逐户明确核查意见。北京市检积极部署全市各院与各区住建委联动履职，建立线索核查对接机制，同时督促各区住建部门积极履职。自此，公租房违规使用核查工作在全市推开，得到了市委和各区委主要领导高度肯定。

【典型意义】

一是找准监督"小切口"，依托数据赋能提升线索发现能力。

《中共中央关于加强新时代检察机关法律监督工作的意见》为新时代全面深化行政检察监督提供了政策依据和重要机遇。检察机关需要立足行政检察职能定位，准确把握监督前提和边界，聚焦行政机关"法定职责必须为"而不为的情形，运用大数据思维，深入挖掘检察机关内部数据富矿，以行刑反向衔接为"小切口"，撬开行政不作为之大门，通过严谨的数据逻辑设计和数据流程分析，提升线索获取能力，为行政违法行为监督提供重要支撑。

二是聚焦共性问题，以类案监督助推系统治理。对行政违法行为监督，要打破就案办案的固有思维，牢固树立"个案办理—类案监督—系统治理"的办案思维。针对个案办理难以解决的普遍性难题，检察机关要充分利用大数据模型，梳理出行政执法中存在的普遍性、规律性问题，深挖个案背后的深层次原因，查摆行政执法薄弱环节和监管漏环，在与行政机关充分沟通的基础上凝聚共识，通过类案监督、制发检察建议、共同发力、联动履职等方式，实现检察建议从"办理"到"办复"，从个案办理到类案监督再到系统治理的良好效果。

（责任编辑：孙玲）

案例二：浙江省某镇人民政府、某县农业农村局不履行农村土地承包管理法定职责行政诉讼执行检察监督案

【关键词】

行政诉讼执行监督　农村妇女权益保护　土地承包　一揽子化解争议

【基本案情】

邵某某系某村村民，1976年婚嫁外地，未在嫁入地享有集体经济组织成员权益；1986年离婚后返回某村生活。2009年7月，某村集体土地被某县人民政府征收，至2011年11月，相应土地补偿费等补偿权益分配完毕。

2008年8月至2022年1月，因未取得农村土地承包经营权及后续的土地征收补偿权益，邵某某先后提起并历经农村土地承包仲裁2次、行政诉讼4次、民事诉讼2轮9次，但是其依法应当享有的集体经济组织成员权益均未落实。其中，2008年8月至2010年8月间，某县农村土地承包仲裁委员会作出裁决，某村委会和邵某某签订农村土地承包合同，但某村委会未按期履行。2017年9月至2018年8月间，邵某某诉某镇人民政府、县农业农村局要求履行土地承包管理法定职责行政诉讼案，人民法院判决责令镇政府、县农

业农村局对邵某某所涉土地承包事实进行调查并作出处理。经邵某某申请人民法院强制执行，镇政府、县农业农村局出具《答复函》提出某村委会组织村民代表会议表决确认，邵某某土地承包经营权在该村周某某（邵某某嫂子）户内承包面积0.548亩，人民法院据此以执行完毕方式结案。2019年5月至2022年1月间邵某某再次提起民事诉讼，人民法院再次以邵某某没有实际取得承包土地无法证实土地承包权益的份额，判决驳回其诉讼请求，建议邵某某向行政主管部门申请解决。该土地承包权争议处于"诉讼循环""程序空转"的情形。

【检察机关履职情况】

线索发现。某县人民检察院在履职中发现某镇政府、某县农业农村局未依法执行人民法院行政生效裁判，导致邵某某长期未能取得土地承包经营权及相应的权益，故依职权启动监督程序。

调查核实。根据案件线索，检察机关重点开展了以下调查核实工作：一是向人民法院调阅了行政判决以及执行案件卷宗材料，发现在行政判决执行阶段，人民法院仅以出具的答复函就以"行政机关已履行生效法律文书确定的义务，已全部执行完毕"予以结案，并制作结案通知书。二是询问当事人并调取历年土地仲裁、民事诉讼、行政诉讼相关证据材料，发现邵某某农村土地承包纠纷持续时间长达15年，无法享有相关权益的原因在于未与某村委会签订农村土地承包合同。某村委会拒不履行农村土地仲裁裁决，未与邵某某签订农村土地承包合同；人民法院在民事诉讼中以邵某某没有实际取得承包土地的事实为由，判决驳回其诉讼请求，提出行政机关出具的答复函不能作为邵某某实际享有经营承包权的依据，建议邵某某申请行政机关及村集体经济组织确定应享有的承包经营权或相应的分配权益权，该案进入诉讼的"死胡同"。三是向当地乡镇工作人员及村干部了解案涉行政纠纷具体情况，发现某村委会 2009 年 1 月 1 日与周某某户签订的《某县农村集体土地承包合同》与 2018 年 7 月 18 日在判决执行阶段通过村民代表会议表决确认的内容，关于邵某某土地承包经营权是否在该村周某某户内相互矛盾，导致土地承包权及权益无法落实；且农村土地承包地已全部分配完毕并被征用、无多余的安置房和返回地建设指标，无法与邵某某签订农村土地承包合同。

监督意见。在本案中，某县法院对尚未"执行完毕"的案件错误出具《结案通知书》，属于执行结案错误适用"执行完毕"结案方式；某镇政府未履行农村土地承包管理法定职责，属于未完全履行生效行政判决确定的义务。2023 年 2 月 28 日，县检察院向县法院提出检察建议，建议依法启动执行监督程序并采取有效措施，确保行政机关对邵某某所涉土地承包事实依法作出处理；向某镇政府提出检察建议，建议镇政府督促某村委会确定邵某某应享有的承包经营权或相应的分配权益，保障其集体经济组织成员权益。

监督结果。县法院采纳检察建议发函至某镇政府敦促其有效解决本案纠纷。某镇政府收到检察建议后，确认邵某某享有 0.548 亩土地承包经营权，并决定由某村委会按照现行征地政策给予邵某某补偿 17.536 万元；同时考虑到邵某某的特殊遭遇，且属于符合救助条件的困难妇女，县检察院对其开展司法救助，并引导其依照相关规定申请社会救助。最终，邵某某签署息诉罢访承诺书，实现案结事了。

【典型意义】

人民检察院履行行政诉讼执行监督职责，是确保人民法院生效裁判执行到位以及行政相对人实现诉讼目的的重要保障。对于人民法院未及时督促被诉行政机关履行生效裁判，致使行政相对人的合法权益一直处于被侵害状态的，人民检察院应积极主动履职，及时向人民法院制发检察建议，充分保障当事人合法权益。对于侵害农村妇女土地承包及集体收益等合法权益引发的行政争议案件，人民检察院要督促乡镇人民政府依法行使保护公民合法权益的职责，并加强对辖区内的村委会和经济合作社的自治行为的监督和纠正，实现平等保护。

（责任编辑：高鹏志）

案例三：山东省某养殖场违法占地行政非诉执行检察监督案

【关键词】

行政非诉执行监督　违法占用土地　行政处罚违法

【基本案情】

2021年4月，山东省某县某养殖场未经批准，擅自占用园地7.3亩用于养猪场建设。2021年6月，某县综合行政执法局执法人员巡查发现上述违法行为。同年6月22日立案查处，8月23日，以"某养殖场（贾某某）"为被处罚人作出行政处罚决定：第一，责令退还非法占用的土地。第二，限自行拆除在非法占用的土地上新建的建筑物和其他设施，恢复土地原状。第三，对非法占用的7.3亩园地，按照30元/m²的罚款标准处以罚款，共计人民币14.6万元。某养殖场在规定期限内未履行处罚决定，亦未申请行政复议或提起行政诉讼，经催告仍未履行。2022年5月19日，某县综合行政执法局以某养殖场（贾某某）为被申请人向县法院申请强制执行。2022年6月23日，县法院以某养殖场系个人独资企业，贾某某不应为被处罚人为由裁定不准予强制执行。

2022年9月2日，某县综合行政执法局补正案涉土地性质为基本农田后，以某养殖场为被申请人再次向县法院申请强制执行。县法院于当日立案审查后即作出裁定，以 30 元/m² 系基本农田的罚款标准并非园地的处罚裁量基准为由，再次裁定不准予强制执行。

【检察机关履职情况】

线索发现。2023 年 5 月，某县检察院在开展土地执法查处领域行政非诉执行专项监督活动中发现该案件线索，依职权启动监督程序。

调查核实。案件受理后，县检察院通过调阅相关卷宗材料进行调查核实。查明：第一，某养殖场是依法登记并领取营业执照的个人独资企业，系"其他组织"。第二，县综合行政执法局在行政处罚决定书中认定案涉土地性质为园地，法院裁定不准予强制执行后补正为基本农田。第三，《山东省国土资源行政处罚裁量基准》中规定违法占用基本农田的处罚标准是 30 元/m²，耕地为 25—30 元/m²，其他农用地为 20—25 元/m²，建设用地和未用地是 15—20 元/m²。第四，县综合行政执法局在不准予强制执行后，重复向法院申请强制执行。第五，在某县综合行政执法局首次申请强制执行后，人民法院未在 5 日内受理案件，超过法定的受理期限。第六，在不准予强制执行的情形下，仍就同一行政行为的强制执行申请予以受理并作出裁定，且不予强制执行的依据未一次性充分阐释。

监督意见。经审查认为，县法院在办理该行政非诉执行案件中存在超期受理以及未全面充分指明不准予执行理由等问题。县综合行政执法局在本案行政处罚及申请强制执行过程中存在违法占地责任主体认定错误、证据认定相互矛盾、处罚裁定基准不当等问题。县检察院分别向县法院、县综合行政执法局提出检察建议。

监督结果。县法院、县综合行政执法局均采纳了检察建议。某县法院确认受理、审查行政非诉执行案件存在不严格、不规范的情况，并表示将在今后工作中加以改进。某县综合行政执法局收到检察建议后，及时对所有的违法占地案件开展自查自纠，避免再次出现类似问题，并将加强对执法人员的培训，多措并举提升规范化执法水平。

同时，县检察院选取包括本案在内的5起涉及土地执法领域不准予强制执行以及行政诉讼中撤销或确认违法的案件作为分析样本，就行政处罚决定的后续处理问题，多次会同县综合行政执法局、县法院召开联席会议，共同研究，有针对性提出不同的处理意见。目前，县综合行政执法局已对其中的1件行政处罚作出撤销决定，并重新予以立案调查。

【典型意义】

检察机关全面审查法院的执行裁定和行政机关的处罚决定，围绕行政机关作出行政处罚、申请强制执行以及法院受理、裁定行政非诉执行等方面的违法情形，通过提出检察建议进一步推动统一法律适用标准。同时向更深层次的监督延伸，针对不准予强制执行以及行政诉讼中被撤销或确认违法的行政处罚决定后续处理问题，能动履职，督促形成违法建筑物拆除退还土地工作合力，实现坚守耕地红线、维护社会公益和个体权益的有机统一。

（责任编辑：高鹏志）

案例四：河南省某市餐饮店违反广告法行政非诉执行监督案

【关键词】

行政非诉执行监督　行政处罚违法　一体接续监督

【基本案情】

2021年4月6日，河南省某市市场监督管理局（以下简称市市场监管局）以该市某餐饮店（以下简称餐饮店）在户外灯箱上发布有"秘制配方最正宗的鲜虾锅底"绝对化用语和宣传点餐单上印制有"牛肉有补中益气，滋养脾胃，强健筋骨，能提高机体抗病能力"等表明功效的广告宣传用语为由，对餐饮店罚款8万元。餐饮店只缴纳罚款1万元。

餐饮店在规定的期限内既未申请行政复议，也未向人民法院起诉，又未完全履行行政处罚决定。2022年1月4日，市市场监管局向该市某区人民法院申请强制执行剩余罚款7万元和加处罚款8万元。2022年1月6日，区法院裁定准予强制执行，冻结餐饮店及经营者苗某某银行存款，查封苗某某名下房产1套，将苗某某纳入失信被执行人名单。

【检察机关履职情况】

案件来源。餐饮店经营者苗某某对市市场监管局的处罚决定及区法院的执行裁定不服,向区检察院申请监督。

调查核实。区检察院受理案件后,承办检察官针对行政行为开展了系列调查核实工作。通过查阅行政处罚卷宗、询问当事人、实地走访、查询企业信用信息公示系统和检答网、检索案例、咨询相关专家,发现该行政处罚存在三个方面问题:一是程序违法。首先,市市场监管局于2020年8月18日受理线索,在两个月后于2020年10月27日立案,违反了《市场监督管理行政处罚程序暂行规定》(2019年)第17条的规定,超期立案。其次,综合行政执法支队副支队长以市市场监管局部门负责人的名义审批立案、审批延期,违反了《市场监督管理行政处罚程序暂行规定》(2019年)第17条、第54条、第57条的规定,立案和延期审批主体违法。二是错列处罚对象。个体工商户餐饮店于2021年1月14日注销登记,但市市场监管局于2021年4月6日作出行政处罚时,仍以餐饮店为处罚对象。根据最高人民法院《关于适用〈中华人民共和国行政诉讼法〉的解释》第15条第2款的规定,有字号的个体工商户以自己的字号作为适格的诉讼主体。因此,对于没有字号的个体工商户,行政处罚当事人应为经营者。本案中,应将经营者苗某某列为被处罚对象。三是认定表明医疗功效宣传用语证据不足。"牛肉有补中益气,滋养脾胃,强健筋骨,能提高机体抗病能力,健脾养胃、强筋壮骨"等广告宣传用语,是说明牛肉材质的属性,但未表明本案所涉牛肉有疾病治疗功能,是否违反《广告法》第17条的规定,足以导致误解、误购,没有充分证据予以证明。

同时,承办检察官通过调取法院卷宗,并与区法院行政庭、执行局的承办人沟通,发现区法院行政执行行为存在如下问题:未及时移交执行局,并再次要求行政机关二次申请执行。

监督意见。区检察院经审查认为,餐饮店虽然使用绝对化用语和牛肉功效用语,但牛肉功效用语的使用未影响食材质量,也未对外界造成影响,且该餐饮店系初犯,其上述行为发生在疫情期间,持续时间较短、危害后果轻微,8万元的行政处罚明显失当。并且,市市场监管局作出行政处罚决定时,存在被处罚主体不适格、程序违法、过罚失当问题。区检察院于2022年8月30日向市市场监管局发出检察建议,建议该局:规范行政处罚执法程序、强化内部法制审核职责、加强内部沟通协作,对行政执法过程中存在的问题依法纠正。

针对区法院要求行政机关二次申请强制执行的情形,区检察院于2022年8月5日向区法院发出检察建议,建议该院严格审查行政机关行政非诉执行申请,对裁定准予执行的案件规范内部移交程序。

监督结果。检察建议发出后,市市场监管局、区法院虽书面函复但均未进行实质性整改,区检察院提请市检察院跟进监督。市检察院接续监督,于2023年7月12日分别向市市场监管局、市中级法院发出检察建议。市市场监管局于2023年7月14日撤销了原处罚决定,并于2023年8月16日重新作出对餐饮店罚款1万元的行政处罚。市中级法院督促区法院解除查封房产,终结案件执行程序。至此,困扰当事人3年之久的案件最终得到有效解决。

【典型意义】

检察机关办理涉企行政检察监督案件,应坚持能动履职、一体履职,全面审查行政行为的合法性、必要性、适当性,精准监督侵犯市场主体合法权益的行为。本案中,运用调查核实权,准确认定案件事实,发现有字号的个体工商户在行政机关立案调查后、作出行政处罚前注销登记，行政机关只对已注销登记的个体工商户进行行政处罚，忽略了行政相对人不适格的问题。同时查明行政机关认定个体工商户违法行为之一"使用表明医疗功效宣传用语"的证据不足，存在行政处罚过罚失当及程序违法的问题，并充分发挥检察一体化办案优势，持续跟进监督、接续监督，推动行政机关变更处罚决定，保障了行政相对人的合法权益。

（责任编辑：高鹏志）

案例五：黄某等 3 人诉四川省某市人力资源和社会保障局、某调味品开发有限公司劳动与社会保障行政确认监督案

【关键词】

行政生效裁判监督　调查核实　规范性文件附带审查　提出抗诉　视同工伤

【基本案情】

宋某林系成都某调味品公司员工，双方签订有劳动合同。黄某、梁某茹、宋某凝（以下简称黄某等 3 人）系宋某林的近亲属。2019 年 1 月 26 日下午，宋某林因身体不舒服向某调味品公司请假获同意后，于 16 时 28 分打卡骑车离开公司。当日 16 时 47 分，当地派出所接警前往距公司 390 米事发地现场调查，发现宋某林倒地且意识不清，经 120 急救送医治疗，宋某林抢救无效后于 1 月 28 日 11 时 27 分死亡。同年 2 月 20 日，黄某向成都市人社局提交工伤认定申请，该局作出《不予认定工伤决定书》。黄某等 3 人不服，诉至人民法院，请求判决成都市人社局重新作出属于工伤的认定结论。成都市都江堰市人民法院一审判决驳回黄某等 3 人的诉讼请求，3 人上诉后，二审法院判决驳回上诉、维持原判。黄某等 3 人向四川省高级人民法院申请再审，成都市中级人民法院再审维持二审判决。

黄某等3人向检察机关申请监督。

【检察机关履职情况】

案件来源。黄某等3人于2021年10月向四川省成都市人民检察院提出监督申请。2022年2月，成都市人民检察院审查后向四川省人民检察院提请抗诉。

调查核实。一是开展调查核实补强证据。通过调取行政机关执法卷宗、人民法院审判卷宗，实地到黄某居住地、某调味品公司、宋某林所在的村组，就宋某林事发当天的天气状况、身体状况、工作强度、发病情况询问了解，对工作地点与晕倒地点距离现场勘验，查明宋某林在工作时间工作岗位上已经"突发疾病"且病情发展迅速，宋某林从离开公司到倒地人事不省过程连贯且距离很短，经紧急抢救后在48小时内死亡。二是进行规范性文件附带审查。全面检索《工伤保险条例》的条文释义、立法沿革、理论研讨与关联案例，厘清立法本意。查明法律规定"在工作时间和工作岗位，突发疾病死亡或者在48小时之内经抢救无效死亡的，视同工伤"，但人力资源和社会保障部法规司对国务院法制办社会管理法制司《关于如何理解〈工伤保险条例〉第十五条第（一）项的复函》（以下简称《复函》）中提出视同工伤要严格按照"工作时间、工作岗位、突发疾病、径直送医院抢救"四要件并重来掌握，对工伤职工工伤权益进行了限缩，造成行政执法、司法裁判类案处理结果不统一。三是举行公开听证凝聚司法共识。通过邀请人民监督员、特约检察员、法学教授、实务律师等，对事实认定、法律适用和案件处理方式等进行听证评议，并事后咨询专家意见，借助外脑凝聚法律适用共识，完善检察监督意见。

监督意见。四川省人民检察院认为，普通劳动者通常缺乏医学专业知识，自身对疾病的严重性难以作出科学预判，未及时选择就医而是请假休息缓解符合常理，请假自救行为不能成为劳动者丧失劳动权益保护的不利因素。由于劳动者身体素质的个体差异，不同疾病发病之初表现的严重程度也不尽相同，由轻及重符合疾病的发展规律。终审判决认定宋某林在工作时间、工作岗位仅突感身体不适未出现病情危急情形与事实不符，参照《复函》苛求职工一旦发病就必须径直送往医院治疗，不符合客观实际，且与人们生活常理相悖，难以获得社会公众的普遍认同。宋某林从发病到倒地距离很近，从抢救到死亡时间很短，发病、抢救、死亡整个过程连续无中断。《行政诉讼法》第63条规定"人民法院审理行政案件，以法律和行政法规、地方性法规为依据……参照规章"，本案应遵循《工伤保险条例》保障职工获得医疗救治和经济补偿的立法精神，从天理、国法、人情、良知等方面综合评判。经检委会研究决定，四川省人民检察院于2022年10月25日依法向四川省高级人民法院提出抗诉。

监督结果。四川省高级人民法院于2023年4月27日作出再审判决，撤销原判决，由成都市人社局重新进行工伤认定。2023年6月30日，成都市人社局作出宋某林的死亡符合《工伤保险条例》之规定，视同工伤的决定。最终，当事人服判息诉，并专程赠送"明察秋毫守正义　刚正不阿督司法"锦旗致谢，行政争议得以实质性化解。

【典型意义】

人民检察院办理工伤资格认定类生效裁判监督案件，对于立法规定较为原则，行政执法、司法参照规范性文件认定的案件，可以进行规范性文件附带审查。发现规范性文件减损公民合法权益或者增加其义务的，应当遵循《工伤保险条例》保障职工获得医疗救治和经济补偿的立法目的，不作为认定行政行为合法的依据。人民检察院综合运用调查核实、公开听证、专家论证、案例检索等方式精细化审查、精准化监督，统一执法、司法认识，并持续跟踪问效，维护当事人合法权益。

一是人民检察院办理行政生效裁判监督案件，通过必要的调查核实，查清案件关键事实。《人民检察院行政诉讼监督规则》规定"人民检察院审查案件，应当听取当事人意见，调查核实有关情况，必要时可以举行听证，也可以听取专家意见"。对通过阅卷难以确定的案件关键事实，检察机关充分发挥调查核实的专业优势，采取询问、咨询、现场勘验等调查措施，还原案件事实真相，并可以召开公开听证会，邀请专家论证等，夯实案件证据基础，借助外脑凝聚法律适用共识。

二是人民检察院办理行政生效裁判监督案件，可以开展规范性文件附带审查，实现个案公平正义。由于法律规范的原则性和滞后性往往不能完全涵盖社会生活中产生的各种矛盾争议，导致实践中执法机关、司法机关对同类问题的理解认识不一致，处理结果差异甚至相互矛盾。人民检察院办理工伤资格认定类行政生效裁判监督案件，可以开展规范性文件附带审查，发现规范性文件减损公民合法权益或者增加其义务的，不作为认定行政行为合法的依据，并遵循《工伤保险条例》保障职工获得医疗救治和经济补偿的立法目的，从天理、国法、人情、良知相统一综合评判依法提出抗诉，实现个案公平正义。

三是人民检察院办理行政生效裁判监督案件，应当跟进督促，促进问题最终解决。办案过程中，检察机关应当加强与人民法院的沟通协调，就法律规定、相关案例、个案特征等深入研讨，统一法检认识，争取案件改判。人民法院作出生效裁判后，检察机关应当发挥一体化办案优势，分工协同、持续跟进，加强与人社部门、用人单位的沟通联系，在人文关怀、缓和对立情绪、执行生效裁判等方面同步努力，实质性解决当事人正当诉求，实现案结事了政和。

（责任编辑：刘浩）

行政法律文书

最高人民检察院对杨某某诉湖南省某市人力资源和社会保障局、第三人湖南省某公司工伤认定监督案抗诉书

最高人民检察院
行政抗诉书

高检行监〔20××〕×号

杨某某诉湖南省某市人力资源和社会保障局、第三人湖南省某公司工伤认定一案，不服湖南省高级人民法院（2016）湘行再××号行政判决，向湖南省人民检察院申请监督，该院提请本院抗诉。本案现已审查终结。

2014年9月25日，杨某某不服某市人力资源和社会保障局（以下简称某市人社局）作出的工伤认定具体行政行为，起诉至某市某区人民法院，请求依法撤销某市人社局作出的不予认定杨某工伤的决定。该院受理后，认为湖南省某公司（以下简称某公司）与本案被诉具体行政行为有法律上的利害关系，依照《中华人民共和国行政诉讼法》第二十七条的规定，依法通知某公司作为第三人参加诉讼。某公司经该院依法传唤，无正当理由拒不到庭，该院依法缺席审理。

某区人民法院于2014年10月15日作出（2014）×行初字×××号行政判决。该院一审查明，2012年2月13日，杨某与某公司签

订《劳动合同书》，其中第二条约定工作地点为某市和项目所在地，第四条约定施行综合计算工时工作制。2014年5月14日，杨某在湖南省某变电站工程施工项目部工作。当晚21时30分至22时40分期间，杨某在项目部办公室与同事核对施工图纸并安排下阶段施工任务。在施工安排完后，杨某称"有点不舒服"便返回宿舍休息。次日早上6时40分左右，同事叫杨某起床时发现其面色发紫，遂拨打120急救电话，后因赶时间，项目部直接派车将其送往医院。经医院抢救无效，杨某于7时35分被宣布死亡。死亡原因为猝死。2014年5月15日，杨某之父杨某某向某市人社局申请工伤认定。2014年5月29日，某市人社局作出决定书，决定不予以认定或者视同工伤。杨某某对此不服，向湖南省人力资源和社会保障厅申请行政复议。2014年9月16日，湖南省人力资源和社会保障厅作出湘人社复决字××号《行政复议决定书》，决定维持某市人社局作出的决定书。杨某某不服，诉至法院。

　　上述事实，有决定书、湘人社复决字××号《行政复议决定书》、《某市工伤认定申请表》、对袁某、何某、张某等人的调查笔录及其身份证复印件、某公司《关于杨某同志在工地宿舍猝死事件经过报告》、员工考勤记录、居民死亡证明书、《证明》两份、劳动合同书、人事代理协议、某公司工商登记资料及当事人陈述等证据证实，经庭审举证、质证，该院予以认定。

　　该院一审认为，《工伤保险条例》第五条规定，县级以上地方各级人民政府社会保险行政部门负责本行政区域内的工伤保险工作。某市人社局具有负责某市行政区域内工伤保险工作的职责。杨某某诉称杨某系因工外出，根据杨某与某公司签订的《劳动合同》，杨某的工作岗位为"某市和项目所在地"，故杨某在某变电站工程施工项目部工作，系双方已经约定的工作地点，不属于因工外出。杨某某诉称杨某死亡地点应当认定为工作岗位，根据查明的事实，杨某在宿舍被人发现面色发紫后送医院抢救，宿舍虽在项目部工地，但宿舍不能认定为工作岗位。杨某某诉称某市人社局未对杨某死亡原因进行调查，某市人社局对杨某死亡原因认定为"猝死"是依据公安机关的《居民死亡证明书》，符合相关法律规定，杨某某对杨某死亡原因存在异议可以另行依照法律途径进行救济。综上，杨某某的诉称理由不成立，该院不予采纳。某市人社局在受理杨某某的工伤认定申请后，根据当事人提交的材料并经调查核实有关情况作出的不予认定工伤决定，事实清楚，证据确凿，适用法律、行政法规正确，程序合法。依照《最高人民法院关于执行〈中华人民共和国行政诉讼法〉若干问题的解释》第四十九条第三款、第五十六条第（四）项的规定，判决：驳回杨某某的诉讼请求。

杨某某不服一审判决，向某市中级人民法院提起上诉称：1. 关于发病时间。袁某的证词表明在工作时间发病，无法坚持继续工作。2. 关于死亡地点。张某的调查笔录表明在医院进行了抢救，死亡地点应该是医院而不是宿舍。3. 关于证据。某市人社局没有提供医院抢救过程的证明、医生诊断书，《居民死亡医学证明（推断）书》为复印件，5月29日作出的《不予认定工伤决定书》杨某某至6月24日才收到。4. 一审法院判决违法。未按规定送达某市人社局的证据和相关材料、举证质证时间太短。综上，请求撤销某市人社局作出的《不予认定工伤决定书》，责令其重新作出工伤认定行为。

某市人社局和某公司未提交书面答辩。

某市中级人民法院于2015年2月2日作出（2014）××号行政判决。该院二审采信的证据和确认的事实与原判无异。该院二审认为，某市人社局作为社会保险行政部门，根据《工伤保险条例》第五条第二款的规定，具有负责本行政区域内工伤保险工作的主体资格。本案根据查明的事实，杨某于2014年5月15日在宿舍被人发现面色发紫后送往医院抢救，经抢救无效死亡。杨某某虽称杨某是在 2014 年 5 月 14 日晚上加班时发病，从现有证据来看，不足以证明 5 月 14 日晚上的"不舒服"与《居民死亡证明书》认定的死亡原因"猝死"之间存在因果联系。故杨某不属于在工作时间和工作岗位，突发疾病死亡或者在 48 小时之内经抢救无效死亡情形。某市人社局据此作出不予认定工伤决定并无不当。原审判决认定事实清楚，审判程序合法，适用法律适当。依照《中华人民共和国行政诉讼法》第六十一条第（一）项的规定，判决：驳回上诉，维持原判。

杨某某不服二审判决，向湖南省高级人民法院申请再审。湖南省高级人民法院于 2016 年 6 月 16 日作出（2015）湘高法××号行政裁定。裁定：该案由该院提审。

杨某某再审申请称：1. 原审法院认定事实不清，主要证据不足，程序违法。本案只有《居民死亡医学证明（推断）书》，且该《居民死亡医学证明（推断）书》已注明只限于办理注销户口和火化用证，并且注明死于救治机构以外的死亡原因系死后推断。此证只是死亡证明，而不是死因证明。市人社局没取得医疗机构出具的诊断证明书，也没有委托公安部门取得法医鉴定报告。无法判定是正常死亡或是非正常死亡，事故的性质无法判定。市人社局认定"死亡原因为猝死"，关键证据缺失。认定事实不清。原二审法院在未开庭审理的情况下，作出判决，程序违法。2. 杨某到某变电站工程项目部工作，符合《工伤保险条例》第十四条第（五）项的规定。一是单位需要；二是受领导指派；三是离开本单位到外地去了；四是从事与本职相关的工作。没有证据证明杨某有《工伤保险条例》第 16 条规定的"因公外出不属工伤"的情形。3. 原判适用法律错误。本案的事实是，杨某因公外出到某变电站工程项目部工作，既不在单位，也不在家里，也没有固定的作息时间和双休日，应依据《工伤保险条例》第十四条第（五）项的规定，认定为工伤才正确。

人社局答辩称：一、二审认定事实清楚，适用法律正确，杨某结束休假回单位上班第二天早上，在宿舍发现面色发紫，经送医院抢救无效死亡，不符合《工伤保险条例》第十五条第一款第（一）项视同工伤的情形。杨某签订的劳动合同约定的工作地点包含公司所在地和项目地，因此杨某的死亡不属于因公外出。发现杨某面色发紫地点在宿舍，不应认定为工作岗位，且此时为早上六时左右，明显不在工作时间。工伤申报材料也无法判断杨某突发疾病的时间为工作时间。综上，杨某的死亡不符合认定工伤或视同工伤的情形。

某公司陈述称，杨某不符合认定工伤的情形。杨某系突发疾病猝死。根据原审查明的事实情况，尽管杨某在2014年5月14日晚上结束工作时表示"不舒服"，但该"不舒服"与最终公安机关认定的死亡原因之间无法确认关联性。且其死亡时间系第二天早上，与猝死的突发性显然是不同的。所以，2014年5月14日晚加班时所表述的不适，不应当理解为已经发生疾病，其死亡也不属于突发疾病后死亡的情形。杨某死亡时并非在工作时间、工作岗位。2014年5月15日早上6时40分左右，工友见杨某面色发紫，立即送往医院，经抢救无效死亡。其死亡的时间非工作时间，其死亡的地点也并非在工作岗位，也不是在为工作进行前期准备等情形。杨某在非工作时间、工作地点突发疾病猝死，不符合《工伤保险条例》等法律规定的可以认定工伤或者视同工伤的情形。某市人社局根据杨某死亡时的具体情况，以及公安机关出具的《居民死亡证明书》所确认的死因系"猝死"，最终认杨某的死亡不能认定为工伤，实体正确，程序合法。综上，请求再审法院依法裁决。

湖南省高级人民法院于2017年3月27日作出（2016）湘行再××号行政判决。该院再审查明，2014年5月15日，某市中心医院和公安机关出具的《居民死亡医学证明（推断）书》载明，杨某死亡日期为2014年5月15日，死亡地点为居所，死亡原因猝死。同日，杨某某在该《居民死亡医学证明（推断）书》上签名。某市人社局于2014年5月29日作出××号《不予认定工伤决定书》，该决定书于2014年5月30日送达某公司，同日，将给家属的决定书委托某公司代为送达。某公司（甲方）与杨某某、高某（杨某母亲）、闻某（杨某妻子）（乙方）于2014年6月12日签订了《关于杨某同志非因工伤亡补偿协议书》。该协议书约定："一、甲、乙双方自愿放弃司法鉴定，不再追查猝死的具体原因，乙方也不再向甲方追究责任。二、甲、乙双方已共同确认杨某非因工死亡，并自愿放弃再次提起工伤死亡认定的权利。三、甲方配合和协助乙方申领丧葬补助金、抚恤金以及养老保险个人账户退款。四、甲方单位对乙方需供养的直系亲属（父母及女儿）进行一次性困难补助28万元，另甲方项目部对乙方家属进行额外慰问，慰问金额为17万元，合计补偿慰问金总金额45万元。五、甲方配合乙方处理后事，并承担期间发生的正常标准的丧葬费用，甲方不再承担其他费用。六、甲方支付补偿款后，由家属方自行分配，如由此引起争议，概由乙方负责，与甲方无关。七、本协议双方平等、自愿协商的结果，是双方真实意思的表示，并且公平、合理。甲乙双方签订本协议后，双方再无其他争议，且任何一方不得反悔。八、自乙方收到甲方补偿款之日起，双方之间再无其他纠葛，乙方自愿放弃仲裁、诉讼的权利。"某公司履行了该协议。该院对原一、二审法院查明的其他事实予以确认。

湖南省高级人民法院再审认为，本案的争议焦点是：杨某的死亡是否符合《工伤保险条例》第十四条、第十五条规定的认定为工伤和视同工伤的情形。《工伤保险条例》第五条第二款规定："县级以上地方各级人民政府社会保险行政部门负责本行政区域内的工伤保险工作。"某市人社局作为县级以上地方人民政府社会保险行政部门，负责本行政辖区内的工伤保险工作。某公司是某市行政辖区内企业，某市人社局对其及其职工提出的工伤认定申请有作出处理的行政职责。《工伤保险条例》第十四条规定："职工有下列情形之一的，应当认定为工伤：（一）在工作时间和工作场所内，因工作原因受到事故伤害的；（二）工作时间前后在工作场所内，从事与工作有关的预备性或者收尾性工作受到事故伤害的；（三）在工作时间和工作场所内，因履行工作职责受到暴力等意外伤害的；（四）患职业病的；（五）因工外出期间，由于工作原因受到伤害或者发生事故下落不明的；（六）在上下班途中，受到非本人主要责任的交通事故或者城市轨道交通、客运轮渡、火车事故伤害的；（七）法律、行政法规规定应当认定为工伤的其他情形。"第十五条规定："职工有下列情形之一的，视同工伤：（一）在工作时间和工作岗位，突发疾病死亡或者在48小时之内经抢救无效死亡的；（二）在抢险救灾等维护国家利益、公共利益活动中受到伤害的；（三）职工原在军队服役，因战、因公负伤致残，已取得革命伤残军人证，到用人单位后旧伤复发的。职工有前款第（一）项、第（二）项情形的，按照本条例的有关规定享受工伤保险待遇；职工有前款第（三）项情形的，按照本条例的有关规定享受除一次性伤残补助金以外的工伤保险待遇。"本案没有证据证明杨某是因工作事故受到人身伤害死亡，杨某的死亡不符合《工伤保险条例》第十四条规定的认定为工伤的情形。《工伤保险条例》第十五条的规定属于视同工伤的情形，实质上是将工伤保险的保障范围由工作造成的事故伤害扩大到了其他情形，在视同工伤认定上，不能随意扩大范围。第十五条第一款第（一）项规定的死亡情形是，工作时间和工作岗位，突发疾病死亡或者在48小时之内经医院抢救无效死亡等要素并重，具有同时性、连贯性。只有职工在工作时间和工作岗位突发疾病死亡或者职工在工作时间和工作岗位突发疾病，且情况紧急，直接送医院或经医疗机构当场抢救并在48小时内死亡的，才属于第十五条第一款第（一）项规定情形。从本案事实看，杨某于2014年5月14日21时30分至22时40分期间，与同事一起在项目部办公室完成施工任务安排后，自称"有点不舒服"，便离开了办公室。表明杨某在工作时出现的情形是"有点不舒服"，明显未达到在工作时间和工作岗位突发疾病死亡或者在工作时间和工作岗位突发疾病需送医院抢救的程度。虽然杨某从自称"有点不舒服"到次日"猝死"的时间，在48小时之内，但其"猝死"没有发生在工作时，也非工作时送医院或经医疗机构当场抢救48小时之内死亡。杨某的死亡明显不属于《工伤保险条例》第十五条第一款第（一）项规定的视同工伤的情形，且没有证据证明杨某的死亡属于第十五条第一款第（二）项、第（三）项规定的视同工伤的情形。杨某的死亡情形不符合《工伤保险条例》规定的认定工伤或者视同工伤的情形。某市人社局作出的××号《不予认定工伤决定书》，并无不当。原一、二审判决驳回杨某某的诉讼请求，有事实和法律依据。综上，杨某某申请再审的理由不能成立，该院不予支持，原一、二审判决正确，应予维持。

杨某某不服再审判决，向检察机关申请监督。

本院据法院卷宗证据查明以下事实：

1. 2012年2月13日某公司（甲方，用人单位）与杨某（乙方，劳动者）签订的《劳动合同书》，约定工作地点为某市和项目所在地，同时约定杨某所在岗位实行综合计算工时工作制。综合计算工时制是指因企业生产特点或工作性质等原因不能均衡生产，必须在一定时间内连续生产或工作，以一定期限为周期综合计算工作时间，采取集中工作、集中休息的一种特殊工时制度。从劳动合同约定的工时制度和工作地点可以看出，用人单位可以根据工作需要将员工派往工作所需的项目所在地进行一段时间的集中劳动,杨某死亡前正处于用人单位指定的某变电站项目所在工地的集中工作期间。

2. 2014年5月19日某市人社局调查笔录记载(一审法院卷宗第52页),某市人社局工作人员问被调查人项目部工作人员何某:"杨某在工地负责哪方面的工作?"何某答:"杨某是电气方面负责人,主要负责水电预埋"。2014年5月19日某市人社局调查笔录记载(一审法院卷宗第56—58页),某市人社局工作人员问被调查人项目部工作人员张某:"杨某在工地负责哪方面的工作?"张某答"主要负责照明预埋工作,水电、接地,生活等临时用电的安装"。问:"5月14日晚他喝酒了没有?"答:"他没有喝酒。"问:"杨某平时身体和工作态度怎么样?"张某答"平时身体非常好,工作态度很积极,忠厚老实,人缘很好"。

杨某从事电气设备的安装、施工工作,根据国家安全生产监督管理总局(原国家安全生产监督管理局)发布的《特种作业人员安全技术培训考核管理规定》(2013修正)列明的《特种作业目录》,电工作业为特种作业。该规定第三条规定:"本规定所称特种作业,是指容易发生事故,对操作者本人、他人的安全健康及设备、设施的安全可能造成重大危害的作业。"以上证明杨某属于容易发生事故的特种作业人员,平时身体健康,死亡前无饮酒行为。

就杨某死亡相关情况,本院进行了调查核实工作。相关证据如下:

1. 某市中心医院于2014年5月15日制作的杨某急诊(留观)病历。

某市中心医院《急诊(留观)病案单》第1页记载内容为:"姓名:杨某 性别:男 年龄:29 科别:急 急诊时间:2014年5月15日7时05分,主诉:发现神志不清20分钟。现病史:患者陪人于 20 分钟前发现其脸色发青，呼之不应，并发现其无呼吸，即招呼同事、朋友，从某科技园处自行驾车将患者送至医院。体检："BP：0/0mmHg R：0 次/分双眼瞳孔散大对光反射消失颈动脉无搏动四肢凉无心音无呼吸音。辅助检查结果：无 初步诊断：猝死。处理建议：就地抢救。医生签名：李某"。

《急诊（留观）病案单》第 2 页记载内容："姓名：杨某 2014 年 5 月 15 日 7：40 患者于 7：05 由陪人送入急诊科，发现其全身青紫发绀双侧瞳孔散大固定无颈动脉搏动无心音呼吸、四肢凉对外界刺激无任何反应 ECG 描记为直线，告知陪人患者已院前死亡。予以持续胸外心脏按压、开放气道及球囊面罩辅助呼吸，并予以肾上腺素 1mg。经持续胸外心脏按压及球囊面罩辅助呼吸，患者 ECG 描记一直为直线，双侧瞳孔散大固定无心音及无呼风音，无颈动脉搏动，对外界刺激无反应，于 7：35 停止继续抢救。李某"。

某市中心医院护理记录单显示：7：05，（杨某）生命体征为 0。7：35，（杨某）生命体征为 0。"病情观察、护理措施及效果"：患者（杨某），男，29 岁。急诊由同事抬送入院。入院后查：神智不清，脸色发青，呼之不应，四肢阙冷。大动脉搏动消失。应其同事要求，立即就地抢救。予以口咽通气道，面罩气囊辅助呼吸。挤压频率为 14 次/分。同时行胸外心脏按压。遵医嘱予以肾上腺素 1mg。持续胸外心脏按压。面罩气囊辅助呼吸。经上述抢救，患者仍未恢复自主呼吸及心跳，心电图显一直线。签名：张某。

以上证据证明：杨某于 2014 年 5 月 15 日早 7 时 05 分入院（某市中心医院）前已经死亡，某市中心医院工作人员已告知用人单位项目部陪护人员杨某院前已死亡。

2. 某市中心医院杨某《居民死亡医学证明（推断）书》第一联"根本死亡原因"填写为"猝死，原因不明"，后改为"急性心肌炎"。本院调查询问某市中心医院主管护师张某立，张某立解释李某医生（已于 2015 年车祸去世）写的根本死亡是"猝死，原因不明"，不能录入中国疾病预防控制信息系统（死因监测系统），我们编码人员修改为心源性猝死进行了录入。

本院调查询问某市中心医院急诊科主任、副主任医师李某华，李某华于 2014 年 5 月 15 日为死者杨某《居民死亡医学证明（推断）书》第二、三、四联作为医师签名。李某华陈述，杨某"根本死亡原因"是没有办法下结论的，不能下"心源性猝死"或者是"急性心肌炎"的结论，只能是猝死的诊断。原因是杨某院前死亡，同事送到医院，也没有提供外伤情况，没有任何资料，无从讨论原因。

国家卫生和计划生育委员会（已撤销）、公安部、民政部于 2013 年 12 月 31 日发布的《国家卫生和计划生育委员会、公安部、民政部关于进一步规范人口死亡医学证明和信息登记管理工作的通知》（以下简称《通知》）第二条规定："《死亡证》第一联是原始凭证，由出具单位随病案保存或按档案管理永久保存，以备查询。"第一条规定："《死亡证》签章后生效。医疗卫生机构和公安部门必须准确、完整、及时地填写《死亡证》四联（后三联一致）及《死亡调查记录》，严禁任何单位和个人伪造、私自涂改。"据此，某市中心医院编码人员将李某医生在杨某《居民死亡医学证明（推断）书》第一联填写的根本死亡"猝死，原因不明"涂改为"心源性猝死"，违反了《通知》第一条第二款的规定，某市中心医院并未作出杨某猝死系病理性死亡的结论。

3. 案由为"杨某死亡（情况反映）"的某公安局某分局行政案件卷宗一册，制作单位为某公安局某分局某派出所，承办人为李某平。该卷宗第 1 页为《报警案件登记表》，主要内容有"警情名称：情况反映（杨某意外死亡）。报警时间：2014 年 5 月 16 日 11 时许。报警方式为电话"。该表记载的"简要案情及损失情况"主要内容为：2014年5月16日11时许，张某报警：2014年5月15日6时许，张某去叫宿友杨某时发现杨某昏厥在床上，后将其送至中心医院，经医生诊断。杨某已死亡，死亡原因为猝死。该表"领导意见"栏填写内容："同意其它处理 肖某 2014年5月16日。"该表"处理情况"为"其它处理"。

该卷宗内有询问笔录一份，相关内容为2014年5月16日11时至11时30分某公安局某派出所民警肖某、李某平询问了张某，问："你来派出所有何事？"张某答："我是就杨某在我们项目部突然猝死一事来派出所反映情况的。"

以上证据证明：2014年5月16日用人单位职工张某向某市公安局某分局某派出所就杨某在项目部死亡一事报警，某公安局某派出所同日询问了张某，2014年5月17日某派出所表述警情为"杨某意外死亡"，作了"其它处理"，未报某市公安局某分局刑警大队。

综上，本院查明以下事实：1.杨某死亡前正处于用人单位指定的项目所在工地的集中工作期间，杨某为特种作业人员，平时身体健康，死亡前无饮酒行为。2.杨某于2014年5月15日早7时05分入院（市中心医院）前已经死亡，市中心一起到医院工作人员于2014年5月15日早7时40分前已告知用人单位项目部陪护人员：杨某院前已死亡。3.市中心医院并未作出杨某猝死系病理性死亡的结论。4.2014年5月16日用人单位职工张某向某市公安局某分局某派出所就杨某在项目部死亡一事报警，某市公安局某派出所未报某市公安局某分局刑警大队。

本院认为，湖南省高级人民法院（2016）湘行再××号行政判决（以下简称再审判决）在某市人社局违反工伤认定法定程序，缺失杨某诊疗证明和抢救资料的情况下，认定杨某的死亡不符合《工伤保险条例》第十四条规定和第十五条第一款第一项规定，认定事实、适用法律均有错误，且新证据足以推翻原再审判决认定杨某死亡不符合《工伤保险条例》第十四条规定的事实。理由如下：

一、某市人社局违反工伤认定法定程序，既不书面告知工伤申请人补充提交医疗机构诊疗抢救资料，又未对医疗机构市中心医院进行必需的调查核实，在缺失必要医疗机构诊疗资料、抢救证明等相关证据材料的情况下，认定杨某因病经抢救无效死亡，系基本事实认定错误。

1. 杨某工伤申请人未提交有关杨某的医疗诊断证明和抢救证明。《工伤保险条例》和《工伤认定办法》规定了工伤申请人应提交用以证明工伤的若干证据材料。《工伤保险条例》第十八条第一款规定："提出工伤认定申请应当提交下列材料：（一）工伤认定申请表；（二）与用人单位存在劳动关系（包括事实劳动关系）的证明材料；（三）医疗诊断证明或者职业病诊断证明书（或者职业病诊断鉴定书）。"《工伤认定办法》第六条规定：提出工伤认定申请应当填写《工伤认定申请表》，并提交下列材料：……（二）医疗机构出具的受伤后诊断证明书或者职业病诊断证明书（或者职业病诊断鉴定书）。该办法所附《工伤认定申请表》填表说明：有下列情形之一的，还应当分别提交相应证据：……（五）在工作时间和工作岗位，突发疾病死亡或者在48小时之内经抢救无效死亡的，提交医疗机构的抢救证明。

某公司提交《某市工伤认定申请表》申请杨某系突发疾病死亡或者在48小时之内经抢救无效死亡，根据《工伤保险条例》和《工伤认定办法》相关规定，应提交医疗机构市中心医院的诊疗和抢救证明，但其提交材料中并无相关医疗机构的诊疗和抢救证明。

2. 用人单位陈述杨某的死亡相关事实真实性存疑，杨某送医抢救的相关情况属于必需调查核实的重要事实，某市人社局未对医疗机构进行必需的调查核实，导致认定杨某死亡时间、死亡地点及死亡原因的基本事实错误，作出的《不予认定工伤决定》应予撤销。

《工伤保险条例》第十九条规定，社会保险行政部门受理工伤认定申请后，根据审核需要可以对事故伤害进行调查核实，用人单位、职工、工会组织、医疗机构以及有关部门应当予以协助。杨某从事易发工伤事故的特殊工种，死亡时年仅29岁，平时身体健康，死亡突然迅速，某市人社局作为工伤认定专业机构，有职责对用人单位陈述杨某系"突发疾病猝死""经抢救无效死亡"的情况是否属实进行审核，并根据审核情况进行必需的调查工作。

某市人社局于2014年5月19日调查了职工张某、袁某和何某，从调查内容，杨某是电气施工员，"主要负责水电预埋"（某市人社局调查项目部工作人员何某的调查笔录，见法院一审卷宗第52页），"主要负责照明预埋工作，水电、接地、生活等临时用电的安装"（某市人社局调查张某的调查笔录，见法院一审卷宗第56页）。某市人社局作为工伤认定专业机构，应知特种作业是指容易发生事故，对操作者本人可能造成重大危害的作业，杨某为特种工作作业人员，其从事工作性质存在较高不安全因素，工伤风险较普通工种大。而杨某"平时身体非常好"（某市人社局调查张某的调查笔录，见法院一审卷宗第58页），当晚未曾饮酒，从2014年5月14日22：40左右"有点不舒服"到次日抢救无效死亡，不足9个小时，且用人单位和其员工张某均陈述杨某经抢救无效死亡，即死亡地点在救治机构，这与公安机关和医疗机构出具杨某《居民死亡医学证明（推断）书》记载的死亡地点为"居所"，即杨某死于非救治机构的结论明显矛盾；而用人单位作为工伤申请人，申请杨某因病死亡，却不提交医疗机构诊疗证明和抢救资料，不尽工伤申请单位的证明责任，明显不合常理。

某市人社局作为工伤认定机构，其专业能力已足以判断某公司陈述杨某系"突发疾病猝死""经抢救无效死亡"真实性存疑，杨某送医抢救的相关情况属于必需调查核实的重要事实,根据《工伤保险条例》第十九条规定,某市人社局应履行调查核实职责。但某市人社局既未对负责抢救杨某的医疗机构进行必需的调查核实,也未对收治杨某的医疗机构相关人员进行调查核实,根据用人单位的陈述及员工的证明即作出杨某因病经抢救无效后死亡的事实认定,违反法定程序,导致有关杨某工伤认定的基本事实:死亡时间、地点及死亡原因出现错误,该《不予认定工伤决定》应予撤销。

二、新证据足以推翻原判决认定"本案没有证据证明杨某是因工作事故受到人身伤害死亡,杨某的死亡不符合《工伤保险条例》第十四条规定的认定为工伤的情形"的结论。

1. 本案所涉"猝死"是死亡的一种特殊状态,但并不是死亡原因。在公安机关排除杨某死亡系他杀的情况下,从本院调取的医疗机构的诊疗和抢救证明,证明杨某在送医院抢救前已死亡,救治机构无法作出杨某"猝死"系病理性死亡的结论,杨某死亡属于死因不明的意外死亡。虽因接警单位某派出所"另行处理"未报公安分局刑警大队,导致杨某死亡的具体时间和具体地点不清,但从杨某意外死亡的时间因素和空间因素的相关事实,其死亡与工作相关,可初步证明系"工作原因"死亡,其家属有权根据《工伤保险条例》第十四条规定提出要求认定为工伤的主张。理由如下:

第一,关于工作原因的时间因素。杨某死亡前系在项目部进行集中劳动期间,其工作、食宿均在项目部工地。工作时间是劳动者为履行工作义务、在法定范围内为用人单位从事工作或劳动的时间,其范围不仅包括作业时间,还包括准备工作、结束工作时间和法定非劳动消耗时间。现没有证据证明杨某死亡前外出,脱离项目部工地范围,其在项目部的时间属于工作时间的范围。

第二,关于工作原因的空间因素。杨某死亡地点在项目部工地,工地由工作场所和相关处所组成,包括工地宿舍。项目部工作人员称杨某在项目部工地宿舍昏厥。本案所涉项目部工地宿舍在项目部工地范围，是为解决劳动者继续劳动必需的休息需要、同时也节省成本而设立，与用人单位工作需要及经济效益相关。杨某宿舍共有四人，何某 2014 年 5 月 14 日晚 9 时从办公室回宿舍，袁某和叶某于 2014 年 5 月 15 日凌晨 0 点 30 分从办公室回到宿舍。根据用人单位作息安排，早 7 点工人即开始工作，因此，本案所涉的工地宿舍作为休息场所，仅是满足劳动者最基本休息，以保证劳动者基本健康和足够体力继续工作，与常规休息场所有区别，应为工作场所的延伸。

综上，杨某年仅 29 岁，身体健康，从事特种作业，死亡突然迅速，且无法确认系病理性死亡，为死因不明的意外死亡，其死亡时间段内工作及休息均处于相对封闭的项目部工地，属于在工作场所死亡，其家属有权根据《工伤保险条例》第十四条规定提出要求认定为工伤的主张。根据《工伤保险条例》第十九条第二款规定，职工或者其近亲属认为是工伤，用人单位不认为是工伤的，由用人单位承担举证责任。某公司否定杨某因公死亡，应承担杨某死亡系非因工作原因死亡的举证责任。

2. 某公司作为用人单位、管理者，有法定如实举证义务，也有善良管理者的基本义务。某公司就杨某死亡情况进行虚假陈述，未尽善良管理者的基本义务，有过错，侵犯了劳动者的合法权益，应承担不利后果。

劳动关系是一种具有显著从属性的劳动组织关系，用人单位与职工之间，单位处于管理者的位置，职工对单位具有依附性和从属性。杨某在某公司项目部集中劳动期间突然死亡，杨某近亲属不在项目部工地，无法知晓杨某生前在项目部的相关情况，用人单位职工了解、熟悉杨某工作及死亡前后的具体情况，应向工伤认定机构及人民法院如实陈述杨某死亡前后的相关情况，但某公司未尽基本的如实陈述义务，侵犯了劳动者基本权益。相关证据如下：

2014年5月15日某公司提交工伤认定申请（见一审法院卷宗第63页）陈述"2014年5月15日6时50分左右，杨某未起床吃早餐，项目部负责人张某到宿舍发现杨某昏厥在床上，脸色青紫，马上派车将他送至某市中心医院，经医院抢救无效死亡"，其向再审法院亦陈述"2014年5月15日早上06：40左右，工友见杨某面色发紫，立即送往医院，经抢救无效死亡"。

某公司提交张某于2014年5月15日出具《证明》（见一审法院卷宗第50页），内容为："2014年5月15日早晨6时50分，站队前听说项目施工部杨某还未起床吃早餐，进其宿舍发现杨某还躺在床上，叫他没有反应，遂发现他昏厥在床上，脸色青紫。项目总工叶某立即拨打120急救电话，因位置较偏，不便于详细描述，担心急救车来回搁误时间，立即组织项目部人员进行紧急处置（将其侧卧，移动人员上车），派车开往市中心医院进行抢救，终抢救无效死亡。本人保证事情经过真实性，特此证明。"

2014年5月19日某市人社局调查笔录记载，被调查人项目部工作人员张某陈述："（5月15日）早6：40左右我还没有看到杨某起来。我就到他住的房间去，门是虚掩的，推门看到杨某睡在床上，侧睡的，我就边喊边推他没有反应，看到他脸上是紫色的，看到情况不对，就喊人，和他同睡一个房间的叶某马上起来并拨打'120'，'120'要我们到马路边上接，在不知道'120'什么时候到的情况下，就把杨某抬到项目部的车上，送往医院去，大概7：05送到市中心医院进行抢救，并且通知了单位领导及家属，7：35医生对其放弃了抢救，宣布死亡，医生诊断为猝死。"

又据我院调查的2014年5月15日市中心医院关于杨某的《急诊（留观）病案单》记载："急诊时间：2014年5月15日7时05分，主诉：发现神志不清20分钟。现病史：患者陪人于20分钟前发现其脸色发青呼之不应,并发现其无呼吸,即招呼同事、朋友,从某科技园处自行驾车将患者送至医院。""姓名:杨某 2014 年 5 月 15 日 7:40 患者于 7:05 由陪人送入急诊科,发现其全身青紫发绀双侧瞳孔散大固定无颈动脉搏动无心音呼吸、四肢凉对外界刺激无任何反应 ECG 描记为直线,告知陪人患者已院前死亡。"2014 年 5 月 16 日某派出所询问笔录记载,办案民警李某平询问张某,问:"你来派出所有何事?"张某答:"我是就杨某在我们项目部突然猝死一事来派出所反映情况的。"

根据《最高人民法院关于行政诉讼证据若干问题的规定》第六十三条"证明同一事实的数个证据,其证明效力一般可以按照下列情形分别认定:(一)国家机关以及其他职能部门依职权制作的公文文书优于其他书证"的规定,市中心医院作为医疗机构制作的《急诊(留观)病案单》、某派出所作为国家机关依职权制作的询问笔录,其证明力优于用人单位及其员工的陈述和证明。基于市中心医院《急诊(留观)病案》和某派出所询问笔录记载内容:医疗机构于 2014 年 5 月 15 日 7 时 40 分前告诉用人单位陪护员工杨某入院前已死亡,2014 年 5 月 16 日用人单位职工张某向某派出所报警事由为"杨某在我们项目部突然猝死",可以确定用人单位某公司及其员工明知杨某在送医前已经死亡的事实。也正因杨某院前死亡,入院后仅进行无效抢救,医疗机构无法作出杨某系病理性死亡的结论,杨某死亡原因不明。根据《中华人民共和国户口登记条例》第八条第二款"公民因意外事故致死或者死因不明,户主、发现人应当立即报告当地公安派出所或者乡、镇人民委员会"的规定,用人单位职工张某于杨某死亡次日即 2014 年 5 月 16 日向某派出所"就杨某在我们项目部突然猝死一事来派出所"报告。因此,可以认定,用人单位在 2014 年 5 月 15 日申请工伤认定和其后进行的诉讼过程中,其关于 2014 年 5 月 15 日早上 06:40 左右,项目部工友见杨某面色发紫，立即送往医院，经抢救无效死亡的陈述，隐瞒了杨某已于入院前死亡的客观事实，系虚假陈述，某公司提交的张某证言中关于此节证明内容亦为虚假证明。

《最高人民法院关于审理工伤保险行政案件若干问题的规定》第四条第一款规定，职工在工作时间和工作场所内受到伤害，用人单位或者社会保险行政部门没有证据证明非工作原因导致的，应认定为工伤。即职工在工作时间和工作场所受到伤害，用人单位或者社会保险行政部门没有证据证明是非工作原因导致的，可推定为工作原因。本案用人单位谎称杨某在救治机构经抢救无效死亡，则杨某死亡时间与死亡地点均与工作无关，导致认定劳动者死亡与工作原因相关的关键连接事实缺失，侵害了杨某作为劳动者应享有的工伤保险合法权益，用人单位此行为非善意，司法应予以否定评判。

三、关于杨某某、高某（杨某母亲）、闻某（杨某妻子）与某公司于2014年6月12日签订《关于杨某同志非因工伤亡补偿协议书》的效力。

工伤赔偿协议是劳动者与用人单位就工伤赔偿或补偿自愿达成的协议，意思真实、自愿平等合法的协议具有效力，双方均应受约束，但本案所涉《关于杨某同志非因工伤亡补偿协议》不具合法性。第一，协议约定的支付条件是杨某某、高某、闻某自愿放弃司法鉴定，不再追查猝死的具体原因，自愿放弃再次提起工伤死亡认定的权利，协议的目的在于剥夺杨某家属对不予认定工伤决定的复议权和诉讼权，放弃对杨某死亡原因的追责，目的不合法。第二，用人单位没有告诉杨某某、高某、闻某关于杨某入院前已经死亡的真实情况，隐瞒真相，侵犯劳动者家属基本的知情权。第三，杨某家属杨某某、高某、闻某非工伤认定申请人，没有参与工伤认定行政程序，不知某公司不提交医疗机构诊疗抢救证据的行为。因此，协议是杨某家属既不知杨某已于入院前死亡的真实情况，也不知用人单位不提交医疗机构诊疗抢救证据、不尽法定举证义务的情况下签订，非其真实意思表示，不应认定该协议的有效性。

综上，湖南省高级人民法院（2016）湘行再××号行政判决未判决撤销某市人社局《不予认定工伤决定书》，认定杨某的死亡不符合《工伤保险条例》第十四条规定和第十五条第一款第一项规定，认定事实、适用法律均有错误，且有新证据，足以推翻原判决。根据《中华人民共和国行政诉讼法》第九十一条第二项、第三项、第四项之规定，向你院提起抗诉，请依法再审。

此致
中华人民共和国最高人民法院

××年×月××日

（责任编辑：马睿）

湖南省某县人民检察院对刘某等征收社会抚养费行政非诉执行类监督检察建议书

湖南省某县人民检察院

检察建议书

××检行非诉监〔2022〕××号

某县卫生健康局：

本院在办理某县人民法院执行你单位对刘某、黄某社会抚养费征收非诉执行案过程中发现你单位的非诉执行活动违法。

本院经调查核实，现查明：2015年5月20日，你单位以刘某、黄某夫妇于2015年3月9日违法生育2孩为由，作出某县征决〔2015〕××号《征收社会抚养费决定书》，决定对刘某、黄某夫妇各征收7500元社会抚养费，合计征收15000元。同年5月26日，你单位将《征收社会抚养费决定书》送达被征收人黄某。

2015年9月6日，你单位出具《强制执行申请书》，向某县人民法院申请强制执行某县征决〔2015〕××号《征收社会抚养费决定书》。某县人民法院于9月9日作出（2015）×非诉审字第××号《行政裁定书》裁定准予强制执行。9月10日，该法院向你单位发出×非执字第××号《执行案件受理通知书》，向被执行人刘某、黄某发出×非执字第××号《执行通知书》。10月19日，你单位出具《申请结案报告书》，以"刘某、黄某已交社会抚养费15000元，经局社会抚养费审批领导小组研究决定，剩余的0元不再向刘某、黄某夫妇收取"为由，向某县人民法院申请结案。同日，该法院以"在执行过程中，被执行人自动履行义务，并已全部履行完毕"为由，出具×非执字第××号《行政裁定书》裁定："（一）某县人口和计划生育局某县征决〔2015〕××号《征收社会抚养费决定书》确定的内容执行完毕；（二）×非执字第××号案件执行结案。"同日，某县人民法院将裁定书送达你单位。

2016年4月1日，你单位出具《强制执行申请书》，向某县人民法院申请强制执行某县征决〔2015〕××号《征收社会抚养费决定书》。4月8日，某县人民法院以（2016）湘1230行审××号《行政裁定书》裁定准予执行。4月12日，该法院出具（2016）湘1230执××号《执行案件受理通知书》并送达你单位，次日，出具（2016）湘1230执××号《执行通知书》并邮寄送达被执行人刘某、黄某。同年7月1日，该法院以"穷尽执行措施，查明被执行人确无财产可供执行"为由出具（2016）湘1230执××号《执行裁定书》，裁定终结该案本次执行程序，同日将文书送达你单位。

2017年9月11日，你单位出具《强制执行申请书》，向某县人民法院申请强制执行某县征决〔2015〕××号《征收社会抚养费决定书》。9月15日，某县人民法院出具（2017）湘1230行审××号《行政裁定书》裁定准予强制执行。10月17日，该法院出具（2017）湘1230执××号《执行案件受理通知书》并送达你单位、出具（2017）湘1230执××号《执行通知书》《报告财产令》并邮寄送达被执行人刘某、黄某。10月26日，某县人民法院以"在执行过程中，被执行人刘某、黄某主动缴纳社会抚养费，该案已执行完毕"为由，出具（2017）湘1230执××号《执行裁定书》裁定执行结案。同日，该法院将裁定书分别送达你单位和被执行人刘某。

2018年5月5日,你单位出具《恢复执行申请书》,向某县人民法院申请恢复执行(2016)湘1230执××号《执行裁定书》。5月28日,某县人民法院出具(2018)湘1230执恢××号《恢复执行通知书》决定恢复执行你单位对刘某、黄某征收社会抚养费一案。同日,该法院向你单位送达《恢复执行通知书》《确定合议庭组成人员通知书》等法律文书,6月1日向被执行人邮寄送达《恢复执行通知书》《失信决定书》等法律文书。6月25日,你单位出具《撤销申请书》,以"被执行人刘某、黄某无可执行财产"为由向某县人民法院申请撤销执行。同日,该法院出具(2018)湘1230执恢××号《执行裁定书》,裁定终结(2018)湘1230执恢××号案件的执行,并将裁定书直接送达你单位、邮寄送达被执行人。

本院认为,你单位于2015年、2016年、2017年连续三年以某县征决〔2015〕××号《征收社会抚养费决定书》为依据,向某县人民法院申请强制执行,其中2015年、2017年的执行,某县人民法院以被执行人已交纳社会抚养费执行结案,2016年的执行以被执行人无可供执行的财产终结本次执行。你单位又于2018年以(2016)湘1230执××号《执行裁定书》为依据,向某县人民法院申请恢复执行,法院裁定恢复执行后,你单位于2018年6月25日向法院申请撤销执行。你单位在对刘某、黄某社会抚养费征收的非诉执行活动存在以下违法情形:

一、作出征收社会抚养费决定适用法律错误。经调查发现,刘某、黄某均系农村居民,黄某系侗族,刘某、黄某夫妇生育的第一个子女为女孩,根据《湖南省人口与计划生育条例》(2015修正)第十五条第一款第一项"夫妻双方系农村居民且只有一个子女,符合下列条件之一的,可以再生育一个子女:(一)该子女为女孩的"及第十八条第一款"自治州、自治县和民族乡除适用本条例第十五条、第十六条规定外,夫妻均系少数民族,一方是农村居民的,可以要求生育第二个子女;夫妻均系农村居民,双方或者一方是少数民族的,可以要求生育第二个子女"的规定,刘某、黄某符合再生育一个子女的条件,其违法行为是未取得生育证生育第二个子女。而你单位的某县征决〔2015〕××号《征收社会抚养费决定书》中,以《湖南省人口与计划生育条例》(2015修正)第四十二条第一款第二项"违法生育子女的,由县级人民政府人口和计划生育行政部门或者受其委托的乡(镇)人民政府、街道办事处按下列规定对生育者征收社会抚养费:(二)违法多生育一个子女的,按照上年度总收入的二至六倍征收,其中重婚生育或者与配偶之外的人生育的,按照六至八倍征收;每再多生育一个子女的,依次增加三倍征收。"为计征依据属适用法律错误,其计征依据应为《湖南省人口与计划生育条例》(2015修正)第四十二条第一款第一项"符合再生育一个子女的条件未取得生育证生育的,按照上年度总收入的百分之三十征收。征收社会抚养费后补办生育证"。

二、告知行政相对人提起行政诉讼的期限错误。某县征决〔2015〕××号《征收社会抚养费决定书》中告知被征收人"对本决定不服的,可以自收到本决定书之日起三个月内直接向某县人民法院起诉。"违反了《中华人民共和国行政诉讼法》(2014修正)第四十六条第一款"公民、法人或者其他组织直接向人民法院提起诉讼的,应当自知道或者应当知道作出行政行为之日起六个月内提出。法律另有规定的除外。"截至你单位申请强制执行之日(即2015年9月6日),被征收人向人民法院提起行政诉讼的期限尚未届满。你单位作出的某县征决〔2015〕××号《征收社会抚养费决定书》权利救济期限告知错误、申请强制执行行为明显违法且损害了被执行人的合法权益。

三、未经催告直接向人民法院申请强制执行。《中华人民共和国行政强制法》第五十四条规定："行政机关申请人民法院强制执行前，应当催告当事人履行义务。催告书送达十日后当事人仍未履行义务的，行政机关可以向所在地有管辖权的人民法院申请强制执行；执行对象是不动产的，向不动产所在地有管辖权的人民法院申请强制执行。"第五十五条第一款第三项规定："行政机关向人民法院申请强制执行，应当提供下列材料：（三）当事人的意见及行政机关催告情况。"你单位未经催告直接向人民法院申请强制执行违反了上述规定。

四、超过法定期限向人民法院申请强制执行。《中华人民共和国行政强制法》第五十三条规定："当事人在法定期限内不申请行政复议或者提起行政诉讼，又不履行行政决定的，没有行政强制执行权的行政机关可以自期限届满之日起三个月内，依照本章规定申请人民法院强制执行。"你单位于2015年5月26日将某县征决［2015］××号《征收社会抚养费决定书》送达被征收人黄某，2015年11月26日期限届满，你单位应自期限届满之日起至2016年2月26日期间内向人民法院申请强制执行。2016年4月1日，2017年9月11日，你单位分别出具《强制执行申请书》，向某县人民法院申请强制执行某县征决［2015］××号《征收社会抚养费决定书》违反了上述规定。

五、以已履行完毕的文书为依据重复申请强制执行。2015年9月6日，你单位出具《强制执行申请书》，向某县人民法院申请强制执行某县征决［2015］××号《征收社会抚养费决定书》。法院裁定准予执行并进入执行程序，10月19日，你单位出具《申请结案报告书》，以"刘某、黄某已交社会抚养费15000元，经局社会抚养费审批领导小组研究决定，剩余的0元不再向刘某、黄某夫妇收取"为由，向某县人民法院申请结案。同日，该法院以"在执行过程中，被执行人自动履行义务，并已全部履行完毕"为由，出具

×非执字第××号《行政裁定书》裁定"(一)某县人口和计划生育局某县征决〔2015〕××号《征收社会抚养费决定书》确定的内容执行完毕。(二)×非执字第××号案件执行结案"。自此,某县征决〔2015〕××号《征收社会抚养费决定书》确定的行政相对人的义务应当已经履行完毕。但你单位于2016年4月1日、2017年9月11日两次以该决定书为依据申请强制执行,违反了《中华人民共和国行政诉讼法》第九十七条"公民、法人或者其他组织对行政行为在法定期限内不提起诉讼又不履行的,行政机关可以申请人民法院强制执行,或者依法强制执行"的规定。你单位以已经履行完毕义务的《征收社会抚养费决定书》申请法院强制执行,侵害了公民的合法权益,破坏了法院的司法秩序。

六、任意变更具体行政行为时间。你单位的某县征决〔2015〕××号《征收社会抚养费决定书》作出时间是2015年5月20日,送达行政相对人的时间是2015年5月26日。2017年9月11日,你单位向某县人民法院申请强制执行出具的《强制执行申请书》,将某县征决〔2015〕××号《征收社会抚养费决定书》的作出日期变更为2017年2月20日,送达时间变更为2017年2月21日。你单位在具体行政行为中任意虚构行为时间,变相地重新赋予行政相对人新的义务,侵害了行政相对人的合法权益,违反了"依法行政"总体原则。

综上所述,你单位在对刘某、黄某社会抚养费征收的非诉执行活动中,适用法律错误,错误作出行政决定;违背"依法行政"的总体原则,侵害了公民的合法权益,破坏了法院的司法秩序;在具体办理案件过程中权利救济告知错误、申请强制执行错误。根据《中华人民共和国行政诉讼法》第一百零一条、《中华人民共和国民事诉讼法》第二百四十二条、《人民检察院行政诉讼监督规则》第二条、第一百零八条的规定,现向你单位提出如下检察建议:

一、规范行政执法行为，具体行政行为应当严格依法作出。以此案为契机，深刻自查，坚决杜绝侵害公民合法权益的事件再次发生。

二、建立健全的案件管理制度，对已经结案的行政执法案件及时归档管理，避免一案重复执法。

三、在以后的执法工作中，定期对违法行为案件进行清查，及时掌握已生效的行政处罚决定执行情况，全面依法有效查处违法行为。确保作出的行政处罚执行到位，避免纸上执法。

请在收到检察建议后两个月内作出处理并将处理结果书面回复本院。

2022 年 10 月 26 日

（责任编辑：崔晔）

河北省某市人民检察院对赵某平诉某县住房和城乡建设局行政协议再审检察建议书

河北省某市人民检察院
再审检察建议书

×检行监〔2022〕×号

赵某平与某县住房和城乡建设局行政协议纠纷一案，某市人民法院作出了（2022）冀0581行初×号行政裁定。本院依法进行了审查。本案现已审查终结。

2022年1月19日，赵某平因要求某县住房和城乡建设局（以下简称某县住建局）履行行政协议一案起诉至某市人民法院，要求：1.依法判令被告赔偿原告经济损失387500元；2.责令被告将补偿原告门市的使用权变更回所有权；3.责令被告免除原告门市的物业费；4.本案诉讼费用由被告承担。

某市人民法院于2022年3月16日作出（2022）冀0581行初×号行政裁定。该院一审查明，为顺利建设某县保障性安居工程，2011年12月20日，某县住建局与赵某平等8户村民签订《某小区配建协议书》，约定：一、某村8户村民在某小区东侧某路西侧宽20米、长约204.7米的预留地，由某县住建局使用，某村8户村民的门市建在某小区，与小区住房统一设计、统一开工建设，某小区新占南北延长 45 米；小区主路口 30 米，小区北侧出入口 15 米，待建成后所有沿街二层门市交于村民长期无偿使用。建设标准：严格按照图纸内容施工，达到通水、电、暖、安装卷闸等毛坯房标准。二、门市所占土地为国家划拨用地，使用权归村民长期使用，可以继承使用或出租，不允许买卖。三、门市前预留地为门前地、规划绿地等，不允许私自搭建其他建筑物。四、如国家政策发生调整，三方另行协商。某县人民法院于 2021 年 8 月 9 日受理赵某平诉某县住建局合同纠纷一案，2021 年 9 月 26 日作出（2021）冀 0528 民初×号民事裁定书，以属于行政诉讼的受案范围，不属于民事诉讼受案范围为由驳回了赵某平的起诉。

该院一审认为，《最高人民法院关于审理行政协议案件若干问题的规定》第二十八条第二款规定"2015 年 5 月 1 日前订立的行政协议发生纠纷的，适用当时的法律、行政法规及司法解释"。该条规定是以协议订立时间作为法律适用的分界点，本案原、被告签订的《某小区配建协议书》，签订日期在 2015 年 5 月 1 日之前，故双方因行政协议发生的纠纷应适用当时的相关法律、行政法规及司法解释。虽然 2015 年 5 月 1 日起施行的《中华人民共和国行政诉讼法》将行政协议纳入行政诉讼的受案范围，但根据上述最高院关于行政协议的规定，原告所提起的诉讼，不属于行政诉讼的受案范围，依法应当驳回起诉。虽然原告赵某平因该纠纷在某县人民法院提起了民事诉讼，该院以不属于民事诉讼受案范围为由驳回原告起诉的民事裁定书已生效，但原告可通过审判监督程序获得救济。因此，赵某平的起诉不符合《中华人民共和国行政诉讼法》规定的起诉条件，不属于人民法院行政诉讼受案范围，依法应驳回起诉。裁定：驳回赵某平的起诉。

2022 年 10 月 26 日，某市人民检察院在诉讼监督阅卷中发现该案处理结果使得当事人难以有效维护其自身合法权益，经审查，符合检察机关依职权确有必要进行监督的条件，遂主动介入开展监督工作。

本院查明，2006年，某县某路北伸工程占用赵某平部分承包土地。2006年8月3日，某县国土资源局、某县西城管理区委员会、某村村民委员会共同作出《关于某路北伸某段两侧安置占地的说明》。2006年8月17日，某县西城区管理委员会、某村村民委员会与赵某平签订《某路北伸某段留地安置路面占地补偿协议》。前述两份书面材料显示，某路北伸工程需占用赵某平部分承包土地，相关行政机关就补偿安置事宜与赵某平达成协议，约定某路北伸工程完工后，在道路两侧为赵某平留有安置土地，允许其建设门市。某县住建局为建设某县保障性安居工程，需占用赵某平前述安置土地。此种情况下，该局与赵某平等8户村民在某县西城管理区委员会、某村村民委员的见证下，于2011年12月20日签订案涉《某小区配建协议书》。

本院审查认定的其他事实与一审法院认定的事实一致。

本院认为，某市人民法院（2022）冀0581行初×号驳回起诉裁定确有错误，应予以纠正。理由如下：

某县住建局为建设保障性安居工程，需占用赵某平预留安置用地。此种情况下，双方所签订《某小区配建协议书》目的是实现社会公共利益，协议内容涉及占用土地后的补偿安置内容，具有行政法上的权利义务关系，依法应属行政协议。案涉协议签订于2011年12月20日，属于2015年5月1日前订立的行政协议，对于此类协议，当时的法律、行政法规、司法解释等没有规定其他争议解决途径的，作为协议一方的公民、法人或者其他组织提起行政诉讼的，人民法院可以依法受理，且赵某平就案涉争议提起的民事诉讼已经被人民法院生效裁定以不属于民事诉讼范围为由驳回起诉。根据现行行政诉讼法及司法解释的规定，行政协议属于行政诉讼受案范围。鉴于以上情况，将本案作为行政案件受理并进行审查、裁判，有利于减轻当事人诉累，实质化解行政争议。

综上所述，某市人民法院（2022）冀0581行初×号行政裁定确有错误，经本院检察委员会讨论决定，根据《中华人民共和国行政诉讼法》第九十一条第一项、第九十三条第二款，《人民检察院行政诉讼监督规则》第三十六条第五项、第九十二条的规定，特提出再审检察建议，请在收到后三个月内将审查结果书面回复本院。

此致
某市人民法院

2022年10月26日

（责任编辑：崔晔）

法律法规

社会保险经办条例

（2023年8月16日国务院令第765号公布，2023年12月1日起施行）

第一章　总　则

第一条　为了规范社会保险经办，优化社会保险服务，保障社会保险基金安全，维护用人单位和个人的合法权益，促进社会公平，根据《中华人民共和国社会保险法》，制定本条例。

第二条　经办基本养老保险、基本医疗保险、工伤保险、失业保险、生育保险等国家规定的社会保险，适用本条例。

第三条　社会保险经办工作坚持中国共产党的领导，坚持以人民为中心，遵循合法、便民、及时、公开、安全的原则。

第四条　国务院人力资源社会保障行政部门主管全国基本养老保险、工伤保险、失业保险等社会保险经办工作。国务院医疗保障行政部门主管全国基本医疗保险、生育保险等社会保险经办工作。

县级以上地方人民政府人力资源社会保障行政部门按照统筹层次主管基本养老保险、工伤保险、失业保险等社会保险经办工作。县级以上地方人民政府医疗保障行政部门按照统筹层次主管基本医疗保险、生育保险等社会保险经办工作。

第五条　国务院人力资源社会保障行政部门、医疗保障行政部门以及其他有关部门按照各自职责，密切配合、相互协作，共同做好社会保险经办工作。

县级以上地方人民政府应当加强对本行政区域社会保险经办工作的领导，加强社会保险经办能力建设，为社会保险经办工作提供保障。

第二章 社会保险登记和关系转移

第六条 用人单位在登记管理机关办理登记时同步办理社会保险登记。

个人申请办理社会保险登记，以公民身份号码作为社会保障号码，取得社会保障卡和医保电子凭证。社会保险经办机构应当自收到申请之日起10个工作日内办理完毕。

第七条 社会保障卡是个人参加基本养老保险、基本医疗保险、工伤保险、失业保险、生育保险等社会保险和享受各项社会保险待遇的凭证，包括实体社会保障卡和电子社会保障卡。

医保电子凭证是个人参加基本医疗保险、生育保险等社会保险和享受基本医疗保险、生育保险等社会保险待遇的凭证。

第八条 登记管理机关应当将用人单位设立、变更、注销登记的信息与社会保险经办机构共享，公安、民政、卫生健康、司法行政等部门应当将个人的出生、死亡以及户口登记、迁移、注销等信息与社会保险经办机构共享。

第九条 用人单位的性质、银行账户、用工等参保信息发生变化，以及个人参保信息发生变化的，用人单位和个人应当及时告知社会保险经办机构。社会保险经办机构应当对用人单位和个人提供的参保信息与共享信息进行比对核实。

第十条 用人单位和个人申请变更、注销社会保险登记，社会保险经办机构应当自收到申请之日起10个工作日内办理完毕。用人单位注销社会保险登记的，应当先结清欠缴的社会保险费、滞纳金、罚款。

第十一条 社会保险经办机构应当及时、完整、准确记录下列信息：

（一）社会保险登记情况；

（二）社会保险费缴纳情况；

（三）社会保险待遇享受情况；

（四）个人账户情况；

（五）与社会保险经办相关的其他情况。

第十二条 参加职工基本养老保险的个人跨统筹地区就业，其职工基本养老保险关系随同转移。

参加职工基本养老保险的个人在机关事业单位与企业等不同性质用人单位之间流动就业，其职工基本养老保险关系随同转移。

参加城乡居民基本养老保险且未享受待遇的个人跨统筹地区迁移户籍，其城乡居民基本养老保险关系可以随同转移。

第十三条 参加职工基本医疗保险的个人跨统筹地区就业，其职工基本医疗保险关系随同转移。

参加城乡居民基本医疗保险的个人跨统筹地区迁移户籍或者变动经常居住地，其城乡居民基本医疗保险关系可以按照规定随同转移。

职工基本医疗保险与城乡居民基本医疗保险之间的关系转移，按照规定执行。

第十四条 参加失业保险的个人跨统筹地区就业，其失业保险关系随同转移。

第十五条 参加工伤保险、生育保险的个人跨统筹地区就业，在新就业地参加工伤保险、生育保险。

第十六条 用人单位和个人办理社会保险关系转移接续手续的，社会保险经办机构应当在规定时限内办理完毕，并将结果告知用人单位和个人，或者提供办理情况查询服务。

第十七条 军事机关和社会保险经办机构，按照各自职责办理军人保险与社会保险关系转移接续手续。

社会保险经办机构应当为军人保险与社会保险关系转移接续手续办理优先提供服务。

第三章 社会保险待遇核定和支付

第十八条 用人单位和个人应当按照国家规定，向社会保险经办机构提出领取基本养老金的申请。社会保险经办机构应当自收到申请之日起20个工作日内办理完毕。

第十九条 参加职工基本养老保险的个人死亡或者失业人员在领取失业保险金期间死亡，其遗属可以依法向社会保险经办机构申领丧葬补助金和抚恤金。社会保险经办机构应当及时核实有关情况，按照规定核定并发放丧葬补助金和抚恤金。

第二十条 个人医疗费用、生育医疗费用中应当由基本医疗保险（含生育保险）基金支付的部分，由社会保险经办机构审核后与医疗机构、药品经营单位直接结算。

因特殊情况个人申请手工报销，应当向社会保险经办机构提供医疗机构、药品经营单位的收费票据、费用清单、诊断证明、病历资料。社会保险经办机构应当对收费票据、费用清单、诊断证明、病历资料进行审核，并自收到申请之日起30个工作日内办理完毕。

参加生育保险的个人申领生育津贴，应当向社会保险经办机构提供病历资料。社会保险经办机构应当对病历资料进行审核，并自收到申请之日起10个工作日内办理完毕。

第二十一条 工伤职工及其用人单位依法申请劳动能力鉴定、辅助器具配置确认、停工留薪期延长确认、工伤旧伤复发确认，应当向社会保险经办机构提供诊断证明、病历资料。

第二十二条 个人治疗工伤的医疗费用、康复费用、安装配置辅助器具费用中应当由工伤保险基金支付的部分，由社会保险经办机构审核后与医疗机构、辅助器具配置机构直接结算。

因特殊情况用人单位或者个人申请手工报销，应当向社会保险经办机构提供医疗机构、辅助器具配置机构的收费票据、费用清单、诊断证明、病历资料。社会保险经办机构应当对收费票据、费用清单、诊断证明、病历资料进行审核，并自收到申请之日起20个工作日内办理完毕。

第二十三条 人力资源社会保障行政部门、医疗保障行政部门应当按照各自职责建立健全异地就医医疗费用结算制度。社会保险经办机构应当做好异地就医医疗费用结算工作。

第二十四条 个人申领失业保险金，社会保险经办机构应当自收到申请之日起10个工作日内办理完毕。

个人在领取失业保险金期间，社会保险经办机构应当从失业保险基金中支付其应当缴纳的基本医疗保险（含生育保险）费。

个人申领职业培训等补贴，应当提供职业资格证书或者职业技能等级证书。社会保险经办机构应当对职业资格证书或者职业技能等级证书进行审核，并自收到申请之日起10个工作日内办理完毕。

第二十五条 个人出现国家规定的停止享受社会保险待遇的情形，用人单位、待遇享受人员或者其亲属应当自相关情形发生之日起20个工作日内告知社会保险经办机构。社会保险经办机构核实后应当停止发放相应的社会保险待遇。

第二十六条 社会保险经办机构应当通过信息比对、自助认证等方式，核验社会保险待遇享受资格。通过信息比对、自助认证等方式无法确认社会保险待遇享受资格的，社会保险经办机构可以委托用人单位或者第三方机构进行核实。

对涉嫌丧失社会保险待遇享受资格后继续享受待遇的，社会保险经办机构应当调查核实。经调查确认不符合社会保险待遇享受资格的,停止发放待遇。

第四章 社会保险经办服务和管理

第二十七条 社会保险经办机构应当依托社会保险公共服务平台、医疗保障信息平台等实现跨部门、跨统筹地区社会保险经办。

第二十八条 社会保险经办机构应当推动社会保险经办事项与相关政务服务事项协同办理。社会保险经办窗口应当进驻政务服务中心,为用人单位和个人提供一站式服务。

人力资源社会保障行政部门、医疗保障行政部门应当强化社会保险经办服务能力,实现省、市、县、乡镇(街道)、村(社区)全覆盖。

第二十九条 用人单位和个人办理社会保险事务,可以通过政府网站、移动终端、自助终端等服务渠道办理,也可以到社会保险经办窗口现场办理。

第三十条 社会保险经办机构应当加强无障碍环境建设,提供无障碍信息交流,完善无障碍服务设施设备,采用授权代办、上门服务等方式,为老年人、残疾人等特殊群体提供便利。

第三十一条 用人单位和个人办理社会保险事务,社会保险经办机构要求其提供身份证件以外的其他证明材料的,应当有法律、法规和国务院决定依据。

第三十二条 社会保险经办机构免费向用人单位和个人提供查询核对社会保险缴费和享受社会保险待遇记录、社会保险咨询等相关服务。

第三十三条 社会保险经办机构应当根据经办工作需要,与符合条件的机构协商签订服务协议,规范社会保险服务行为。人力资源社会保障行政部门、医疗保障行政部门应当加强对服务协议订立、履行等情况的监督。

第三十四条 医疗保障行政部门所属的社会保险经办机构应当改进基金支付和结算服务，加强服务协议管理，建立健全集体协商谈判机制。

第三十五条 社会保险经办机构应当妥善保管社会保险经办信息，确保信息完整、准确和安全。

第三十六条 社会保险经办机构应当建立健全业务、财务、安全和风险管理等内部控制制度。

社会保险经办机构应当定期对内部控制制度的制定、执行情况进行检查、评估，对发现的问题进行整改。

第三十七条 社会保险经办机构应当明确岗位权责，对重点业务、高风险业务分级审核。

第三十八条 社会保险经办机构应当加强信息系统应用管理，健全信息核验机制，记录业务经办过程。

第三十九条 社会保险经办机构具体编制下一年度社会保险基金预算草案，报本级人力资源社会保障行政部门、医疗保障行政部门审核汇总。社会保险基金收入预算草案由社会保险经办机构会同社会保险费征收机构具体编制。

第四十条 社会保险经办机构设立社会保险基金支出户，用于接受财政专户拨入基金、支付基金支出款项、上解上级经办机构基金、下拨下级经办机构基金等。

第四十一条 社会保险经办机构应当按照国家统一的会计制度对社会保险基金进行会计核算、对账。

第四十二条 社会保险经办机构应当核查下列事项：

（一）社会保险登记和待遇享受等情况；

（二）社会保险服务机构履行服务协议、执行费用结算项目和标准情况；

（三）法律、法规规定的其他事项。

第四十三条 社会保险经办机构发现社会保险服务机构违反服务协议的，可以督促其履行服务协议，按照服务协议约定暂停或者不予拨付费用、追回违规费用、中止相关责任人员或者所在部门涉及社会保险基金使用的社会保险服务，直至解除服务协议；社会保险服务机构及其相关责任人员有权进行陈述、申辩。

第四十四条 社会保险经办机构发现用人单位、个人、社会保险服务机构违反社会保险法律、法规、规章的，应当责令改正。对拒不改正或者依法应当由人力资源社会保障行政部门、医疗保障行政部门处理的，及时移交人力资源社会保障行政部门、医疗保障行政部门处理。

第四十五条 国务院人力资源社会保障行政部门、医疗保障行政部门会同有关部门建立社会保险信用管理制度，明确社会保险领域严重失信主体名单认定标准。

社会保险经办机构应当如实记录用人单位、个人和社会保险服务机构及其工作人员违反社会保险法律、法规行为等失信行为。

第四十六条 个人多享受社会保险待遇的，由社会保险经办机构责令退回；难以一次性退回的，可以签订还款协议分期退回，也可以从其后续享受的社会保险待遇或者个人账户余额中抵扣。

第五章 社会保险经办监督

第四十七条 人力资源社会保障行政部门、医疗保障行政部门按照各自职责对社会保险经办机构下列事项进行监督检查：

（一）社会保险法律、法规、规章执行情况；

（二）社会保险登记、待遇支付等经办情况；

（三）社会保险基金管理情况；

（四）与社会保险服务机构签订服务协议和服务协议履行情况；

（五）法律、法规规定的其他事项。

财政部门、审计机关按照各自职责，依法对社会保险经办机构的相关工作实施监督。

第四十八条 人力资源社会保障行政部门、医疗保障行政部门应当按照各自职责加强对社会保险服务机构、用人单位和个人遵守社会保险法律、法规、规章情况的监督检查。社会保险服务机构、用人单位和个人应当配合，如实提供与社会保险有关的资料，不得拒绝检查或者谎报、瞒报。

人力资源社会保障行政部门、医疗保障行政部门发现社会保险服务机构、用人单位违反社会保险法律、法规、规章的，应当按照各自职责提出处理意见，督促整改，并可以约谈相关负责人。

第四十九条 人力资源社会保障行政部门、医疗保障行政部门、社会保险经办机构及其工作人员依法保护用人单位和个人的信息，不得以任何形式泄露。

第五十条 人力资源社会保障行政部门、医疗保障行政部门应当畅通监督渠道，鼓励和支持社会各方面对社会保险经办进行监督。

社会保险经办机构应当定期向社会公布参加社会保险情况以及社会保险基金的收入、支出、结余和收益情况，听取用人单位和个人的意见建议，接受社会监督。

工会、企业代表组织应当及时反映用人单位和个人对社会保险经办的意见建议。

第五十一条 任何组织和个人有权对违反社会保险法律、法规、规章的行为进行举报、投诉。

人力资源社会保障行政部门、医疗保障行政部门对收到的有关社会保险的举报、投诉，应当依法进行处理。

第五十二条 用人单位和个人认为社会保险经办机构在社会保

险经办工作中侵害其社会保险权益的,可以依法申请行政复议或者提起行政诉讼。

第六章　法律责任

第五十三条　社会保险经办机构及其工作人员有下列行为之一的,由人力资源社会保障行政部门、医疗保障行政部门按照各自职责责令改正;给社会保险基金、用人单位或者个人造成损失的,依法承担赔偿责任;对负有责任的领导人员和直接责任人员依法给予处分:

(一)未履行社会保险法定职责的;

(二)违反规定要求提供证明材料的;

(三)克扣或者拒不按时支付社会保险待遇的;

(四)丢失或者篡改缴费记录、享受社会保险待遇记录等社会保险数据、个人权益记录的;

(五)违反社会保险经办内部控制制度的。

第五十四条　人力资源社会保障行政部门、医疗保障行政部门、社会保险经办机构及其工作人员泄露用人单位和个人信息的,对负有责任的领导人员和直接责任人员依法给予处分;给用人单位或者个人造成损失的,依法承担赔偿责任。

第五十五条　以欺诈、伪造证明材料或者其他手段骗取社会保险基金支出的,由人力资源社会保障行政部门、医疗保障行政部门按照各自职责责令退回,处骗取金额2倍以上5倍以下的罚款;属于定点医药机构的,责令其暂停相关责任部门6个月以上1年以下涉及社会保险基金使用的社会保险服务,直至由社会保险经办机构解除服务协议;属于其他社会保险服务机构的,由社会保险经办机构解除服务协议。对负有责任的领导人员和直接责任人员,有执业资格的,由有关主管部门依法吊销其执业资格。

第五十六条　隐匿、转移、侵占、挪用社会保险基金或者违规投资运营的，由人力资源社会保障行政部门、医疗保障行政部门、财政部门、审计机关按照各自职责责令追回；有违法所得的，没收违法所得；对负有责任的领导人员和直接责任人员依法给予处分。

第五十七条　社会保险服务机构拒绝人力资源社会保障行政部门、医疗保障行政部门监督检查或者谎报、瞒报有关情况的，由人力资源社会保障行政部门、医疗保障行政部门按照各自职责责令改正，并可以约谈有关负责人；拒不改正的，处1万元以上5万元以下的罚款。

第五十八条　公职人员在社会保险经办工作中滥用职权、玩忽职守、徇私舞弊的，依法给予处分。

第五十九条　违反本条例规定，构成违反治安管理行为的，依法给予治安管理处罚；构成犯罪的，依法追究刑事责任。

第七章　附　则

第六十条　本条例所称社会保险经办机构，是指人力资源社会保障行政部门所属的经办基本养老保险、工伤保险、失业保险等社会保险的机构和医疗保障行政部门所属的经办基本医疗保险、生育保险等社会保险的机构。

第六十一条　本条例所称社会保险服务机构，是指与社会保险经办机构签订服务协议，提供社会保险服务的医疗机构、药品经营单位、辅助器具配置机构、失业保险委托培训机构等机构。

第六十二条　社会保障卡加载金融功能，有条件的地方可以扩大社会保障卡的应用范围，提升民生服务效能。医保电子凭证可以根据需要，加载相关服务功能。

第六十三条　本条例自2023年12月1日起施行。

关于印发《人民检察院行政诉讼执行监督工作指引（试行）》的通知

高检七厅〔2024〕2号

各省、自治区、直辖市人民检察院行政检察部门，解放军军事检察院第四检察厅，新疆生产建设兵团人民检察院第五检察部：

为贯彻落实高质效办好每一个案件的要求，强化行政诉讼执行监督，我厅结合行政检察工作实际，研究制定了《人民检察院行政诉讼执行监督工作指引（试行）》，现印发执行。执行中遇到的问题，请及时报告我厅。

最高人民检察院第七检察厅

2024年2月28日

人民检察院行政诉讼执行监督工作指引（试行）

第一章 总 则

第一条【目的与依据】 为保障和规范人民检察院依法履行行政诉讼执行监督职责，全面深化行政检察监督，根据《中华人民共和国人民检察院组织法》《中华人民共和国行政诉讼法》《中华人民共和国民事诉讼法》和《人民检察院行政诉讼监督规则》《人民检察院检察建议工作规定》等规定，结合检察工作实际，制定本指引。

第二条【适用范围】 本指引适用于人民检察院依法对行政判决、裁定、调解书等生效法律文书的执行活动的法律监督。

人民法院判决驳回诉讼请求、判决确认违法但不撤销行政行为，行政机关申请强制执行的，属于行政诉讼执行，人民检察院对上述执行活动的监督，适用本指引的规定。

人民检察院在履行行政诉讼监督职责中，发现被诉行政机关或者其他机关申请执行、协助执行、履行生效法律文书的执行活动存在违法行使职权或者不行使职权，需要进行监督的，适用本指引的规定。

人民检察院开展行政非诉执行监督，《人民检察院行政非诉执行监督工作指引（试行）》有明确规定的，不适用本指引。

第三条【主要任务】 人民检察院通过办理行政诉讼执行监督

案件，监督人民法院依法执行，促进行政机关依法行使职权，维护司法公正和司法权威，保护公民、法人和其他组织的合法权益，推动行政争议实质性化解，保障国家法律的统一正确实施。

第四条【基本原则】 人民检察院开展行政诉讼执行监督，应当以事实为根据，以法律为准绳，坚持全面审查，秉持客观公正的立场，加强穿透式监督，妥善选择监督方式，及时监督纠正违法行为，实现政治效果、社会效果和法律效果的有机统一。

第五条【引致适用监督规则】 人民检察院办理行政诉讼执行监督案件，听取当事人意见、咨询专家意见、检索相关案例、调查核实、办案期限、听证、类案监督、跟进监督、回避等，适用《人民检察院行政诉讼监督规则》有关规定。

第六条【监督方式】 人民检察院通过提出检察建议、移送违纪违法或职务犯罪线索等方式，对行政诉讼执行活动实行法律监督。

在办理行政诉讼执行监督案件中，发现人民法院执行裁定、决定以及执行实施措施存在违法情形的，或者不履行、怠于履行执行职责的，应当提出检察建议；发现涉嫌违纪违法犯罪线索的，应当按照《人民检察院内部移送法律监督线索工作规定》《关于人民检察院向纪检监察机关移送问题线索工作的实施意见》等相关规定移送。

第二章 受 理

第七条【案件来源】 人民检察院受理行政诉讼执行监督案件的途径包括当事人申请，当事人以外的公民、法人或者其他组织控告，有关国家机关、部门移送的案件线索，以及依职权进行监督等。

第八条【一般案件受理】 行政诉讼执行监督案件，原则上由执行案件的人民法院所在地同级人民检察院受理。

第九条【复议案件受理】 当事人对执行复议裁定申请监督的,由作出复议裁定的人民法院所在地同级人民检察院受理。

上级人民法院裁定驳回复议申请,当事人仅对原执行行为申请监督的,由作出原执行行为的人民法院所在地同级人民检察院受理。

当事人对上级人民法院复议活动和原执行行为均申请监督的,由作出复议裁定的人民法院所在地同级人民检察院受理。

第十条【增强监督的时效性】 有本指引第七条规定情形之一的,在不影响执行活动正常开展的情况下,检察机关应当及时受理、审查,及时督促纠正违法行为,增强人民群众的获得感,无需待行政诉讼执行案件办结,但一般不得在执行现场提出监督意见。

第三章 审查与办理

第一节 一般规定

第十一条【全面审查】 人民检察院办理行政诉讼执行监督案件,应当对人民法院的执行活动和所涉行政机关的申请执行行为、协助执行行为、行政机关是否依法履行生效行政法律文书确定的义务、申请人诉求是否合法合理等进行全面审查。在全面审阅案卷等相关材料的基础上,根据案件具体情况,必要时可以进一步调查核实。

在全面审查的同时,应当重点审查下列事项:

(一)执行依据基本情况,包括案件的基本事实和所涉法律关系、申请人的请求,以及人民法院与行政机关在事实认定和法律适用等方面的差异;

(二)案件的焦点问题,包括事实认定、证据采信以及法律适用等方面需进一步分析和研究的问题；

（三）人民法院行政诉讼执行案件受理、审查、实施、结案等执行活动是否存在违法情形；

（四）行政机关是否依法自行强制执行、申请强制执行、协助强制执行以及是否全面履行生效行政判决、裁定、调解书确定的义务；

（五）根据案件情况，是否有必要向人民法院或行政机关提出检察建议。

第十二条【对驳回判决和确认判决执行的监督】 人民检察院发现人民法院对驳回诉讼请求或确认违法但不撤销行政行为行政判决的执行，有下列情形之一的，人民检察院应当提出检察建议：

（一）以超过《最高人民法院关于适用〈中华人民共和国行政诉讼法〉的解释》第一百五十六条规定的三个月申请期限为由，不予受理的；

（二）违反一审法院执行管辖的；

（三）要求行政机关依照《中华人民共和国行政强制法》第五十四条规定履行催告程序的。

第十三条【对撤销判决执行的监督】 人民法院判决撤销并要求行政机关重新作出行政行为，申请执行人认为行政机关重新作出的行政行为不符合判决要求申请监督的，人民检察院应当分情况处理：

（一）行政机关以同一事实和理由作出与原行政行为基本相同的行政行为，人民法院认定行政机关已履行生效判决并终结执行的，可以依法提出检察建议；

（二）人民法院以违反法定程序为由判决撤销被诉行政行为，行政机关以同一事实和理由重新作出与原行政行为基本相同的行政行为的，或者申请人已另行对重新作出的行政行为提起诉讼的，对于申请人的监督申请不予支持。

第十四条【发现其他诉讼监督情形】 人民检察院在办理行政诉讼执行监督案件过程中，发现人民法院据以执行的行政判决、裁定、调解书有《中华人民共和国行政诉讼法》第九十一条规定的再审情形之一的，应当依照《人民检察院行政诉讼监督规则》关于对生效行政判决、裁定、调解书监督的相关规定另行处理。

人民检察院在办理行政诉讼执行监督案件过程中，发现行政审判程序中审判人员存在违法行为的，应当依照《人民检察院行政诉讼监督规则》关于对行政审判程序中审判人员违法行为监督的相关规定另行处理。

第十五条【同步穿透式监督】 人民检察院依法监督人民法院行政诉讼执行活动的同时，发现行政机关有下列违法行使职权或者不行使职权的情形之一的，应当向行政机关提出检察建议：

（一）行政机关未按照法律规定及时申请强制执行或申请恢复强制执行的；

（二）行政机关申请强制执行时遗漏执行内容的；

（三）行政机关不履行生效行政判决、裁定、调解书确定的义务或协助执行义务的；

（四）行政机关在协助人民法院强制执行时扩大执行范围或者采取违法方式实施的；

（五）行政机关根据人民法院"裁执分离"裁定实施强制执行时，存在违反法定程序，与裁定确定的范围、对象不符的；

（六）行政机关对驳回诉讼请求或确认违法但保留行政行为效力的行政判决未依法启动强制执行程序的；

（七）行政机关与行政相对人达成的执行和解协议损害国家利益、社会公共利益的；

（八）人民法院判决行政机关重新作出行政行为，行政机关以同一事实和理由作出与原行政行为基本相同的行政行为的，但原行政行为因违反法定程序被判决撤销的除外；

（九）人民法院裁定停止执行行政行为，行政机关拒不停止执行的；

（十）行政机关未按照人民法院通知及时领取执行款物的；

（十一）其他应予以监督的违法情形。

第十六条【核实与沟通】 人民检察院认为人民法院在行政诉讼执行活动中可能存在怠于履行职责情形的，可以依照《人民检察院行政诉讼监督规则》第一百一十二条，向人民法院发出《说明案件执行情况通知书》，要求说明案件的执行情况及理由。

人民检察院在制发检察建议前，可以就案件具体情况和检察建议的具体内容与人民法院、行政机关等沟通交流；在发出检察建议后，应当做好后续跟踪工作，跟进检察建议落实情况。

第十七条【检察建议的类型】 人民检察院办理行政诉讼执行监督案件，向人民法院制发的检察建议适用《最高人民法院、最高人民检察院关于民事执行活动法律监督若干问题的规定》，回复期限为三个月；向行政机关制发的检察建议适用《人民检察院检察建议工作规定》，回复期限为两个月。

第二节　对行政诉讼执行案件受理的监督

第十八条【对违法不受理或怠于受理的监督】 行政判决、裁定、调解书生效后，一方当事人未履行的，另一方当事人可以在二年内向人民法院申请强制执行。人民检察院发现人民法院存在下列应当受理而不予受理或者怠于受理情形之一的，应当提出检察建议：

（一）申请人向人民法院提出执行申请，人民法院拒绝接收申请材料、接受材料后不出具书面凭证、不一次性告知补正内容的；

（二）对符合申请条件且材料齐全的执行申请，裁定不予受理的；

（三）收到执行申请后未在规定期限内决定是否受理的；

（四）其他应当监督的情形。

第十九条【对违法受理情形的监督】 人民检察院发现人民法院有下列不应当受理而受理等违法情形之一的，应当提出检察建议：

（一）依据虚假、未生效或者已被撤销的行政判决、裁定、调解书申请执行，人民法院予以受理的；

（二）申请执行人不属于生效行政判决、裁定、调解书确定的权利人或者其继承人、权利承受人，对其执行申请予以受理的；

（三）对超越管辖权的执行申请予以受理的；

（四）其他应当监督的情形。

第二十条【对法院管辖错误的监督】 人民检察院发现人民法院执行案件提级管辖、指定管辖或者对管辖异议的裁定违反法律规定的，应当提出检察建议。

第三节 对行政诉讼执行实施的监督

第二十一条【对执行准备与启动的监督】 人民检察院发现人民法院行政诉讼执行准备与启动阶段，有下列违法情形之一的，应当提出检察建议：

（一）未依法在立案后七日内确定案件承办人的；

（二）人民陪审员参与执行案件的；

（三）未依法制发执行通知书等法律文书的；

（四）执行通知书未正确表述责令被执行人履行法律文书确定的义务、未全面告知《中华人民共和国民事诉讼法》第二百六十四条规定的迟延履行利息或迟延履行金、有关纳入失信被执行人名单的风险提示内容等逾期不履行义务的法律后果的；

（五）其他应当监督的情形。

第二十二条【对财产调查措施的监督】 人民检察院对人民法院通过申请执行人提供财产线索、被执行人报告财产、查询、搜查等措施调查查明被执行人财产的，应重点审查案件受理后是否及时启动调查程序，以及调查措施是否符合规定，发现有下列违法情形之一的，应当提出检察建议：

（一）对申请执行人提供的明确具体的财产线索，未在七日内调查核实的；

（二）金钱债权执行案件中，报告财产令未与执行通知书同时发出的；

（三）被执行人拒绝报告、虚假报告或者无正当理由逾期报告财产，人民法院未依法将其纳入失信被执行人名单的；

（四）搜查时未出示搜查令和工作证件，搜查对象是公民，未通知被执行人或者其近亲属以及基层组织派员到场的；搜查对象是法人或其他组织，未通知法定代表人或者主要负责人到场的；

（五）执行调查人员调查与案件无关的信息或者泄露调查中知悉的国家秘密、商业秘密和个人隐私的；

（六）其他应当监督的情形。

第二十三条【对查封、扣押、冻结等财产控制措施的监督】 人民检察院对人民法院采取查封、扣押、冻结等财产控制措施，应重点审查措施启动程序以及具体实施是否符合规定，发现有下列违法情形之一的，应当提出检察建议：

（一）查封、扣押、冻结财产应当作出裁定而未作出的；

（二）对财产权属判断违反法律规定，错误查封、扣押、冻结案外人财产的；

（三）违反法律规定，查封、扣押、冻结党费、工会经费、国有企业下岗职工基本生活保障资金、社会保险基金、存款准备金和备付金、信托财产、旅行社质量保证金、证券和证券交易结算资金、期货交易保证金、药品批准文号、被执行人的银行贷款账户、工业企业结构调整专项奖补资金、农民工工资专用账户资金和工资保证金等财产的；

（四）查封、扣押、冻结被执行人及其所扶养家属的生活必需品、完成义务教育必需品、必需的生活费用及用于身体缺陷所必需的辅助工作、医疗物品，尚未公开的发明或者未发表的著作，被执行人所得的勋章及其他荣誉表彰的物品的；

（五）被执行人有多项财产可供执行，违反善意文明执行理念，恶意选择执行财产的；

（六）查封被执行人与其他人共有的财产，未及时通知共有人的；

（七）查封、扣押、冻结已登记的不动产、特定动产或其他财产权，未通知有关登记机关办理登记手续的；

（八）对查封、扣押的财产保管不当或使用保管的财产的；

（九）查封、扣押财产时，被执行人是公民，未通知被执行人或者其近亲属以及其工作单位或者财产所在地基层组织派员到场；被执行人是法人或其他组织，未通知法定代表人或者主要负责人到场的；

（十）明显超标的额查封、扣押、冻结财产的；

（十一）查封、扣押、冻结财产后，未书面告知申请执行人明确的期限届满日以及有关申请续行查封、扣押、冻结事项的；

（十二）违法解除查封、扣押、冻结的；

（十三）解除查封、扣押、冻结未制作裁定，并送达申请执行人、被执行人或案外人的；

（十四）解除查封、扣押，在解除查封、扣押措施之日起十日内未将物品发还给所有人或交付人的；

（十五）其他应当监督的情形。

第二十四条【对拍卖、变卖等财产处置措施的监督】 在执行实施过程中，人民法院可以通过拍卖、变卖或采取其他执行措施，对被执行人被查封、扣押、冻结的财产进行处置，但人民检察院发现人民法院拍卖、变卖等财产处置措施有下列违法情形之一的，应当提出检察建议：

（一）查封、扣押、冻结财产后，对需要拍卖、变卖的财产，未在三十日内启动确定财产处置参考价程序的；

（二）对涉及国有资产或公共利益事项，法律法规规定必须委托评估的财产，违法采取其他方式确定财产处置参考价的；

（三）财产参考价确定后，未在十日内启动财产变价程序的；

（四）违反法律规定，确定拍卖方式、拍卖机构、拍卖保留价的；

（五）拍卖财产，未全面真实披露拍卖财产信息的；

（六）不经拍卖直接变卖的，但当事人双方及有关权利人同意变卖的，以及属于金银及其制品、当地市场有公开交易价格的动产、易腐烂变质的物品、季节性商品、保管困难或者保管费用过高的物品除外；

（七）其他应当监督的情形。

第二十五条【对其他执行实施措施的监督】 人民检察院发现人民法院在行政诉讼执行实施过程中，有下列违法情形之一的，应当提出检察建议：

（一）违法变更执行内容或者执行标的的；

（二）依法应当变更、解除强制执行措施而未变更、解除的；

（三）行政机关无充分事实、理由和法律依据撤回执行申请，人民法院裁定准许撤回的；

（四）要求强制执行申请人交纳申请执行费的；

（五）迟延履行期间债务利息和迟延履行金计算错误的；

（六）违反执行款物的发放和保管等相关管理规定的；

（七）其他应当监督的情形。

第二十六条【对终结本次执行程序的监督】 人民检察院发现人民法院有下列违法终结本次执行程序情形之一的，应当提出检察建议：

（一）对非财产类案件适用终结本次执行程序，或者存在未穷尽财产调查措施、未履行法定程序等违法适用终结本次执行程序情形的；

（二）终结本次执行程序后，未定期查询被执行人财产并将查询结果告知申请执行人的；

（三）未依法公开、更正、屏蔽终结本次执行程序信息的；

（四）终结本次执行程序的裁定文书未依法告知申请恢复执行、继续履行等权利义务的；

（五）其他应当监督的情形。

第二十七条【对执行结案的监督】 人民检察院发现人民法院执行结案有下列违法情形之一的，应当提出检察建议：

（一）不符合终结执行条件而终结执行的；

（二）未在立案之日起六个月内执行结案的，但有正当理由的除外；

（三）其他应当监督的情形。

第二十八条【对变更、追加执行主体错误的监督】 人民检察院发现人民法院变更、追加被执行人有下列违法情形之一的，应当提出检察建议：

（一）作为申请执行人的自然人死亡或者被宣告死亡、被宣告失踪、离婚，作为申请执行人的法人或者非法人组织终止、分立、合并、清算、破产、被撤销，债权转让，其继承人、遗产管理人、受遗赠人、权利承受人申请变更、追加其为申请执行人，符合法定条件，人民法院未予支持的；

（二）作为被执行人的自然人死亡或者被宣告死亡、被宣告失踪，申请执行人申请变更、追加遗产管理人、继承人、受遗赠人或者其他因该自然人死亡取得遗产的人为被执行人，在遗产范围内承担责任，人民法院未予支持的；

（三）作为被执行人的法人或者非法人组织分立、合并，申请执行人申请变更、追加合并、分立后存续或新设的法人或者非法人组织为被执行人，人民法院未予支持的；

（四）作为被执行人的个人独资企业、合伙企业不能清偿法律文书确定的债务，申请执行人申请变更、追加个人独资企业出资人、合伙企业普通合伙人、未按期足额缴纳出资的有限合伙人为被执行人，人民法院未予支持的；

（五）作为被执行人的营利法人，财产不足以清偿生效法律文书确定的债务，申请执行人申请变更、追加未缴纳或者未足额交纳出资的股东、出资人或者依法对该出资承担连带责任的发起人、抽逃出资的股东为被执行人，在尚未缴纳出资或抽逃出资的范围内依法承担责任，人民法院未予支持的；

（六）作为被执行人的公司，未经清算即办理注销登记，导致公司无法清算，申请执行人申请变更、追加公司董事和控股股东、注销登记时承诺对公司债务承担清偿责任的第三人为被执行人，在法定责任范围内承担连带责任，人民法院未予支持的；

（七）作为被执行人的一人有限责任公司，财产不足以清偿生效法律文书确定的债务，股东不能证明公司财产独立于自己的财产，申请执行人申请变更、追加该股东为被执行人，对公司债务承担连带责任，人民法院未予支持的；

(八）当事人申请变更、追加执行主体或对变更、追加执行主体的裁定申请复议，人民法院未在收到申请之日起六十日内作出裁定的，但有特殊情况依法延长的除外；

（九）被裁定变更、追加的被申请人申请复议，人民法院复议期间对争议范围内的财产进行处分的，但申请人请求人民法院继续执行并提供相应担保的除外；

（十）违反法律规定，追加被执行人配偶的；

（十一）其他应当监督的情形。

第二十九条【对法院文书送达违法的监督】 人民检察院发现人民法院送达法律文书有下列违法情形之一的，应当提出检察建议：

（一）未送达或者未及时送达执行通知书、执行裁定书、结案通知书等法律文书的；

（二）未穷尽直接送达方式而直接采取公告送达的，或公告送达未说明裁判主要内容和救济途径的；

（三）向公民的非同住成年家属、向法人或者其他组织的法定代表人、主要负责人或者办公室、收发室、值班室等负责收件的人以外的其他人员留置送达的；

（四）无民事行为能力人，限制民事行为能力人，公民的非同住成年家属，法人或者其他组织的法定代表人、主要负责人或者办公室、收发室、值班室等负责收件的人以外的其他人员代收的；

（五）其他应当监督的情形。

第三十条【对法院执行人员的监督】 人民检察院发现人民法院行政诉讼执行活动中执行人员有下列违法情形之一且可能影响案件公正执行的，应当提出检察建议：

（一）贪污受贿、徇私舞弊的；

（二）隐瞒、伪造、变造、故意损毁证据、案件材料的；

（三）泄露国家秘密、审判工作秘密、商业秘密或者个人隐私的；

（四）因故意或者重大过失导致执行结果错误的；

（五）接受当事人及其代理人利益输送，或者违反有关规定会见当事人及其代理人的；

（六）有其他违纪违法行为的。

第三十一条【对因判决不明确引起的执行争议监督】 人民检察院发现人民法院生效行政判决、裁定、调解书执行内容缺乏明确性，且未按照《最高人民法院关于人民法院立案、审判与执行工作协调运行的意见》第十五条规定进一步明确，径行驳回执行申请的，应当提出检察建议。

第三十二条【对行政机关可参照适用民事执行措施】 人民法院参照《中华人民共和国民事诉讼法》对行政机关采取查封、扣押、冻结、纳入失信名单、限制消费等执行措施，行政机关以《中华人民共和国行政诉讼法》第九十六条已规定了对行政机关的强制执行措施为由申请监督的，人民检察院不予支持。

第三十三条【对立即采取执行措施的监督】 被执行人以人民法院发出执行通知并立即采取查封、扣押、冻结、划拨等执行措施违反《中华人民共和国民事诉讼法》第二百五十三条至第二百五十五条规定为由申请监督的，人民检察院不予支持。

第四节 对行政诉讼执行审查的监督

第三十四条【对执行异议审查案件的监督】 人民检察院发现人民法院审查当事人、利害关系人或者案外第三人提出的执行异议，有下列违法情形之一的，应当提出检察建议：

（一）对符合法律规定的执行异议申请，未在三日内立案的，或者既不立案又不作出不予受理裁定的；

（二）未在执行异议立案后三日内通知异议人和相关当事人的；

（三）未在收到书面异议之日起十五日内作出执行异议裁定的；

（四）作出执行异议裁定时未依法告知权利救济途径和期限的；

（五）执行异议裁定未能正确区分执行行为异议、案外人异议，错误告知救济权利的；

（六）人民陪审员参与执行异议审查的；

（七）办理执行实施案件的执行人员参与相关执行异议审查案件合议庭的；

（八）执行异议裁定事实认定错误或者适用法律错误的；

（九）其他应当监督的情形。

第三十五条 【对执行复议审查案件的监督】 人民检察院发现人民法院在审查执行复议案件中，有下列违法情形之一的，应当提出检察建议：

（一）当事人、利害关系人依照民事诉讼法第二百三十六条规定申请复议，人民法院未在收到复议申请之日起三十日内作出复议裁定的，但依法延长办案期限的除外；

（二）人民陪审员参与执行复议审查的；

（三）办理执行实施案件的执行人员参与相关执行复议案件合议庭的；

（四）当事人、利害关系人对案外人异议裁定不服申请复议，人民法院适用执行复议程序审查的；

（五）对发回重新审查的案件作出裁定后，当事人、利害关系人申请复议，上一级人民法院再次发回重新审查的；

（六）执行复议裁定事实认定错误或者适用法律错误的；

（七）其他应当监督的情形。

第四章　工作机制

第三十六条【工作格局】 基层人民检察院应当坚持把行政诉讼执行监督作为做实行政检察的发力点，认真研究深化和规范监督的措施和途径，积极协调解决工作中的重大问题，及时向同级党委及其政法委、人大报告监督中遇到的重大问题，推动健全行政诉讼执行工作机制，形成工作合力。

第三十七条【联席会议】 人民检察院应当与人民法院、司法行政机关建立健全行政诉讼执行工作联席会议机制，定期通报行政诉讼执行工作相关情况，加强沟通，增进共识，及时研究并推动解决行政诉讼执行工作中的困难和问题。

第三十八条【数字检察】 开展行政诉讼执行监督，应当强化大数据赋能，加强行政诉讼执行监督模型研发和推广应用，通过数据分析、数据碰撞、数据挖掘发现治理漏洞或者监督线索，提升监督质效，推动解决执行难。

第五章　附　则

第三十九条【解释和施行】 本指引由最高人民检察院第七检察厅负责解释，自下发之日起施行。

2024年《行政检察工作指导》征稿启事

《行政检察工作指导》是最高人民检察院行政检察厅主办、中国检察出版社出版的连续出版物，每季一辑，每年四辑。《行政检察工作指导》坚持"立足行政检察理论前沿，注重工作实践交流指导"宗旨，紧贴行政检察监督需求，追踪行政司法领域最新前沿问题，研究行政法律适用、行政司法实务重大问题，反映行政司法改革、司法实践动态与成果，努力发挥对下指导、提升行政检察业务能力和深化行政检察理论研究等作用。

一、投稿要求

（一）稿件内容要符合国家法律和党的政策精神，符合司法改革方向，符合行政检察工作实际，具有时效性；

（二）稿件内容要遵守学术规范，尊重他人的著作权，具有原创性，内容不涉密；

（三）稿件以理论水平与实务研究价值为采用标准，要求选题新颖、说理充分、逻辑严密、行文规范；

（四）稿件篇幅以5000—20000字为宜，10000字以上理论文章要求附目次；

（五）投稿应附作者简介，包括作者姓名、职务职称、学位、工作单位、联系方式等。

二、栏目要求

（一）行政司法前沿，主要刊载反映行政法理论界、实务界最新动态及研究成果论文，稿件篇幅以 10000 字以上为宜；

（二）行政法律适用，主要刊载对热点、难点行政法理论和实务问题进行深度剖析文章，稿件篇幅以 10000 字以上为宜；

（三）行政检察实务，主要刊载行政检察工作中值得借鉴、参考的经验做法和制度机制介绍文章，要求对行政诉讼和行政诉讼监督实践的热点和难点问题进行深度研究与分析；

（四）疑难案件剖析，主要刊载对办理行政诉讼和行政诉讼监督案件中存在争议的问题进行解析文章；

（五）行政案例指导，主要刊载类型较新、争议较大或者指导性较强、具有重要借鉴参考价值的指导性案例、典型案件的解读及评析意见文章；

（六）行政法律法规，主要刊载有关行政法律法规、司法解释或规范性文件，以及理解与适用的解读文章；

（七）行政法律文书，精选全国行政裁判文书、行政抗诉书、再审检察建议书、检察建议书等行政诉讼文书范例刊发。

三、注释体例

（一）文中引用数据和他人观点必须注明出处。

1. 著作类：引用的专（编）著应依次标明作者（译者）、书名、出版社及出版年份、页码。如何海波：《实质法治：寻求行政判决的合法性》，法律出版社 2020 年版，第 214—215 页；杨春雷、万春、姜明安主编：《行政检察业务》，中国检察出版社 2022 年版，第 227 页；［日］南博方：《行政法》，杨建顺译，商务印书馆 2020

年版,第 142 页。

2. 论文类:引用期刊文章应依次标明作者、文章名、刊名、年、期。如张相军:《在"全面"和"深化"上发力做实行政检察监督》,载《人民检察》2021 年第 21—22 期。

3. 报纸类:报纸文章应依次标明作者、文章名、报纸名、年、月、日、版。如徐日丹、刘亭亭:《行政检察守护长江黄河长久安澜》,载《检察日报》2022 年 11 月 2 日,第 1 版。

4. 网络文献类:引用规范参照中国法学会法学期刊研究会推荐使用的《法学引注手册》。如(1)汪波:《哈尔滨市政法机关对"宝马案"认真调查复查》,载人民网 2004 年 1 月 10 日,http://www.people.com.cn/GB/shehui/1062/2289764.html;(2)刘松山:《失信惩戒立法的三大问题》,载微信公众号"中国法律评论"2019 年 11 月 19 日;(3)参见法国行政法网站,http://english.conseiletat.fr/Judging,2016 年 12 月 18 日访问。

5. 法律文书类:如国务院《关于在全国建立农村最低生活保障制度的通知》,国发〔2007〕19 号。

6. 司法案例类:如(1)包某某等诉苍南县人民政府强制拆除房屋案,浙江省高级人民法院民事判决书(1988)浙法民上字 7 号;(2)"陆某某诉南通发展与改革委员会政府信息公开答复案",载《最高人民法院公报》2015 年第 11 期。

(二)间接引文须在注释前加"参见"字样;需要转引时,应注明"转引自"何处。如转引自应松年、马怀德主编:《当代中国行政法的源流》,中国法制出版社 2006 年版,第 330 页。

(三)体例上采用当页内连续标注形式,如①②③;每个脚注信息应完整,不用"见前注"此类的表述;等等。

四、投稿方式

投稿以电子文本为宜，采用 Word 或 WPS 文档格式，以附件形式发送，如有图片请单独发送，勿粘贴在文档格式中。电子稿件请发至：xzjcgzzd@163.com。

文字稿件请邮寄：北京市东城区北河沿大街 147 号最高人民检察院行政检察厅《行政检察工作指导》编辑部（邮编：100726）。联系电话：010-65205366/65205971。

编辑部反对剽窃、抄袭等侵犯他人著作权行为，反对一稿多投，投稿 6 个月内如未收到编辑部采用告知，可自行处理。